Desvíos de la naturaleza:
O tratado del origen de los monstruos (1695)

Juan de la Cuesta Hispanic Monographs

Series: *Ediciones críticas*, 105

FOUNDING EDITOR
Tom Lathrop†
University of Delaware

EDITOR
Michael J. McGrath
Georgia Southern University

EDITORIAL BOARD
Vincent Barletta
Stanford University

Annette Grant Cash
Georgia State University

David Castillo
State University of New York – Buffalo

Gwen Kirkpatrick
Georgetown University

Mark P. Del Mastro
College of Charleston

Juan F. Egea
University of Wisconsin – Madison

Sara L. Lehman
Fordham University

Mariselle Meléndez
University of Illinois at Urbana – Champaign

Eyda Merediz
University of Maryland

Dayle Seidenspinner-Núñez
University of Notre Dame

Elzbieta Sklodowska
Washington University in St. Louis

Noël Valis
Yale University

Pedro de Peralta Barnuevo
and José de Rivilla Bonet y Pueyo

Desvíos de la naturaleza:
O tratado del origen de los monstruos (1695)

A Critical Edition by

David F. Slade
Berry College

Juan de la Cuesta
Newark, Delaware

No portion of this book may be reproduced in any form without permission from the publisher.
For permission contact: libros@juandelacuesta.com.

Copyright © 2024 by Linguatext, LLC. All rights reserved.

Juan de la Cuesta Hispanic Monographs
An imprint of Linguatext, LLC.
103 Walker Way
Newark, Delaware 19711 USA
(302) 453-8695

www.JuandelaCuesta.com

MANUFACTURED IN THE UNITED STATES OF AMERICA

ISBN: 978-1-58871-397-1 (PB)
ISBN: 978-1-58871-398-8 (HB)

For Jerry M. Williams

Table of Contents

List of Illustrations 9
Preface 11
Introduction 15

Desvíos de la naturaleza: O tratado del origen de los monstruos
Front Matter [poemas, aprobaciones, licencias, erratas, aspecto de la obra, prólogo del autor] 73

Capítulo 1: De la significación de la palabra *monstruo* 111
Capítulo 2: De la definición del monstruo 123
Capítulo 3: De la división del monstruo 130
Capítulo 4: En que se prosigue la división del monstruo 138
Capítulo 5: De las causas eficientes de la generación de los monstruos 167
Capítulo 6: Donde se trata de las causas físicas inferiores de los monstruos 188
Capítulo 7: De los monstruos bicorpóreos y bicípites y la causa próxima de su formación 209
Capítulo 8: Anatomía del monstruo o parto preternatural, que salió a luz el día de San Andrés a 30 de noviembre del año pasado de 1694 213
Capítulo 9: Sobre si en el infante bicorpóreo que nació en Lima hubo una o dos almas racionales, y si cualquiera otro monstruo bicípite se dirá tenerlos y cuando 217

Capítulo 10: Donde se trata del bautismo de los monstruos en general y particularmente del que se hizo en el infante bicípite de Lima según sentir de teólogos 231

Apéndice que se hace de un compendio de singulares observaciones sobre casos y curaciones prácticas quirúrgicas 259

Endnotes 293
Works Cited 297

List of Illustrations

FIG. 1. *Índice de las obras escritas por el D. D. Pedro Peralta Barnuevo, Rocha y Benavides, impreso en México.* (Del Río 66-68) 31-33

FIG. 2. Title page from *Desvíos de la naturaleza: O tratado del origen de los monstruos*, 1695 72

FIG. 3. Emblem from *Desvíos de la naturaleza: O tratado del origen de los monstruos*, 1695 74

FIG. 4. Bicipital twins born November 30, 1694. *Desvíos de la naturaleza: O tratado del origen de los monstruos*, 1695 110

Preface

FROM THE BEGINNING OF this project, I have struggled with the language to use to talk about human beings whose existence is reduced to the word "monster." Although the Peruvian conjoined twins at the center of this text died very soon after their birth, their brief existence, their potential, their humanity is nonetheless worthy of dignity. My thoughts go to the parents of the Limenean twins and how for them their death was not a scientific case, a theological quandary, or a context for *criollo* subjectivity but rather a deeply personal loss. As the reader engages with this text—the first of Peralta's published works, an important medical treatise from early eighteenth-century Lima, significant for the viceregal and general history of science—I encourage us to remember and to advocate for the humanity of this and other such subjects. In the critical introduction I include a reflection from disability studies scholars who challenge us to read these lives as subjects rather than leaving them silenced as objects, and so in opening this book, I wish to start with this invitation.

The production of this critical edition finds its genesis in 2009 after Jerry Williams, my colleague and collaborator on other Peralta Barnuevo projects, shared with me a microform copy of *Desvíos de la naturaleza: O tratado del origen de los monstruos* (1695). We had just concluded the critical editions of *La Galería de la Omnipotencia* and *Pasión y Triunfo de Christo*, published as *Bajo el Cielo Peruano: The Devout World of Peralta Barnuevo* (2008), and we had begun discussion about our edition of *Lima fundada* (2016). I owe an incredible debt of gratitude and friendship to Jerry, and I thank him deeply for inviting me into his work on Peralta at the Kentucky Foreign Language Conference after Dan Reedy introduced us in 2000. I suppose all of us feel that our students are uniquely talented in certain ways, and this is certainly true of many students I have taught and have learned from during my time at Berry College. In 2009 one of those students with the unique combination of interest and ability was willing to participate in a research project, and much like others in Ibero-American eighteenth-century studies had invested in me, I was eager to collaborate. Andrea Brown was a key contributor to the first stages of this critical edition, as she and I worked together on the first pass at transcribing *Desvíos de la naturaleza* with a borrowed microform reader from the college library and many hours of working through the text. Many thanks go out to Andrea, who has since completed a master's degree in Spanish Language Teacher Education and an Ed. S. degree in Instructional Technology.

I am very grateful for the assistance of Dr. Stephen J. Greenberg, Section Head of Rare Books & Early Manuscripts in the History of Medicine Division of the National Library of Medicine. Dr. Greenberg and his hospitable staff received me in October of 2019 to review their copy of *Desvíos de la naturaleza*, mere months before the COVID-19 pandemic shifted the nature of all of our work. Thanks also go out the Interlibrary Loan student and professional staff at Berry College for their patience with my many requests. This project would not have come to fruition without their collaboration. Thank you to Dr. Mary K. Boyd, former Provost at Berry College, for her support and relentless encouragement to see it come to conclusion. I am very grateful for the support of Dr. Thomas Kennedy, Dean Emeritus of the Evans School of Humanities, Arts and Social Sciences at Berry College; Dr. Gabriel Barreneche, current Dean of the Evans School, for his support and encouragement; and finally, to my colleagues in World Languages and Cultures at Berry for their enduring solidarity and friendship. My colleagues from the Ibero-American Society for Eighteenth-Century Studies are ever present in my work. Many of them are quoted in this volume, but all of them are significant to this project.

Finally, I offer eternal thanks to Alyson Slade, who knows me fully and never falters in her gracious support. I am also grateful to my children Asa Slade and Annie Slade; they would see humanity in the twins at the center of this story. Thank you to my mother Linda Slade, who knows more about Peralta Barnuevo than most of my colleagues at the College, for her questions, her interest, and her unwavering belief in me. I wish I could have asked my father, himself a physician full of *aequanimitas*, questions about the medical details of this text. His memory is always close at hand.

Introduction

> Siendo preciso tratar algunos puntos extraños de mi profesión, lo ha sido también valerme de quién los pudiese por la suya discurrir, para que conozcas, haber sido mi fin no imprimir sino perfeccionar, no la obra sino su complemento, no mi gloria sino tu utilidad. Ni te parezca nuevo este modo de escribir; que el mundo literario no es otra cosa que una tienda de entendimientos, donde cada materia se viste de las telas de los que necesita.
>
> — "Prólogo," *Desvíos de la naturaleza: O tratado del origen de los monstruos*.

In November of 1694 in Lima, Teresa Girón and Salvador de Olmedo were in the final stretches of Teresa's pregnancy as they eagerly awaited the birth of their child. The days leading up to the infant's birth were riddled with pain and endless problems for Teresa. When the midwife was finally able to deliver the couple's child, on November 30, it was under the most dire of circumstances. The child died during the *parto,* but his memory would live on for centuries. This *monstruo* was born with two legs, a solid trunk, four arms, two hearts, and two heads. When the viceroy, the Conde de Monclova, received news of the event, he called on his chief surgeon José de Rivilla Bonet y Pueyo to perform an autopsy. Rivilla Bonet had practiced medicine in the viceregal capital for 27 years and brought a wealth of anatomical and general medical knowledge to the case (Fernández Morejón 197).

Beyond the curiosity of medical knowledge that this "deviance from nature" laid upon the Limenean intellectual community, the event also raised philosophical, theological, ethical, and moral questions. In brief, this is the context for *Desvíos de la naturaleza: O tratado del origen de los monstruos*, published in 1695 under the name of Rivilla

Bonet y Pueyo. The authorship of *Desvíos* is contested, but it is generally accepted that Pedro de Peralta Barnuevo is the author of the text. I will address the question of authorship in the next section of this introductory essay, but for the purposes of framing our critical reading, I will refer to Peralta as the principal author, acknowledging a role that Rivilla also must have played. Peralta Barnuevo's treatise situates the child's birth within a much longer history of what had been called for centuries monstrous births and addresses the question of how many souls were contained within the body and how proper baptism should be performed. In 1695 the press of the Santo Oficio printed what would be Peralta's first published work: *Desvíos de la naturaleza: O tratado del origen de los monstruos*, a ten-chapter treatise with a substantial appendix that chronicles, analyzes, and interprets the 1694 birth.

Desvíos de la naturaleza is a rich text with many discursive narratives of interest to scholars across many disciplines. It intersects with science, theology, philosophy, literature, history and more, much like Peralta's larger *oeuvre*. This introduction will not present all of the possible readings one could pursue in *Desvíos*, nor will attempt to limit the scope of those readings. However, I believe it can be helpful to the reader to reflect on several discursive dynamics at work in the text: the role of *Desvíos* as Peralta's major publishing debut, Peralta's role as *criollo* archivist, Lima as the locus of knowledge production, undercurrents of race at work in *Desvíos*, and finally, a reflection on how difference and disability emerge from the 1695 text. After reflecting on these themes, we will consider the question of the authorship of *Desvíos*, a review of the critical literature on monsters, Peralta and Rivilla, and a description of the editorial norms for this critical edition.

Of course, in 1695 there was no public debut for Peralta in *Desvíos de la naturaleza*, except, we might suppose, among the social and academic circles of Lima that would have been familiar with the text's production. Peralta's 1732 claim in *Lima fundada* to having authored *Desvíos* does not read like a revelation but rather a recognition of his work (*Lima fundada*, 319-320). There is rhetorical continuity between *Desvíos* and the larger body of Peraltian texts, with regard to his approach to the topic, the citation of ancient and contemporary sources, and the text's Baroque rhetoric, as well as the ambition of the text to make a definitive and complete contribution. The author articulates the broad scope of his book in Chapter 10, which takes up the question of baptism and the 1694 birth, making reference to how theology intersects with medicine and anatomy. He writes, "Este punto aunque en su resolución última es teológico, no obstante es en su origen y como los juristas dicen en el facto médico y anatómico, dependiendo en cuanto a la de terminación de la persona necesaria en el bautismo del conocimiento de la animación sin la cual no hay persona, ni puede haber bautismo según lo que se ha tratado en el capítulo precedente y en otros de los superiores" (*Desvíos* 232). It is important to read this text as Peralta's debut because it demonstrates the scope of his ambition and ability as a young scholar making his way in Lima's viceregal society. According to Slade and Williams (2016), Peralta wrote the poem "Delante de una imagen de Cristo crucificado" in 1687, but *Desvíos* is his first officially sanctioned public work (570).[1]

The author makes implicit claims to his own authority throughout the text, but there are also moments when he makes an explicit claim to the authority of his assertions in the face of opposition. For example, the concluding words of the "Prólogo" declare the author's claim on the text's function as a font of knowledge:

> Lo cierto es que no se escribe para los que pueden enseñar, ni para los que los pueden saber con que no espero la admiración de los unos, ni los otros, que es la que solo podía pagar de contado mi deseo. Lo que me lleva es la utilidad de los futuros, si ellos fueron menos rígidos, déjamelos acá que ya cuando me alaben no haya miedo que tenga vanidad pero yo deseo vivas con mis posteridades. (*Desvíos* 109)

In Chapter 6, which discusses the development of twins, the author states, "...la saqué contra la opinión de todos" (*Desvíos* 200). Again, in Chapter 10, on the question of baptism, the author reflects on the relationship of the monstrous births and the writing of *Desvíos*, staking claim to his credibility and authority:

---

[1] See the timeline of major life events and publications in Slade and Williams's edition of *Lima fundada* (569-587).

> Al de 31 de enero de este año en que se acabó esta obra reste quince días en que al principio no se puso tinta en papel ni mano en libro, los que serían necesarios para formar el compendio de curaciones quirúrgicas siguiente y últimamente los que consumiría el traslado con dificultad sino ineptitud de amanuenses, que gastan tanto en corregirse como en trasuntar. No digo esto para poner en la balanza de la estimación el peso de estas circunstancias para que caiga a mi favor sino porque no se incline la contraria en mi censura, así por lo que he escrito como por lo que dejo de escribir, no quiero que me alabes sin razón pero no gustaré que me condenes sin justicia. (*Desvíos* 256)

The author makes an argument for the reader's just evaluation of the main text as well as of the appendix. While the boundaries between what is from Peralta's pen and what is from Rivilla's are imprecise, Peralta's later claim on the text situates this quotation from Chapter 10 as a bold public debut of the Peralta who would go on to write many more tomes representing the Peruvian space and offering a contribution to the wider Republic of Letters.

Beyond reading *Desvíos de la naturaleza* as Peralta's first fruits, we also can also read his subjectivity in the text as one that inscribes the local American, Peruvian, and Limenean space as central to what the book accomplishes. Antony Higgins' *Constructing the Criollo Archive* (2000) has made an indelible mark on Ibero-American eighteenth-century studies for the past two decades by establishing a powerful conceptual framework for the way that eighteenth-century *criollo* writers contributed to their own subjectivity through the construction of knowledge. Higgins's book also represents a signature contribution to reading texts from the eighteenth century outside of the forced, anachronistic narratives of national canons. In *Desvíos de la naturaleza* we see not only the construction of a *criollo* archive in late seventeenth-century Lima, but we also see the formation of a *criollo* archivist. Scholars have elaborated clear evidence for Peralta's *criollo* subjectivity across his works.[2] In *Desvíos* we see the first articulation

---

2   Williams, Hill, Mazzotti, Gutiérrez, Slade, Quispe and others.

not only of the archive but also of the archivist, whose role as *archon* it is to organize, articulate, and defend knowledge.

Peralta's sense of belonging is viceregal, in that there is political continuity between the metropolis and the colonial space. In Chapter 6 he references "nuestro Góngora" and "nuestras Indias" at the same time that he prioritizes Lima as the locus for the 1694 birth as well as the institutions that study and make sense of that event. The introductory texts archive *aprobaciones* by Francisco Bermejo Roldán, head of the medical faculty at San Marcos, and Francisco Vargas Machuca, also from the San Marcos medical school. Chapter 8 is an anatomical analysis of the conjoined twins, in which the author further inscribes the people and the places of 1694 Lima: "En este día por la tarde, recibí orden de su Excelencia en que me mandaba hiciese anatomía de este parto prodigioso en casa del Lic. Don Juan Calderón y Loaysa, en presencia del Doctor Don Francisco Bermejo, Médico de Cámara de su Exc. Catedrático de Prima y Protomédico General de estos Reinos, la cual es la siguiente" (*Desvíos* 214).

If Peralta is the archivist, Lima is the archival space of *Desvíos de la naturaleza*. The text was printed in Lima by Joseph de Contreras y Alvarado in the Imprenta Real of the Santo Oficio. One of the opening laudatory poems dedicated to the author reads, "Del reciente portento, que en el suelo/ De Lima, expuso la naturaleza,/ Por dar en nuevos Géminis certeza,/ De que Lima no es tierra, sino Cielo" (*Desvíos* 101).[3] The first four chapters of the treatise trace the concept, history, and theory of monsters, setting the stage for the author's treatment of this case in Lima, in which the city is not simply a backdrop but rather the seat of knowledge. Lima is the provenance of the archive that Peralta inscribes. Chapter Five introduces the birth in Lima as a symbol of unity: "Por lo cual, si se hubiese de estar a esta razón, el monstruo nacido a 30 de noviembre del año próximo pasado de 94 en Lima no hay duda estaba tan lejos de ser fatal, cuanto su jeroglífico es feliz,

---

3   José de Contreras y Alvarado, "impresor del Santo Oficio," descended from a family of printers and was Lima's only printer from 1686-1712. See Medina, *La imprenta en Lima (1584-1824)*; Guibovich Pérez, *La Inquisición y la censura de libros en el Perú virreinal (1570-1813)*; and Williams, *Eighteenth-Century Oratory and Poetic Contests in Peru* (47 n.5).

siendo el salir abrazados los gemelos señal de unión, paz y amor, y el abrazo símbolo en todas naciones de amistad" (*Desvíos* 173). The birth in Lima stands as an example, not only for Lima but for all nations, with Lima at the center. As we will consider later in this introduction, the monstrous birth is not a symbol of maldition in *Desvíos* but rather of blessing, unity, and harmony for Lima. Chapter Six includes multiple references to "esta ciudad," relating to the 1694 birth and other instances of twins being born, although not conjoined. Chapter Seven, which focuses on "los monstruos bicorpóreos y bicípites," in several instances refers to the conjoined twins as "el monstruo de Lima," in a similar sense in which monsters are named in association with their birthplaces, such as the "Monster of Ravena." Chapter Eight does not name Lima, per se, but rather presents an anatomical description of the twins, clearly situated in the Limenean space. Chapter Nine discusses the nature of the twins' soul or souls, naming once again the "monstruo bicípite de Lima" and further inscribes "esta Real Universidad" and the "Real Audiencia," all fundamental to the spatial representation of Lima (*Desvíos* 229, 223). Chapter Ten, which is about the baptism of the conjoined twins, also represents the "infante bicípite de Lima" or "monstruo de Lima" (*Desvíos* 232, 256). It does not require any great sense of discernment to demonstrate that Lima is an important location, as it is where the birth took place. However, the symbolic space that Lima occupies in the text is not a foregone conclusion for how *Desvíos de la naturaleza* had to have been written. The text is noteworthy as Peralta's debut into the world of published letters. It is also significant in the archival role that the author plays, recording events with the *criollo* reality at the forefront. So too does the text elevate Lima itself as the seat of knowledge, part of what gives the birth of the conjoined twins semantic weight.

    Let us now turn our attention to representations of race in *Desvíos de la naturaleza*. Ruth Hill's work with critical race studies has opened pathways for new readings of eighteenth- and nineteenth-century texts, including *Desvíos*. In her 2018 study of José Gumilla's *El Orinoco ilustrado y defendido* (1745), she reads the Valencian's parallel treatment of irregular or monstrous births and the origins of blackness, "las causas del color negro y los orígenes de los negros" (80). Peralta's treatise demonstrates an epistemological link between deviances of nature expressed in monstrous births and the larger scale sense of deviation that surrounds racist origin stories. While it is outside of the scope of this introduction to realize a full analysis of race in *Desvíos*, it is important to bring attention to its presence in the text. This is, no doubt, a fruitful line of inquiry in this text and others of its historical moment.

Chapter 3 describes the "división del monstruo," a kind of taxonomy of causes and expressions of difference. Peralta makes the comparison between differences in animal species and the kind of difference demonstrated in human beings of various nations and *castas*: "...casi como en el humano las diferencias subalternas de las naciones y castas, aunque estas no varían como aquellas en lo substancial de la forma sino solo en otros accidentes de condición y de color" (*Desvíos* 134). Later in Chapter 6, he extends this same discourse by invoking the possibility of a "nación" or "casta" of pigmies, as collective examples of monstrosity (*Desvíos* 203).

In Chapter 6, on the "causas inferiores de los monstruos," Peralta cites an occurrence of difference in Lima in which a *mulata* mother gave birth to twins, "...el uno negro y el otro del color de la madre..." (*Desvíos* 200). Earlier in that same chapter, in what seems to prefigure the discourse of degeneration that we later read in De Pauw, Buffon, and others, Peralta sets up a framework in which monstrous differences express themselves both in individuals and in collective peoples:

> De aquí pues nacen todos los monstruos que degeneran de la especie humana, (y así en cada otra cual quiera) porque siendo enorme la depravación del temperamento y sigilación, en lugar de ser esta la que debía ser, así del individuo como de la especie, bastardea de suerte que imita otro temperamento y sigilación extraña de uno y otro, encontrando con la similitud del temperamento de algún bruto, como sucede en la sigilación o impresión de los colores, que no estando perfectamente dispuestos o mezclados, en lugar de producir la tintura que debían, degeneran e imitan otra. (*Desvíos* 194)

In this passage, the author represents the "impresión de los colores" as a result of degeneration or a fall from the intended purity of what nature would produce in its pristine condition, captured in the verb "bastardear." He represents race as another kind of accident or deviance from nature, one that is even more substantial than national or *casta*-based differences. Here Peralta further inscribes this scientific discourse of monstrosity and race as having relevance to one another as expressions of deviation from what would be considered natural.

We turn once again to Chapter 10, which focuses on theological implications of the 1694 conjoined twins' birth with regard to their baptism. As a sign and a seal, baptism is a critical symbolic context for all that monstrous births represent, especially in the context of Peralta's larger argument regarding the hopefulness of the embracing twins as a symbol of unity between church and state in 1694 Lima. It is in this context that the author concludes the chapter with another reference to race as monstrosity. "Empero los primeros alistan a su favor ejemplos sobre manera raros de efectos singulares de la imaginativa en los partos, que los más se reducen a mutación en el color como de padres blancos hijos negros..." (*Desvíos* 257). The nexus between discourses of theology and science anchors representations of race as mutation, degeneration, and monstrosity and has a powerful impact within a broader dynamic in the eighteenth century of how race is increasingly codified as scientific difference.

In addition to these passages, Peralta also inscribes Africa as a place of difference in *Desvíos de la naturaleza*. In Chapter 3 he refers to Africa as "engendradora de monstruos, aunque por otra parte se engendren verdaderamente allí, más que en otra del mundo según las razones propias de monstruosidad...," (*Desvíos* 137). In that same passage the author cites Aristotle, who characterizes Africa as a place from which new beings emerge: "*Africam semper aliquid novi adferre,* que siempre daba algo nuevo el África, que explica Aristot. *Lib. 5, De histor. anim. Cap. 18*" (*Desvíos* 137). In Chapter 4 the author cites Africa as a place where monstrous beings are imagined: "...ha habido quien refiera mezclarse en el África las águilas y lobos con eficaz generación (sueño de quien lo fabricó)..." (*Desvíos* 144). The following quotation from

Chapter 5 further exemplifies a context in which Africa is an "other" kind of place that is defined by difference and monstrosity:

> Empero es de advertir no deberse entender esto indistintamente, porque si siempre que nace cualquier monstruo hubiésemos de recurrir a esta causa y a este fin, las desiertas arenas del África, que ordinariamente los suelen producir, debiéramos decir que serían capaces de avisos celestes o cuando se hallasen pobladas, que el Cielo solo manifiesta allí al mundo con repetido anuncio las desgracias contra lo que aun afirmó de su Júpiter, hablando de aquellas partes un étnico. (*Desvíos* 171)

The sands of Africa are defined here as a place from which all sorts of monsters emerge. As a final example, we turn to Chapter 10, where the author makes a comparison between the language of a certain nation of men whose heads are "a modo de perros" and languages that emerge from Ethiopia. He writes, "...que tan poco repugna si se oyen algunos idiomas de extraña pronunciación principalmente los de Etiopía, sin que por esto se juzguen irracionales no quitándoles lo bárbaro lo humano como algunos pensaron de los naturales de estas Indias" (*Desvíos* 238). While he offers the caveat that these languages are not necessarily barbarous or irrational, the implication is that they are considered to be so by some authorities, further evidence of the racist association between the African space and monstrosity. This review of how *Desvíos de la naturaleza* represents race as an expression of monstrosity does not provide sufficient treatment of the topic. My hope is that it offers a point of reference for the reader to consider further the role *Desvíos* plays in broader structures of official discourse on race.

As a final note, I turn the reader's attention toward the subjects—that is, the people—of *Desvíos de la naturaleza*, who are too often treated as objects: the conjoined twins themselves and their parents, Teresa de Girón and Salvador de Olmedo. In doing so, I also wish to engage this text from the vantage point of disability. Disability studies as a scholarly pursuit has grown tremendously in its reach. The American Society of Eighteenth-Century Studies' Disability Caucus studies nascent discourses and histories of how disability emerged and evolved from the eighteenth century. These reflections here will not be adequate as full treatment of this immense topic, but it seems negligent to study a text about conjoined twins that inscribes monstrosity and deviance in its title without considering what this means for the human subjects described by these terms and how it shapes discourse around what we now call disability. Within disability studies there are many resources from which to draw. For the purposes of directing the reader toward a thoughtful engagement with *Desvíos*, one in which the readers might discover multiple levels of analysis for themselves, I will focus on two concepts here: reading *Desvíos* in the context of teratology and considering a broader critical literature specific to monstrous births.

Teratology comes from the Greek "téras" (τέρας), meaning "monster" and is quite literally a study of monsters. It appears in Edward Phillips' 1678 dictionary *The New World of English Words*, defined as "a discourse of prodigies and wonders" (n.p.). *Teratologia, or a discovery of God's wonders, manifested in former and modern times by bloody rain and waters*, published in 1650 in London by "J. S.," represents an even earlier occurrence, but in both cases they only hint toward what the term would become in subsequent centuries. It is not a term that was contemporary to Peralta's text with a direct application to his study of the conjoined twins. That is, Peralta does not use this term. However, it does emerge as a framework for studying physical differences starting in the nineteenth century. The 1848 *Lexicon Medicum, or Medical Dictionary*, by Robert Hooper, and updated by Klein Grant, attributes the term to M. J. Geoffroy de St. Hilaire, defining teratology as "the study of monsters, or anomalies of organisation" (1281). Zerolo's 1895 *Diccionario enciclopédico de la lengua castellana* defines *teratología* as "parte de la fisiología general que trata de las diversas anomalías y monstruosidades orgánicas" (vol. 2, 2033).

Some scholars cited later in this introduction read *Desvíos* through the lens of teratology, even referring to Peralta or Rivilla as a *teratólogo*. While this is anachronistic in many ways, it demonstrates the ambiguity related to a text that is produced during a time of conceptual flux. *Desvíos de la naturaleza* both shapes what would later be meant by "teratología" and is understood through this conceptual framework that perhaps presents itself as something more objective or "scientific" than what is blatant in Peralta's title, a treatise on the origin of monsters. This approach garners more relevance in light of recent debate around the term's use in the scientific medical community. In 2019 members of the Teratology Society voted to change the organization's name to the Society for Birth Defects Research and Prevention, a change that the Society hoped "...would clearly communicate the research, mentorship, and advocacy that our members conduct and to advance our understanding and prevention of abnormal development" (Roberts and Lewis 903). The authors of that 2020 essay in the newly titled journal *Birth Defects Research* summarize the Society's history, which originates in 1960. Concerns about the group's name arose in the late 1990s and early 2000s related to the term's etymological roots: "This tenor did not align with the central mission of our Society" (905). In a 2021 editorial also published in *Birth Defects Research*, Anthony R. Scialli raises the question of whether the term "teratogen" should also be changed. He defines the term as, "an agent that causes birth defects" (1102). Scialli seems to be comfortable with the term "teratology," perhaps even ambivalent with respect to how to frame technical scientific discourse around his own area of expertise: "I am fine with keeping the name, 'Teratogen Update,' just as I am fine with keeping the name, 'Teratology Society,' because these names have historical underpinnings. The names tie us to the 60 years of forebearers who launched us into this amazing field of study" (1104). I must confess a degree of trepidation treading upon disciplinary waters distant from my own, but we can perhaps read *Desvíos* with a different kind of understanding for what is at stake, as monsters are nonetheless inscribed across these terms. "Teratology" indeed is a term steeped in historical context that predates the 1960s. Readers of *Desvíos* would be well served by considering the discourses of monstrosity that Peralta and Rivilla inscribe in the text as relevant to how physical difference develops culturally and in the discourse of science even up to our current day.

Some scholars would argue that a discourse of defectiveness remains very active in our current cultural-historical moment, still very much shaped by monster narratives. In her essay "Monstrous Births, Birth Defects, Unusual Anatomy, and Disability in Europe and North

America," Leslie J. Reagan writes a history of how the discourse of monstrosity, specifically related to monstrous births, carries forward from early modern history into the realities that surrounded scientific and cultural discourse around the effects of thalidomide and German measles (rubella) in the twentieth century. Published in *The Oxford Handbook of Disability History* (2018), this essay offers an important contribution to how early modern and modern texts related to monsters are read. It is insufficient to read *Desvíos de la naturaleza* only as a point of departure for Peralta's published works, only as a textual-cultural artifact from the discourse on monsters, or only as a demonstration of Baconian New Science in the Americas. Reagan and others from the field of disability studies advocate for reading these discourses in the context of our contemporary understandings of ability and disability. In that spirit, I offer to readers of *Desvíos de la naturaleza* an invitation to expand our theoretical frameworks to include these critical voices.

Reagan's essay offers helpful structures for approaching *Desvíos* in a more complete way, with a focus on both the problem and the history of associated language. Reagan cites Rosemarie Garland-Thomson's use of the phrase "visually different,"[4] acknowledging that the "monstrous birth" as linguistic representation is problematic even though it has been in use for many centuries (386-87). She traces these early representations of monsters to seventeenth- and eighteenth-century displays of monstrosity, in printed texts and in the physical exhibition of "visually different" bodies: "The body(ies) of conjoined twins traveled from city to city, thrilling audiences across Europe. The crowds included natural scientists who wanted to record facts such as the length of the body and its precise shape or, perhaps, to buy the body for dissection or to preserve it in their own scientific curiosity cabinets" (387). Reagan describes the nineteenth-century development of teratology

---

4   Reagan cites from Garland-Thomson's 1996 edited volume *Freakery: Cultural Spectacles of the Extraordinary Body* (1). Garland-Thomson's far-reaching work on representations of disability serve readers interested in pursuing this critical context very well. See *Extraordinary Bodies: Figuring Physical Disability in American Culture and Literature* (1997, 2017) and *Staring: How We Look* (2009).

as the consolidation of previous curiosities into a new scientific field: "Among other things, this led to the 'medicalization' of monstrous births, and their movement away from public spectacle toward the pathological, the deviant, the defective, and a perceived need to repair, rehabilitate, and in some cases eliminate them" (388). The essay concludes with examples of how these early modern tropes track forward to our present day and how we respond to visual difference, including the example of the conjoined twins Abby and Brittany Hensel: "For centuries, conjoined twins have been treated as silent objects that exist for the viewing pleasure, curiosity, and surgical heroism of public audiences, scientists, and doctors. Abby and Brittany Hensel do not hesitate to talk back to rude strangers who stare at them wherever they go" (397). Without falling into the quicksand of tracing a facile teleology, there is value in understanding as we read *Desvíos de la naturaleza* that what Peralta develops in his treatise has relevance to a genealogy of disability, even as we continue to wrestle through thoughtful ways to engage with difference today.

To close this reflection on the inclusion of readings from disability studies, I turn to Elizabeth B. Bearden's excellent book *Monstrous Kinds: Body, Space, and Narrative in Renaissance Representations of Disability* (2019), published as part of the University of Michigan Press's series "Corporealities: Discourses of Disability." Bearden presents an exquisite reading of texts ranging from works by seventeenth-century English writer John Bulwer to colonial accounts by Hernán Cortés and José de Acosta to sixteenth- and seventeenth-century wonder books, many of which serve as source material in *Desvíos de la naturaleza*. Bearden frames her analysis around two discursive forces that have disabled unnatural bodies across historical moments:

> Examining how concepts of nature disabled people reveals that at least two major epistemological trends of Western culture have depended on the existence of unnatural bodies for their claims: first, so-called errors of nature were instrumental to a symptomatic approach to cosmology; second, concepts of the natural defined legal personhood in early modern juridical philosophy and practice, which regulated bodies and their capacities to communicate

on a biological and global scale. Identifying unnatural bodies and excluding them are fundamental not only to the history of disability but also to premodern people's understanding of the world and to their arguments about human beings' rights to dominate that world. (79)

This rhetorical dynamic is written into the title of Peralta's text, *Desvíos de la naturaleza*, and sheds light on Peralta's role as a cosmographer who stakes a claim for his beloved Lima. Bearden writes, "An important thread in the history of the conceptualization of nature is the tendency to approach nature symptomatically, viewing its deviations as instrumental to a proper grasp of both the human body and the workings of the cosmos" (80-81). From the Baconian perspective, deviances of nature serve as lines of demarcation between what is natural and unnatural. For Peralta, the conjoined twins in Lima deviate from nature without abandoning it all together and in the process situate Lima at the center of this calculus.

Bearden demonstrates how early modern wonder books gave particular attention to conjoined twins: "Conjoined twins held a special place in the early modern literary imagination. Though they rarely occur, conjoined twins account for over a third of the examples of monsters represented in wonder books [...] They were viewed as extraordinary in part because they complicated the concept of the individual self and soul" (182). The analysis focuses not only on representation but also on how these conjoined twins as subjects built for themselves a sense of agency that transgresses narratives of monstrosity and difference. The 1694 Limenean twins died at childbirth and the text all but erases the lived experience of the parents, but nonetheless one can read with an awareness of these subjects' agency, or lack of it, not just their narrative function as objects. Bearden reflects on the absence of this theoretical framing in many readings of disability:

> Rarely do early modern scholars acknowledge that many of the monsters depicted in wonder books were real people with disabilities, nor do they bring disability studies to bear on analyses of this representation. Furthermore, although disability studies scholars

have used representations of monsters in wonder books to give historical heft to their examinations, they have not yet taken the historical particulars of the literary culture of monstrosity from which these representations spring fully into account, nor has the admittedly daunting complexity of the systems of representation evinced by this genre been considered extensively from a disability studies perspective. (181)

In a similar way that the previous reflections on how race is represented in *Desvíos de la naturaleza*, these perspectives from the context of disability studies do not fully develop the kind of reading that Bearden describes here. However, both Reagan and Bearden offer integrative frameworks that can mitigate some of the critical lacunae one might bring to a reading of *Desvíos*.

Authorship

Let us now turn to the question of authorship. Who wrote *Desvíos de la naturaleza: O tratado del origen de los monstruos*? Scholars of Pedro de Peralta Barnuevo's work have not seriously questioned whether Peralta is the author of *Desvíos de la naturaleza,* in large part because Peralta himself clearly lists the text as part of his oeuvre and because of its continuity of rhetorical style and composition. Nonetheless, the 1695 imprint indicates Joseph de Rivilla Bonet y Pueyo as the author. All of the introductory poems and approvals celebrate Rivilla as the author, and there is little doubt that Rivilla, who was an actual physician serving in the viceroy's administration, participated in the medical case surrounding the conjoined twins in 1694. We cannot know for sure what was the relationship between Rivilla and Peralta, but there do seem to be moments in the text when surely they collaborated, if not shared in the writing. There is sufficient evidence, presented in what follows, to argue that Peralta is the author of the text, and yet it is unsatisfying to treat Rivilla as a simple pen name for Peralta or to erase him altogether. There are also eighteenth-century Spanish medical writers who refer to *Desvíos de la naturaleza* as Rivilla's work, and there would have been little reason for them not to do so, especially having read the work in Spain, separate from the intellectual community of early eighteenth-century Lima, without any trace of Peralta in their context of reading.

I do not propose a radical change in understanding *Desvíos* as Peralta's first published text. In fact, I wish to affirm that it is exactly that. However, I also wish to argue that there is a kind of authorial hybridity in the text. First, let us consider Peralta's claims to authorship and also the early references to Rivilla as author of *Desvíos*.

Two sources stand as the strongest arguments for Peralta's authorship of *Desvíos de la naturaleza*. First, Peralta himself makes an unambiguous claim to the text in *Lima fundada* (1732)[5] and recognizes that it was published under someone else's name. In the introductory texts of the epic poem, Peralta lists *Desvíos de la naturaleza* as the first text in his genealogy of published work: "Para que se reconozca el celo con que siempre ha aspirado a servir al público, se ponen aquí sus obras siguientes impresas. 1. *Desvíos de la naturaleza,* u Origen de los monstruos: Tratado físico-médico-teológico, en nombre ajeno" (153). He also takes the opportunity in Canto 6, Stanza XCVI to inscribe a monument of sorts to *Desvíos*: "Y porque a los prodigios que esclarece,/ Naturaleza junte sus portentos,/ Monstruos de testas dos la humana ofrece;" (*Lima fundada* 319-320). Peralta explains his references to the 1695 treatise in the marginal note associated with these verses:

> Monstruo bicípite que nació en Lima el año de 1694 con dos cabezas y rostros hermosos, cuatro brazos y dos pechos unidos por un cartílago, dos corazones y dos venas cavas ascendientes, cada cavidad con sus pulmones y traquia arteria, y único desde el vientre a los pies. Con cuya ocasión escribí el libro que se dio a luz en nombre de D. José de Rivilla (quien hizo su anatomía) con el título de *Desvíos de la naturaleza,* donde en los cap[s]. 9 y 10 fundé haber tenido dos almas, con varios ejemplos y principios, y haber quedado ambos bautizados con el agua que en un pie, que arrojó vivo, le echó la partera. Lo cual fue así y no como refiere el P. Fr. Luis Feuillé en el *Diario* de sus observaciones, pág. 487. (n. 95, 320)

---

5   All quotations come from the critical edition of *Lima fundada* by Slade and Williams (U. of North Carolina Press, 2016).

Louis Feuillée makes references to the 1694 birth in *Journal des observations physiques, mathematiques et botaniques* (1714). Peralta takes issue with Feuillée's account of the events but also clarifies that he is the author of this text rather than Feuillée's indirect attribution to "la Faculté de Medecine" (487). In what would be one of his last and certainly his crowning work, *Lima fundada*, Peralta archives his publishing record, making it clear that *Desvíos* was the first of his printed texts, therefore making the first and the most important claim to the text.

Carlos Sedamanos Saldias y Spinola, one of Peralta's disciples and friends, pens the second source of attribution in the famous 1746 acrostic of Peralta's works, some of which there remain no extant copies, to our knowledge. Published in *Monumentos literarios del Perú* in 1812 by Guillermo del Río, the acrostic lists Peralta's works beginning with each letter of his name: EL DOCTOR DON PEDRO DE PERALTA BARNUEVO ROCHA I BENAVIDES. Sedamanos includes "El origen de los monstruos" among the list of Peralta's works (See Fig. 1).

INDICE *de las obras escritas por el* **D. D.** *Pedro Peralta Barnuevo, Rocha y Benavides, impreso en Mexico.*

E l Cielo en el Parnaso.
L ima triunfante.
D efensorio del libro de la pasion de Christo.
O bservaciones astronómicas.
C atecismo histórico.
T riunfo de Astrea.
O racion al certamen de Santo Toribio.
R elacion de las fiestas del cardenal Molina.

DON PEDRO DE PERALTA BARNUEVO ROCHA IBE

iscurso isagógico, sobre la gloria de la fé.
racion al certámen de su academia.
uevo beneficio de metales.
oesías líricas.
l Júpiter olímpico.
iálogo de la justicia y la verdad.
odoguna.
raciones en la real universidad.
efensa de Lima.
l templo de la fama vindicado.
oesias cómicas.
l orígen de los monstruos.
elacion del gobierno del señor Castelfuerte.
rte de ortografia.
ima fundada.
eatro heroyco.
probaciones varias.
exámen de bexámen.
legacías propias y agenas.
estitucion del oficio de contador.
acimiento augurado del señor infante D. Cárlos.
arios informes jurídicos.
l paralelo de la honra y la vida.
niversidad ilustrada.
raciones de su rectorado.
egulacion de tiempos en 35 efemérides.
raciones al certámen del señor Villagarcía.
anto panegírico.
istoria de España vindicada.
ritmética especulativa y geométrica.
mágen política.
uenos--Ayres fortificado.
logio al señor Armendariz con solo la letra A.

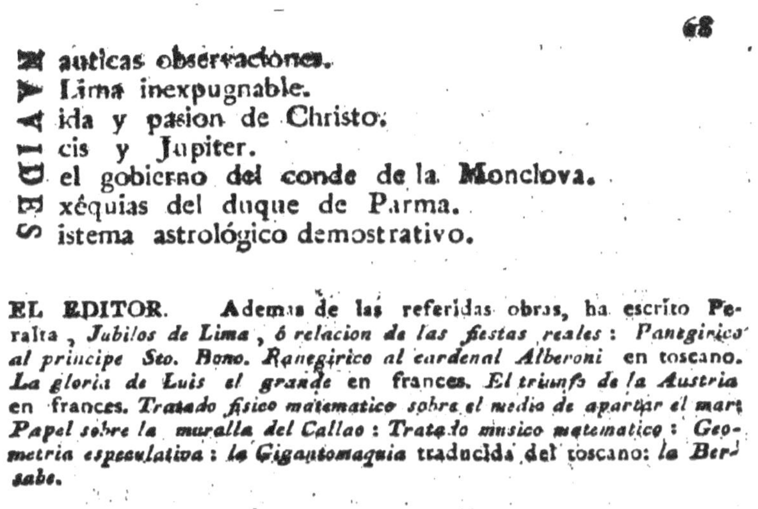

68

≈ auticas observaciones.
▶ Lima inexpugnable.
◀ ida y pasion de Christo.
▬ cis y Jupiter.
⌂ el gobierno del conde de la Monclova.
⊠ xéquias del duque de Parma.
∽ istema astrológico demostrativo.

EL EDITOR.   Ademas de las referidas obras, ha escrito Peralta, *Jubilos de Lima*, ó *relacion de las fiestas reales*: *Panegirico al principe Sto. Bono*. *Panegirico al cardenal Alberoni* en toscano. *La gloria de Luis el grande* en frances. *El triunfo de la Austria* en frances. *Tratado físico matematico sobre el medio de apartar el mar*; *Papel sobre la muralla del Callao*: *Tratado musico matematico*: *Geometria especulativa*: *la Gigantomaquia* traducida del toscano: *la Bersabe*.

FIG. 1. *Índice de las obras escritas por el D. D. Pedro Peralta Barnuevo, Rocha y Benavides, impreso en México* (Del Río 66-68)

Lima fundada and Sedamanos's acrostic are the basis for other claims of Peralta's authorship. Hipólito Unanue (1755-1833) affirms Peralta as the author of *Desvíos* in his description of a bicipital calf and other reflections on "monsters." He cites *Desvíos* as an example of monsters of excess: "se demoninan aquellos que nacen con un número mayor de partes del acostumbrado" (167). In the footnote to his reference to the 1694 birth of conjoined twins in Lima, Unanue writes, "Salió a nombre de José Rivilla, cirujano; pero su verdadero autor fue el doctor don Pedro Peralta" (167).

Furthermore, contemporary attribution by Pablo Petit and Fermín de Isisarri provide evidence for Peralta's presences in the text. In the front matter of his 1730 *Breve tratado de la enfermedad venerea*, for which Peralta writes an *Aprobación*, Petit inscribes one of the first claims to Peralta's authorship of *Desvíos*, two years before Peralta affirms the claim in *Lima fundada*:[6] En fin, la novedad es tan precisa en

---

6   Note that Peralta writes a review (*aprobación*) for Federico Bottoni's 1723 *Evidencia de la circulación de la sangre*. Bottoni was one of the reviewers for *Desvíos*. It is unlikely, in my view, that Peralta's claims to au-

este mundo, que a la manera que la misma naturaleza produce muchas veces monstruos, prodigios y efectos extraordinarios suyos, como se pueden ver en el tratado, que corre con el nombre de D. Joseph de Rivilla Bonet, y es del Doct. D. Pedro de Peralta y Barnuevo, sobre el origen de los monstruos, impreso en Lima el año de 1695, así se descrubren de tiempo en tiempo cosas extraordinarias en la misma naturaleza" (n.p. "Prefación").

In an *aprobación* published in Peralta's 1730 *Historia de España vindicada*, Isisarri writes, "Ya escribió (no en su nombre) un erudito tratado médico en que hace ostentación de filósofo, de médico, de teólogo, de moralista, siempre fija su pluma en los aciertos" (Williams 16). In a footnote to this section of Peralta's *Historia*, editor Jerry Williams notes, "Viceroy Melchor Fernández Portocarrero ordered Peralta to inspect the creature, and Peralta judged it to have two souls" (16, n1; also *Censorship* 81).

In his survey of Peralta's life and works from 1874 and 1875, Juan María Gutiérrez writes, "En el de 1694 [sic], bien que con cierta timidez ó modestia, puesto que ocultó su nombre, publicó un libro con el acertado título de 'Desvíos de la naturaleza,' libro que debió llamar vivamente la curiosidad de la gente desocupada de Lima" (8:332-333). He cites both the acrostic as well as Peralta's own claims from *Lima fundada* (8:201, 202) and lists *Desvíos de la naturaleza* in his compendium of works by Peralta (10:339-340). In his entry on José de Rivilla Bonet y Pueyo published in *La imprenta en Lima*, Medina also affirms Peralta's authorship of the book. Medina quotes Leclerc's 1833 reference to Rivilla as the author, as a physician in the hospital for women in Zaragoza, but corrects the attribution: "La verdad es, sin embargo, que el autor fue D. Pedro de Peralta Barnuevo" (215). Medina also repeats the two references from *Lima fundada* as evidence of Peralta's authorship. However, he makes further reference to Feuillée's *Journal* and to Fernández Morejón's 1850 description of Rivilla Bonet as the author of *Desvíos* (see below). Nonetheless, Medina's conclusions—

---

thoring *Desvíos*, which were repeated by others, would have held up in the context of these dynamic networks of scholars were they not true.

alongside those of Sedamanos, Gutiérrez, and a series of other scholars since 1904—are convincing.

It is worthwhile to read Fernández Morejón's inclusion of Rivilla Bonet in his posthumous 1850 work *Historia bibliográfica de la medicina española* (Vol. 6). He begins his entry on the Aragonese surgeon with a brief biography, which Medina also quotes in his entry on *Desvíos* (215):

> Natural de Zaragoza, estudió la medicina y cirugía quizá en la universidad donde nació. Se dedicó con particularidad a la cirugía, y en ella logró crédito de sabio operador. Don Melchor Fernández Portocarrero, conde de la Monclova que fue nombrado virrey gobernador primeramente de México y después del Perú, Tierra-Firme y Chile, se llevó consigo a Rivilla, nombrándole su cirujano de cámara, y habiendo sido la residencia ordinaria del expresado capitán general en la ciudad de Lima, se dio a conocer en ella este profesor aragonés. Llegó a ser examinador de cirugía de aquel real protomedicato, y cirujano del hospital real de mujeres de la Caridad de la misma ciudad. Después de 27 años de una práctica feliz dio a luz una obra que tituló: *Desvíos de la naturaleza*.... (Fernández Morejón 196-197)

Fernández Morejón summarizes the 1694 birth by the mother, Teresa Girón, wife of Salvador de Olmedo (197), which Medina also quotes (215). He offers a critique of the text, never questioning Rivilla's role as its author: "Con gran erudición, pero no la más selecta, trata Rivilla de los monstruos distinguiéndolos de prodigio, ostento y portento. Refiere, *aunque no con la mejor crítica*, los monstruos que habían nacido en diferentes épocas y diversas naciones...Su lenguaje no es bueno pero trae máximas y sentencias citadas con oportunidad" (198). Fernández Morejón proposes that the most meritorious part of the text is the appendix, which is a compendium of medical cases.

Furthermore, Fernández Morejón cites in a footnote (n. 1, 199) an earlier appraisal of *Desvíos* that Andrés García Váquez writes as a note in his translation of Lorenz Heister's *Institutiones chirurgicæ* (1740). He affirms Rivilla as the author of *Desvíos de la naturaleza* and states that while there were many other fine surgeons of that era, none left any kind of monument to his work and scientific knowledge as did Rivilla: "Este autor trae consigo la mayor recomendación, no solo por su singularísima erudición, animosa, y sólida práctica; sino también porque es digno de contarse por el primero que en el siglo pasado escribió con acierto y solidez, siendo autor verdadero, no copiante" (Part. III 108).

In his second volume of *Historia de la medicina peruana*, Lastres includes an entry on Peralta but describes his general writing on the topic of medicine as "pobre," noting that he makes mention of some related topics in his editions of *El conocimiento de los tiempos*, as well as scant references in some of his poetry (143). Lastres identifies Rivilla as the author of *Desvíos de la naturaleza*, directly addressing the question of Peralta's role in writing the text (143-145). He states, "Este opúsculo, señala para el Perú, la primera observación científica sobre el Nacimiento de monstrous de dos cabezas" (144). Lastres cites Peralta's reference to *Desvíos* in *Lima fundada* but only as a point of reference for the importance of Rivilla's work, not as evidence that Peralta was the author. Lastres refutes the validity of these verses from Canto 6 of *Lima fundada* as conclusive evidence of Peralta's authorship of *Desvíos* (145); however, Lastres does not address the more direct claim that Peralta makes to *Desvíos* in the footnote to those verses nor does he address Sedamanos's acrostic or other affirmations of Peralta as author. He writes, "Unanue, igualmente piensa que fue Peralta el autor. Por otro lado, las aprobaciones médicas suscritas por Bermejo y Roldán, Vargas Machuca y Ramírez Pacheco, no dejan lugar a dudas de que fuera el mismo Rivilla" (145). Lastres goes on to recognize that some critics, such as Valdizán, consider Peralta and Rivilla as dual authors, but he is not convinced. He recognizes that different parts of the text seem to be marked by distinct tones and rhetorical styles, in particular the difference between the ten chapters and the final appendix, but he concludes, "...yo encuentro que éstas [partes] pueden ser hechas por el mismo autor y que no es motivo suficiente, la vaga alusión de Peralta en su poema, sin referirse específicamente a este libro. En consecuencias, es probable que Rivilla, sea solo el autor de este libro" (145). However, Lastres reveals what might be a blind spot to his argument when he goes on to cite the version of *Desvíos* published in 1887 and 1888 in *La crónica médica de Lima*, a problematic version of the text that does not include Peralta's marginal notes, which as noted previously include his more direct claim to the 1695 text. Lastres raises good questions about the authorship of the text. There is nothing in the 1695 printed text that directly identifies Peralta as author, only Rivilla, but his argument that Rivilla is the sole author of the text ignores the fuller context of the treatise's textual genealogy and makes too much of the published approvals in the 1695 text as proof. It is also possible that the questions that frame Lastres's history of medicine in Peru shape his perspective.

Various current scholars weigh in on the debate as well, largely drawing from the sources we have already cited here. Pesce summarizes his stance, writing, "Estimamos que la opinión de Unanue, las referencias de Medina y, sobre todo, la ponderada discriminación que efectúa Valdizán nos autorizan a atribuir la paternidad de la parte preponderante del trabajo al propio Peralta, por todas las razones invocadas, que hacemos nuestras" (36). Mariselle Meléndez weighs arguments by Ruth Hill and Jerry Williams in favor of establishing Peralta as the author against claims by García Cáceres that Rivilla held the authority as surgeon, was tasked with the autopsy, and is the logical author (201, n17). García Cáceres writes, "...al tener el permiso para publicar este notable caso, aprovechó la oportunidad para incluir un añadido al que denominó 'un compendio de curaciones en monstruosos accidentes', donde informó sobre un número de intervenciones quirúrgicas, algunas de gran importancia" (71). He further concludes that the appendix has suffered an unfair interpretation because of the attribution of the text to Peralta Barnuevo (71). García Cáceres seems to conflate Peralta's claims to authorship with what would have no doubt been Rivilla's oversight of the actual case and the autopsy. He admits that the philosophical and historical sections of *Desvíos* could have been informed by Peralta: "Nada de extraño tendría que esta parte del libro haya sido sugerida por Pedro Peralta y Barnuevo. Después de todo, ésa era la modalidad literaria más cara de este tan alabado literato" (75). He also cites references to Rivilla in poems by Juan del Valle Caviedes, as an affirmation of Rivilla's place in the medical establishment of 1690's Lima.

These various perspectives are not easily reconciled with one another. In publishing a critical edition of a text like *Desvíos de la naturaleza*, one cannot simply appeal to the multiverse of sources for saying something definitive about who actually wrote the text. Given the evidence presented here as well as the overall premise of this critical edition, Peralta must take center stage as author of the text. However, it is unsatisfying to erase Rivilla from the text or to treat him only as a colonial phantom whose name and title give authority to Peralta's words. To be clear, I am advocating for a hybrid understanding of authorship between Peralta and Rivilla, with Peralta being the primary architect and author of the text. Thus, I list Peralta as the first author and Rivilla as the second. I find it convincing to read Rivilla as the primary author of the appendix, as Fernández Morejón argues, due to its difference in rhetoric and subjectivity as a report on surgical procedures and medical cases that the author claims to have overseen.[7] However, I do not exclude the possibility of hybridity in the appendix and recognize that if there is the potential for Rivilla's presence in the ten chapters, there is also the same for Peralta's influence in the appendix.

Panorama of the Text

In his article "Peralta y la medicina" from 1968, Hugo Pesce offers a thorough review of Peralta's texts that engage with medicine and with science in broader terms. He presents both an in-depth summary of *Desvíos de la naturaleza* (36-38) as well as a review of the sources relating to the question of authorship (45-56). The text's front matter opens with the obligatory *aprobaciones* by physicians and church officials in Lima, traditional poems in praise of the author and his work, and a prologue written by the author. In one of the *aprobaciones*, the physician and chair of philosophy Francisco Ramírez Pacheco describes

---

7   Ruth Hill (2000) writes, "In Peralta's *Tratado* there is an appendix which, for our purposes, is significant. It is a history of clinical cases that illustrate Peralta's anatomical theories and multiply their applications: 'cases of singular curations remedied with happy outcome by the work of the hands' (100)" (158). The appendix is a text worthy of further study. While Hill characterizes it as Peralta's, it is important to consider the role that Rivilla would likely have played in its composition.

Peralta's text: "Habla con monstruosidad cuanto se puede decir de los monstruos donde su definición, divisiones, diferencias, &c. siguiendo el sentir de los mejores y más bien recibidos autores" (*Desvíos* 83). Gregorio de Quesada y Sotomayor writes in his *aprobación*, "no reprueba por errores de la naturaleza la censura, llamara sin escrúpulo monstruosa esta obra y monstruo de la capacidad a su autor porque siendo su estudiosa profesión la cirugía" (*Desvíos* 87). While this may not be the first time Peralta's writing has been called monstrous, here these commentators celebrate the extraordinary nature of the text that is perhaps beyond what is natural. This almost ludic pronouncement sets the tone for how Peralta himself would describe, define and categorize the "monster."

The ten chapters cover the theoretical and practical implications of Lima's monster, which the text summarizes well for itself (*Desvíos* 106):

CAP 1. De la etimología y significación del nombre de *monstruo*.
CAP 2. De la definición.
CAP 3. De la división, donde se trata de la de racionales, animales y plantas.
CAP 4. De la subdivisión en los defectos donde se trata de la conmixtión de las especies con algunas cuestiones.
CAP 5. De las causas de los monstruos, y de las superiores, a metafísicas.
CAP 6. De las inferiores, o físicas.
CAP 7. De los monstruos bicorpóreos y bicípites.
CAP 8. Del infante bicípite de Lima nacido a 30 de noviembre del año pasado de 1694.
CAP 9. Del asiento del alma y cuando hay dos en los bicípites.
CAP 10. Del bautismo de estos y principalmente del que se hizo en el de Lima.

Among the dozens of sources that Peralta cites, he especially looks to several. Gaspard Bauhini studies hermaphrodites and monsters in his 1600 text *De hermaphroditorum monstrosorum que partuum natura*, although *Desvíos* does not take up the topic of hermaphroditism explicitly. In *Opera chirurgica* (1594) the French physician Ambroise Paré dedicates a section to monsters and prodigies, in which he calls into question many of Aristotle's and the peripatetics' conclusions about monsters while applying the most basic definition they offer. The medico-legal work of Paolo Zacchia is especially pervasive throughout Peralta's text (*Quaestiones medico-legales*). The Peruvian author also draws material from Luis Mercado, André du Laurens, Gaspar de los Reyes Franco, Girolamo Capivaccio, and especially the German Martin Weinrich, among many others.

Peralta discusses theories of those who claim that incubuses and succubuses engender monsters with human victims, but he shows his own preference for scientific reasons, which can range from the presence or too much or too little "seed" ("simiente") to the effect that heat and physical pressures have on the womb and the developing fetus. However, of prime concern for Peralta is to determine where the soul of a person resides in order to propose a methodology for classifying the monstrous birth as either one or two persons or souls. He concludes that the brain is the "lámina de la Fé," the seat of reason in the body and therefore the host of the soul. Some thought the liver and others considered the heart to the be location of the soul, but Peralta agrees with the literature that favors the head.

In Chapter 8, the author concludes his description of the Limenean conjoined twins' anatomy by presenting the two primary concerns of the entire book: "Se siguen que resolver sobre este parto dos principalísimas cuestiones. La primera, si tuvo dos almas racionales. La segunda, qué efecto pudo tener el bautismo que se hizo en la pierna que salió al principio viva" (*Desvíos* 216). In Chapter 9, Peralta concludes that the infants—plural—were in fact two distinct souls. There were two well-formed heads that displayed an appearance of normality. Furthermore, Peralta deemed that the baptismal water that the midwife applied to one of the legs that protruded during childbirth, while the children were still alive, did in fact apply to both souls.

Desvíos closes with an appendix that serves as a compendium of interesting medical cases treated by the author. The appendix is not included in the table of contents, "Aspecto de la Obra" (*Desvíos* 106). The author describes the text in the opening sentence of the appendix as "incongruo al principal tratado" (*Desvíos* 259). In the "Prólogo" to *Desvíos de la naturaleza*, the author writes, "Y porque sea útil como provechoso ha sabido unir a la teórica contemplación la práctica quirúrgica en el apéndice de curaciones monstruosas (raras y admirables las llamara yo) para la común utilidad, en que reparando muchos, hallaran que su autor ha adelantado el arte quirúrgica con los primores de su experiencia con que siempre ha regentado la cátedra de sus aciertos y firmeza de sus resoluciones" (*Desvíos* 94). What follows is a practitioner's guide to surgery and a review of extraordinary medical cases the author has treated.

Desvíos de la naturaleza: O tratado del origen de los monstruos speaks for itself as a treatise. The author is careful to guide the reader through a structured engagement with the text through section descriptions at the beginning of each chapter and an explanation of what is contained in the appendix, a compendium of practical examples. We will now turn our attention to the vast critical literature on monsters, Peralta, Rivilla, and *Desvíos de la naturaleza*.

Review of Critical Conversations

This review of critical literature relevant to *Desvíos de la naturaleza* begins with the broad view of how early modern texts on monsters have been treated, primarily in the context of literary and historical studies. We begin by considering some of the foundational studies on the representations of visually different bodies and then focus on scholarly texts produced in and about the Ibero-American space. At the next level of analysis, we focus on Peralta and Rivilla. The study of Pedro de Peralta Barnuevo has greatly expanded in the past three decades. This introduction does not take up the task of reviewing the vast body of knowledge and theory written about Peralta but rather focuses on the context of Peralta as author of *Desvíos*. There is less critical content for José de Rivilla, but we will seek a broader understanding of who he was. Finally, we conclude this section with a review of studies on *Desvíos de la naturaleza*, which we have already begun to engage by considering the question of authorship.

Early Modern Monster Studies

Katharine Park and Lorraine Daston's seminal *Wonders and the Order of Nature: 1150-1750* is a cornerstone of studies of monsters from medieval through the early modern period. They offer this 1998 book as a corrective of the more teleological argument they presented in their 1981 article: "We soon realized that sixteenth- and seventeenth-century monsters were part of a coherent and long-lived cluster of wonders, persisting from late antiquity through at least the Enlightenment, which embraced a crowd of other strange objects and phenomena and from which they could only artificially be detached" (10). Later in the book, they reflect further on the change in their conceptual approach to the problem:

> In an earlier article, we described the evolution of sixteenth- and seventeenth-century attitudes toward monsters in linear terms: originally part of the prodigy canon, with its ominous religious resonances, monsters shifted over the course of the sixteenth century to become natural wonders—sources of delight and pleasure—and then to become objects of scientific inquiry. At this last stage, they finally shed their associations with earthquakes and comets, finding a home in the medical fields of physiology and comparative anatomy. Viewed in the light of more recent research, our own and that of others, we now reject this teleological model, organized as a progress toward rationalization and naturalization. (175-176)

This malleability of representation is central to the book's argument and demonstrates why their study is so broadly cited by scholars of monstrosity.

According to Park and Daston, "To tell the history of the study of nature from the standpoint of wonders is to historicize the order of nature and thereby to pose new questions about how and why one order succeeds another" (14). They describe the scope of their book, sweeping in its reach: "Our book focuses on wonder and wonders as an elite tradition, engaging the attention of princes, clerical administrators, preachers, teachers, court artists and storytellers, naturalists, and theologians" (18). Returning to the contrast between their former argument and the analysis in *Wonders and the Order of Nature*, they write, "Instead of three successive stages, we now see three separate complexes of interpretations and associated emotions—horror, pleasure, and repugnance—which overlapped and coexisted during much of the early modern period" (176).

With reference to the time contemporary to *Desvíos de la naturaleza*, Park and Daston write, "By the last quarter of the sixteenth century, there existed a specialized body of medical writing on the causes of monsters. This initially was made up of sections of treatises on topics like the wonders of nature or human generation and came later to include whole monographs devoted to the topic" (192). In this section of the book and in others, they provide critical context for some of Peralta's main sources, such as Jakob Rueff, Johannes Schenck von Grafenber, Ambroise Paré, Martin Weinrich, Johann Georg Schenck, and Fortunio Liceti. The reach of this study is both deep and wide with regard to its relevance to *Desvíos*. It provides an excellent critical context for considering broad historical narratives about how nature and deviances of nature have been represented in text over many centuries. While the authors do engage with the new science of Bacon, Descartes and others (mainly in Chapter 8), the general focus of the study is to consider how monsters were read as primarily negative signs. While Peralta makes reference to this in his own review of the literature on monsters, prodigies, and portents, the 1694 conjoined twins represent something more positive for him, which we will discuss later.

Alan Bates's three articles on monstrous births offer a framework for reading *Desvíos* from the history of science. In an article published in the *Journal of the Royal Society of Medicine* in 2000, he studies birth defects and classifications of monstrous births in the early modern era, starting with an analysis of Elizabethan ballads. In the article "Conjoined Twins in the 16th Century" (2002) Bates catalogs conjoined twins born in sixteenth-century Europe and offers a brief review of works by Lycosthenes, Boaistuau, Rueff, Paré, Bauhin, and Aldrovandi, almost all of which serve as key sources in *Desvíos*. Bates organizes these works into three categories: scholarly books, wonder books, and popular literature: "The major morphological types of conjoined twins had all been described by 1600, often in publications that included details of the time and place of birth, morphology, outcome, behaviour, and, on occasion, autopsy findings. These descriptions differ from modern reports in emphasizing the twins' supposed 'meaning' rather than their cause" (521). Peralta explores both meaning and cause in *Desvíos*.

In his more expansive article published in 2005, "Good, Common, Regular, and Orderly: Early Modern Classifications of Monstrous Births," Bates surveys how early modern writers classified monstrous births. He reviews some of Peralta's key sources in depth, providing a good understanding, along with other scholars reviewed in this part of the introduction, of Conrad Lycosthenes's *Prodigiorum ac Ostentorum Chronicon; Des Monstres Tant Terrestres que Marines avec leurs Portraits* (1573) by Ambroise Paré; Caspar Bauhin's *Hermaphroditorum Monstrosorumque* (1600); *De Monstrorum* (1616) by Fortunio Liceti; and *Monstrorum Historia* (1642) by Ulisse Aldrovandi. Bates also includes references to Isidore Geoffroy Saint-Hilaire's *Traité de Tératologie*, published as part of his larger work *Histoire Generale et Particulière des Anomalies de l'Organisation chez l'Homme et les Animaux* (1832-37), which serves as the first use of the term "teratology" relating to the study of monsters from a modern scientific framework. While *Desvíos de la naturaleza* would have fit beautifully into Bates's analysis, he does not cite the text in this study.

David Williams's *Deformed Discourse: The Function of the Monster in Mediaeval Thought and Literature* provides another robust framework for understanding the medieval and ancient sources that Perlata cites in *Desvíos*. Williams argues that "the monstrous" and "the deformed" served as rhetorical contexts in which medieval writers explored ideas. He writes, "...the deformed functioned more often as a complementary, sometimes alternative, vehicle for philosophical and spiritual inquiry during this most intellectually speculative period of Western civilization. Unlike an earlier period in which the monster was conceived as omen and magical sign, the Middle Ages made deformity into a symbolic tool with which it probed the secrets of substance, existence, and form incompletely revealed by the more orthodox rational approach through dialectics" (3). This is a key argument to take into consideration as we evaluate how Peralta's 1695 text also turns away from reading the monstrous as an omen. While the medieval sources in Williams's study do not depart from symbolic readings of monsters as does Bacon, for example, it articulates how the monstrous trope developed after Augustine, Pliny and other ancient sources: "The deformed discourse, as I have called it, finds its original conceptual basis in the pre-Christian tradition of philosophical negation which, in turn, finds its mediaeval expression in Dionysian negative theology, an intellectual system of vast influence throughout Christian history, but especially influential in the period from the eighth through the fourteenth century" (4). Williams gives particular attention to Isidore of Seville, also a source for Peralta.

In *Signs and Portents: Monstrous Births from the Middle Ages to the Enlightenment*, Dudley Wilson studies the transition from reading monsters as marvelous signs to investigating the scientific explanations for monstrous births. He organizes the older symbolic reading of monsters into four categories:

> The first of these is the belief that monsters are sent deliberately by God as a warning against sin and are a part of his mysterious purpose in creation. The second, which, chronologically, emerges from the first, is the interest in monsters as a part of the growing obsession with curiosity and the collection of strange knowledge, objects, and even people which dominated the intellectual world of the late sixteenth and early seventeenth centuries. The third is the increasingly detailed observation and recording of normal and abnormal anatomy which dominated eighteenth century science in the hands of the learned societies of Europe. [...] Fourthly, this book examines the changes brought about, particularly in mid-nineteenth century France, by medical and biological research, and the desire to classify and connect changes which led towards a more genuinely scientific attitude. (1)

Wilson focuses on texts produced in England and France in this vast time frame. He offers a thorough chapter reviewing the textual history of how monsters have been defined, a problem that both primary texts, such as *Desvíos*, and secondary studies grapple with. Wilson traces the conceptual roots of his definitions through the texts of four classical writers: Aristotle, Cicero, Pliny and Augustine. "These, taken together, give a reasonable summary of attitudes round about the end of the Middle Ages and the beginning of the Renaissance" (16). He also notes three biblical texts from which concepts about monsters are derived: 2 Esdras 5:4-9, Genesis 30:37-32, and John 9:1-3: "All three of these passages were given additional contemporary authority in the sixteenth century by being featured in the influential work on monsters by Ambroise Paré" (28).

In *Renaissance Ethnography and the Invention of the Human: New Worlds, Maps and Monsters*, Surekha Davies "demonstrates how maps illustrated human variation across the globe in new ways in the sixteenth and early seventeenth centuries, in mid- to late Renaissance" (1). Davies studies representations of "monstrous peoples" and is less concerned with monstrous births than she is with monstrous representations of larger geographic areas and their people, such as Brazil or Peru as a whole. Nonetheless, Davies offers an engaging framework for the conceptualization of monsters and potential connections between Park and Daston's work and a larger-scale analysis of monstrous representations: "In the broadest sense, monsters are beings that fall outside the viewer's ontological categories in some way; a two-headed calf and a new animal species both constitute monsters in this sense. Monsters, and our puzzlement about them, are thus entry-points to a deeper understanding of a culture's ways of thinking" (14). She cites Aldrovandi (210) and Paré (212) and how those works might have influenced mapmakers' conceptions of monstruous peoples. This is a good study in the critical arc of how the concept of the monster develops from antiquity to medieval to Renaissance and then late seventeenth and eighteenth centuries.

Several studies archive and catalog representations of monstrous beings and also contribute to the body of knowledge on this subject. In *Tratado de monstruos: Ontología teratológica* (2003) Héctor Santiesteban Oliva presents a general study of monsters with a particular focus on the late Middle Ages and early Renaissance. This is a sweeping text that offers an ontological history of the monster and teratology, which the author describes as "una disciplina que ha sido estudiada desde diversos y variados puntos de vista. La medicina, la biología, la mitografía, la literatura han dedicado esfuerzos para dilucidar cuestiones muy diversas sobre seres asombrosamente anormales a los que calificamos de *monstruos*" (15). Valerie I. J. Flint in "Monsters and the Antipodes in the Early Middle Ages and Enlightenment" primarily investigates the dynamic between an eighth- and a sixteenth-century series of writings about antipodes, engaging with the concept of monsters being those who would have inhabited the antipodal space. She writes, "According to Aristotle, monsters are not divinatory signs, but stem from Nature's straying from the generic type. On all these views monsters, arresting as they are, are very hard to incorporate acceptably within the bounds of common humanity. Elements of the unnatural and of the deformed, and the fear which springs from this, cling to them. It is tempting to keep them, at the very least, at a distance and to sever them from the responsibility of creatures more evidently 'human.' This fact may in part account for their being so often placed, in cosmographies and maps, at the outermost fringes of the known world" (71). Flint sites Augustine's reflections on monstrous births from *De civitate Dei* to argue that these births were seen as God's workmanship and thus held within the bounds of humanity, linking this argument to the overall understanding of antipodes (72). Maja-Lisa von Sneidern, in "Joined at the Hip: A Monster, Colonialism, and the Scriblerian Project," also studies conjoined twins in early eighteenth-century London as signs that allowed philosophical, moral, legal, and scientific thinkers to test new theories and stretch the limits of the status quo. She writes, "The monster is a disruptive place where discourses are at liberty to rehearse emergent and reiterate threatened epistemic principles. As an excessive, defective, wonder-filled sight, it is the site of anamorphosis with its privileging of matter and insistence on seeking visual perspective; in retrospect, however, the monster becomes primarily a discursive event, its authors occupying an authorized position; it is the occasion for hybridity" (217). In *Imagining Monsters: Miscreations of the Self in Eighteenth-Century England* Dennis Todd explores the case of Mary Toft, a woman who claimed to give birth to more than a dozen rabbits in 1726 England. His book offers a reading of how the monstrous narrative took root in literature of the day and explores how monstrosity figures in the works of authors such as Jonathan Swift and Alexander Pope. He writes, "...all monsters...are creatures of borders. As distortions of amalgams of forms, they simultaneously have and do not have an identity, and hence they baffle our attempts to settle on a definition of what they are" (134-135). [8]

Monsters in the Ibero-American Space

Lafuente and Moscoso's catalog of the *Monstruos y seres imaginarios* exhibit (2000) in the Biblioteca Nacional de España convenes a visual representation and critical analysis of what they call "referentes de la diferencia" in a discussion of both collective and individual identities (9). Including references to *Desvíos de la naturaleza,* the editors and contributors to the volume consider the various ways that these subjects are seen: "De la mirada del espectador, desde luego, pero también de la mirada médica sobre los intersticios del cuerpo natural, de la mirada obscena hacia el cuerpo femenino, de la mirada perdida en el cuerpo imaginario, de la mirada aterrada sobre el cuerpo político, de la mirada extática ante el cuerpo sobrenatural" (9).

Two works by Elena del Río Parra represent significant contributions to the Ibero-American study of visually different people and creatures: *Una era de monstruos: Representaciones de lo deforme en el Siglo de Oro español* (2003) and *Materia médica: Rareza, singularidad y accidente en la España temprano-moderna* (2016). In her 2003 study, Del Río Parra brings to light a gap in the scholarly study of difference: "A diferencia de lo que ocurre en otros países, la escasez de estudios

---

    8   Fallert (2017) examines monsters in eighteenth-century Spanish poetry; Fortanet (2015) considers the monster as the object of modern medical study; García Arranz (1996) and (1999) studies *relaciones de monstruos* and representations of monsters in viceregal texts; Sánchez Villa (2017) studies the Biblical origin of some monster narratives; Spinks (2005) analyzes monsters in sixteenth-century German broadsides; and Teuton (2010) examines monstrous images in de Bry's illustrations of *Atalanta figurens* and *America*. They are excellent studies on representations of monsters in the early modern period that can expand the critical footprint beyond the other studies cited in this introduction.

extensos sobre seres deformes en el Península Ibérica obliga a dedicarle especial atención a la teratología, de manera que quede establecida sólidamente esta dimensión" (15). She continues, "la propuesta en este estudio no busca analizar específicamente el tránsito entre el prodigio y la filosofía natural o la medicina, sino insertar al ser deforme en un marco amplio, e incluirlo en sus muchas variedades de representación" (15-16). Del Río Parra defines the "monstruoso" as what is not natural, what falls outside of taxonomies and is distant from any kind of orderly system (16). She writes, "El monstruo no es parte del alfabeto natural o lógico, sino de la crisis de ese alfabeto, que carece de referentes, que funciona como signo enigmático, desconocido" (17).

Del Río Parra looks to Rivilla as a source in her thesis about monsters in Golden Age Spain and in her construction of the definition of 'monster' in chapters 2 (71-75, 84, 85, 92-93, 102, 103, 104-106, 108-110) and 3 (149-150, 152), including a kind of brief archival description of *Desvíos* in her review of representations of the monster in Spain (41). She does not, however, engage in a critical analysis of *Desvíos*. She neither questions the authorship nor evaluates the text itself. Del Río Parra characterizes Rivilla's subjectivity in *Desvíos* as "el punto de vista médico" (61) and does not engage in Peralta's role in the text or his subjectivity as an authorial presence in the logic, argumentation, or rhetoric of *Desvíos de la naturaleza*, nor does she engage in the American space as a Creole context for the writing of this *Tratado*.

In *Materia médica* Del Río Parra moves the critical conversation forward in a study that explores how these visually different lives are represented from a literary rather than scientific scholarly framework: "Nuestra preocupación se ha centrado, sobre todo, en modificar el rango discursivo de este repertorio bibliográfico, incidiendo en el pensamiento subyacente en ciencias y humanidades. Conocer, sabemos, no se opone a crear, y si es posible imaginar el cuerpo como un espacio mensurable, también es obligado considerarlo como idea" (20). *Desvíos de la naturaleza* is one of the primary texts in the study, as Del Río Parra anachronistically describes Rivilla as a teratologist. Rather than an analysis of *Desvíos* as a subject of literary study, Del Río Parra centralizes Rivilla as an authoritative voice in the larger canon of scientific sources about prodigies and portents.

Gordillo and Spadaccini edit an edition of *Hispanic Issues Online* titled "Reading Monsters in Iberian and Spanish American Contexts." In their introductory essay, they trace themes from "monster theory" that reflect on the nature of monsters as a linguistic construct inscribed to make sense of nature's aberrations. They make reference to the etymological roots of the word "monster" in the Latin words *monere* (to advise or warn) and *monstrare* (to show or display), writing, "The monster figure could then be viewed as an empty referent that points toward something that is outside its own self; a paradoxical symbol that requires a reader, an interpreter" (2). The tome covers a wide scope of inquiry, from essays on early modern treatments of the monster in Spain to a broader analysis of more metaphorical monstrosities in literary texts.

Mariela Insúa and Lygia Rodrigues Vianna Peres are editors of *Monstruos y prodigios en la literatura hispánica*, a volume that studies "lo maravilloso" en various expressions of Spanish and Latin American literature. While the collection of essays focuses on early modern texts from Spain, Spanish American and Brazil, it includes readings of some works up to the twentieth century: "Nos encontramos así con aportaciones que van desde el estudio de las recreaciones de la leyenda medieval de Roberto el Diablo o del Purgatorio de San Patricio, hasta el rastreo de elementos fantásticos en los *folhetos* de la actual literatura de cordel brasileña y en novelas y textos poéticos del siglo XX, pasando por la interpretación del simbolismo de los monstruos en las relaciones de fiestas jesuíticas del siglo XVII, la consideración de lo maravilloso en comedias y autos calderonianos, o el estudio de lo sobrenatural en las crónicas de Indias, en relatos de milagros y en las relaciones de monstruos, entre otros muchos aspectos" (10). In her essay on "relaciones de monstruos" in the seventeenth and eighteenth centuries, Insúa includes a description of *Desvíos de la naturaleza*, which she considers "uno de los estudios de monstruos más importantes del período" in her review of texts (158).

Abel Iglesias Castellano approaches the topic through the genre of "las relaciones de sucesos," a broad category of texts that includes accounts of subjects ranging from battles to royal births, weddings, funerals, natural disasters, and other miscellaneous points of interest.

His study focuses on extraordinary births and the study of monstrosities. Specifically, Iglesias Castellano studies a 1634 account of a girl born with two heads born in Tortosa, Spain (*Relación verdadera de un parto monstruoso, nacido en la ciudad de Tortosa de una pobre mujer, conforme se ve en las dos figuras de arriba, y en la descripción siguiente*) and a short text on conjoined twin sisters in Barcelona in 1779 (*Extracto de la inspección anatómica hecha ante los profesores del Real Colegio de Cirugía de Barcelona de los cuerpos humanos irregulares que dio a luz una mujer de esta ciudad en la noche del 14 al 15 de abril de 1779*).

Vázquez and Cleminson's two essays (2010 and 2011) and 2018 book *Sexo, identidad y hermafroditas en el mundo ibérico, 1500-1800* contribute to the overall study of "monsters" in the early modern period. While the focus of their work centers on questions of "lo monstruoso" outside of what *Desvíos de la naturaleza* represents, they engage with a common set of sources, texts and a literary tradition that inform Peralta's 1695 text. Furthermore, Vázquez and Cleminson's work stands out in comparison with many other studies that tend to archive or catalog texts that engage with monstrous topics, in that they frame their analysis in a well-constructed theoretical framework and seek to extend the concepts around how monstrosity is understood. They describe the purpose of their 2018 book as "…profundizar en el conocimiento de las controversias teóricas sobre casos de hermafroditismo y cambio de sexo en el mundo ibérico, entre 1500 y 1800" (13). They comment on *Desvíos,* noting that it is one of the most important medical texts of seventeenth century (71). The authors argue that Rivilla rejects the Aristotelian definition of the monster as an error outside of the bounds of nature: "En la medida en que es un resultado del proceso de generación, acontecer ordenado por la Naturaleza, hay que considerarlo 'contra la naturaleza, mas no contra toda ella, sino contra su más frecuente caso'. Se trata, pues, de una criatura 'praeter naturam', no 'contra naturam'" (72).

Various other texts make contributions to the knowledge on monsters, prodigies, and portents in the Hispanic world. Similar to Vázquez and Cleminson, Soyer's *Ambiguous Gender in Early Modern Spain and Portugal* (2012) engages the discourse of monstrosity as it pertains to "marvels and monstrosities" related to gender (24-25). Pinet (2010) studies the nexus between literary and scientific discourse in the late medieval and early modern period, specifically in chivalric romances, where deviant desire leads to monstrosity. Torres Pérez examines a 1781 short text that describes the birth of conjoined twins in Valencia, which includes a transcription and reproduction of the text, held in the Archivo Histórico Nacional in Madrid. Pueyo's sweeping *Cuerpos plegables: Anatomías de la excepción en España y América Latina* (2016) traces textual representations of anomalous births across a wide span of Hispanic cultural contexts. We will take up his reading of *Desvíos* in more detail later in this introduction.

Several other critical studies focus on texts and events in the Americas. Martha Few contributes a chapter to Kostroun and Vollendorf's 2009 *Women, Religion & the Atlantic World, 1600-1800*, on the topic of monstrous births in colonial Guatemala. The chapter "explores how monstrous birth accounts found in colonial Guatemala from the sixteenth to the early eighteenth centuries acted as flashpoints for cross-cultural conflicts and community tensions surrounding pregnancy. The accounts also shed light on debates in the early modern era about the meanings and representations of wonders that preoccupied European intellectual and popular cultures in this period" (205). Jaffary examines reports on monstrous births published in the *Gazeta de México*, which include fifty accounts published between 1784 and 1803 (179), and refutes the common assumptions about how these births were received with revulsion. She writes, "Both the *Gazeta*'s notifications and its description of communities' reception of these unusual babies conveyed attitudes of wonder, affection, and pride. The *Gazeta*'s authors, readers, and the urban and rural communities depicted in its pages celebrated the births as evidence of New Spain's prodigious fertility, a perspective that reflected both the particularized manner in which the Enlightenment developed in Mexico and Mexico's late-colonial development of 'creole patriotism'" (180).

Frida Gorbach's *El monstruo objeto imposible* is a study of nineteenth-century teratology in Mexico. There is a significant cultural and temporal gap between *Desvíos de la naturaleza* and the subjects of her analysis, but it is a relevant contribution to the body of knowledge about congenital abnormalities and how they are represented in texts.

She writes, "...creo que es posible hablar de 'la teratología en México', y es que, más allá de unos cuantos estudios de caso y de un catálogo, la teratología alcanzó a permear no sólo la discusión médica de entonces, sino también los fundamentos de nuevas disciplinas como la biología y la antropología" (22). Her project is divided into three sections: case studies published in medical journals, which are oriented toward clinical practice; texts more related to natural history and biology; and finally, cases related to legal issues. Each of these questions finds a point of reference in *Desvíos* and depending on the scholar's set of questions can be a key element of the critical conversation.

Reyes Gil studies representations of "monsters" in Peruvian viceregal chronicles by Juan de Castellanos, Pedro Cieza de León, and Pedro Ordóñez de Ceballos: "El artículo muestra cómo estos monstruos de la crónica peruana ofrecen una inusitada mezcla de genealogías, que tienden a disolverse los límites entre lo bíblico, los tratados de natural, la teratología, las novelas de caballería, los libros de viajes tradiciones orales indígenas, entre otros tipos de textos, con el fin la otredad americana" (423). He notes that as a medical treatise, *Desvíos de la naturaleza* avoids the rhetorical trappings of these *crónicas*, "...al tipo de relatos de lo maravilloso propio de los cronistas peruanos seleccionados para este ensayo" (note 1, 425).

Peralta, Revilla, and the Critical Reception of *Desvíos de la Naturaleza*

This section is divided into three parts: first, a review of Peralta and a critical framework for reading his place as author of *Desvíos de la naturaleza*; second, a historical context for reading Rivilla in the 1695 text; and finally, a review of scholarship related to *Desvíos*.

Pedro de Peralta Barnuevo

Desvíos de la naturaleza itself has something of a monstrous quality to it. Its authorship, while accepted to be the work of Peralta Barnuevo, is at the very least contested and with some degree of imagination occupies a hybrid sense of agency between Peralta and Rivilla. The work is at once philosophical, medical, theological, historical, and scientific. Like many works of its time, it defies our modern sense of genre, but *Desvíos* seems to overtly embrace these multiple discourses that even in their moment were held in tension. We will start with a review of critical literature that necessarily imposes a sense of order that flattens to some degree the multiple discourses in *Desvíos* that emanate from hybrid authorial voices. We begin with Peralta Barnuevo himself.

Peralta's contemporary Benito Jerónimo Feijóo does not directly cite or comment on *Desvíos*, but in his article "Españoles americanos," he writes, "[Peralta] sabe con perfección (aquella de que el presente estado de estas facultades es capaz) la Filosofía, la Química, la Botánica, la Anatomía, y la Medicina" (§. II, No. 10). In "Respuesta a la consulta sobre el Infante monstruoso de dos cabezas, dos cuellos, cuatro manos...", Feijóo does not make reference to *Desvíos*, but there is a striking resemblance to the birth of Teresa Girón's twins in 1694. The complete title is "Respuesta a la consulta sobre el Infante monstruoso de dos cabezas, dos cuellos, cuatro manos, cuya división por cada lado empezaba desde el codo, representando en todo el resto exterior, no más que los miembros correspondientes a un individuo solo, que salió a luz en Medina-Sidonia el día 29 de Febrero del año 1736. Y por considerarse arriesgado el parto, luego que sacó un pie fuera del claustro materno, sin esperar más, se le administró el Bautismo en aquel miembro." In the article, Feijóo addresses two main ideas. The first is the philosophical question about whether the birth represents one individual or two individuals, and the second is a theological question about the nature of baptism of these two individuals. Both of these themes are central to *Desvíos de la naturaleza*, which Peralta himself identified as his rhetorical priorities.

Jerry Williams's many critical editions and studies of Peralta Barnuevo offer for modern scholars a foundational archive of texts and readings.[9] For a thorough review of Peralta's biography see Slade and

---

9 Williams's contributions to Peraltian studies are pivotal. His critical editions and analysis include *Censorship and Art in Pre-Enlightenment Lima* (1994), *Peralta Barnuevo and the Discourse of Loyalty* (1996), *Peralta Barnuevo and the Art of Propaganda: Politics, Poetry, and Religion in Eighteenth-Century Lima* (2001), *Historia de España vindicada* (2003), "Creole Identity in Eighteenth-Century Peru: Race and Ethnicity" (2005), *Bajo el Cielo Pe-*

Williams's 2016 edition of *Lima fundada* (567-587). Williams refers to *Desvíos de la naturaleza* on several occasions but does not study the text in detail. In *Censorship and Art in Pre-Enlightenment Lima*, he comments on critiques of *Desvíos* by French writer Louis Feuillée:

> Peralta's biophilosophic pronunciations were commented on by Feuillée in his *Journal des observations physiques*, which also included a drawing of the twins. Peralta did little to mask his antipathy toward Feuillée, who had frustrated the Limenean's attempts to gain access to Feuillée's data on the accurate measurements of the position of Peru's coastlines, and stated that the French scientist had incorrectly reported data about the case. As a protégé of Louis XIV, a member of the French Academy of Sciences, and a disciple of Jacques Cassini, Feuillée was in a privileged position to help Peralta but declined. (81)

While Williams does not comment in depth on *Desvíos*, he acknowledges how Peralta's earliest texts engage with European writers. Luis Alberto Sánchez does not study *Desvíos* in depth in *El Doctor Océano*, only affirming Peralta as the author of the text, referring to Rivilla as a pseudonym, offering this summation of the treatise: "En este librito trata del grave problema teológico provocado por un niño fenómeno con dos cabezas y cuatro brazos, nacido en Lima en 1694; se trataba de averiguar si tal monstruo poseía una o dos almas" (24). Riva Agüero also makes reference to the text without deep analysis, proposing that Peralta was likely the author of the Latin and Castilian introductory poems as well as the text itself (246-247).

Hermilio Valdizán describes *Desvíos* as "el libro médico de mayor interés del siglo XVIII, si no por el valor del libro mismo por la discusión en torno a la paternidad de ese estudio de erudición y nada más que de erudición" (1923, Vol. 1, xiv). Valdizán argues that there is

---

ruano: *The Devout World of Peralta Barnuevo* (2008, co-edited with Slade), *Eighteenth-Century Oratory and Poetic Contests in Peru: Bermúdez De La Torre and Peralta Barnuevo* (2009), and *Lima fundada* (2016, co-edited with Slade), among many other contributions to Ibero-American eighteenth-century studies.

a clear distinction between the appendix, which he argues was written by Rivilla, and the rhetorical erudition of the main text, which he argues Peralta authored: "Aparte de la introducción, estas observaciones clínicas, estas historias clínicas, están escritas con sencillez y, lo que es más, con ausencia absoluta de aquella erudición vastísima que aparece evidente, con tanta frecuencia en el tratado de los monstruos" (1928, 54-55).

Hugo Pesce's 1968 article "Peralta y la medicina" offers an excellent overview of *Desvíos de la naturaleza*, with regard to the debates about its authorship, Peralta's influences, a summary of the text, and an appendix that includes excerpts from the 1695 text. Pesce also affirms Peralta as author of *Desvíos*, based on references from Bottoni (1723) and Petit (1723 and 1730), arguing that the 1695 text draws heavily from Bacon and Descartes, which would have been more logical as an extension of Peralta's formation and abilities than that of Rivilla: "Bacon, en su 'Novum Organum' (1620), polemiza contra los 'cuatro ídolos' del error, asumiendo una posición censista, determinista, experimental. Descartes, a su vez, recogiendo las decididas afirmaciones acera de la infinitud del universo defendidas por Bruno, Copérnico, Galileo y Kepler, proclama la futilidad de las meras catalogaciones extensivas a la manera enciclopédica, y en cambio exige, en su 'Discurso del Método' (1637), precisión y profundidad, seguido en ese camino por Marsenne y por Gassendi" (30-31).

José de Rivilla Pueyo y Bonet

In their 1990 edition of Juan del Valle Caviedes' *Obra completa*, María Leticia Cáceres, Luis Jaime Cisneros, and Guillermo Lohmann Villena offer a biographical sketch of Rivilla Bonet y Pueyo, as he was the subject of several satirical poems by Caviedes. According to the editors, Rivilla was born in Zaragoza, son of Luis de Rivilla and Ana María Bonet. He moved to Peru at the age of ten and later studied medicine at the Universidad de San Marcos. In 1669 he married Isabel de Ortega Dávila y Palomares, from Lima, with whom he had seven children. He worked in the Hospital de Santa Ana starting in 1671 as *enfermero mayor*. In 1680 archbishop and viceroy Liñán y Cisneros chose Rivilla as *médico de cámara* (872). Citing sources from the Archivo General de Indias and from Konetzke, the editors report that in 1681 Juan González de Santiago, of the Audiencia de Lima, sent a report to the Consejo de Indias accusing Rivilla of practicing medicine as a surgeon without proper training, which resulted in bad outcomes, according to the complaint: "por las malas curas que hauia hecho Respecto de no tener el conocim^{to}. y pericia que se Requiere" (cited by editors, 872). The viceroy considered this not a case in his jurisdiction and referred the complaint to the *Protomédico* Dr. Bermejo y Roldán. The editors note that Santiago contested the viceroy's referral of the case to Bermejo y Roldán, claiming that he himself was not properly appointed to his position and "en aquella tierra para ser médico sólo aprenden el escribir una receta" (cited by editors, 872). The editors do not specify how the case was resolved except to imply that it did not move forward from Bermejo y Roldán's office. Note that Bermejo y Roldán served as godfather for Rivilla's son Miguel at his baptism in 1678 (835). Furthermore, Bermejo y Roldán would later write a glowing *aprobación* for *Desvíos de la naturaleza*. In 1689 Rivilla was named *médico de cámara* by viceroy Conde de la Monclova.

In November of 1694 Rivilla presided over the central event of *Desvíos*, the birth and later autopsy of the conjoined twins in Lima. According to Cáceres, Cisneros and Lohmann Villena, the treatise was composed between November 30, 1694, and January 31, 1695 (873). In November of 1695, Rivilla earned his *licenciado*, having completed a secret examination and paid 850 pesos for the degree. By December 23 of the same year, he also completed examinations and paid additional fees of 4,253 pesos for his doctorate. The editors state that Rivilla's part in writing *Desvíos de la naturaleza* and in the clinical support of the twins' birth represent the fruit of twenty-seven years of medical practice. He continued to practice medicine in Lima in the years to follow. One can infer from the real estate transactions that the editors document in their historical review of Rivilla that he enjoyed success. In 1721 he wrote a closed will, documenting his estate as well as his family expenses related to each of his children. The editors write, "Su situación económica revela holgura: en su domicilio tenía oratorio, seis esclavos, joyas en cantidad muy apreciable, un retrato suyo y una biblioteca en la que se registraron 55 obras, incluyendo los tres volúmenes de la *Mystica Ciudad de Dios,* de Sor María Agreda, seis de Galeno, y otros autores de medicina y cirugía, entre ellos las obras de Hipócrates. En junto se valoró el patrimonio en 28,943 pesos" (874). Rivilla died on November 30, 1722.

García Cáceres, whose work focused primarily on Caviedes, proposes a forceful defense of Rivilla as the author of *Desvíos,* as cited earlier, but much of his argument focuses on the appendix of the text. García Cáceres shows that Rivilla's 1690 operation described in the appendix was the world's first thyroidectomy (75). He also studies Caviedes's poems about the removal of the *coto* (quechua, *q'otto*) from José Dávalos y Peralta, who later went on to earn the title of *doctor* (75-76). García Cáceres compares Rivilla's removal of Dávalos' *coto* to the 1809 surgery performed by Ephraim McDowell in Danville, Kentucky, celebrated as the first ovariotomy (87), thus celebrating Rivilla's importance as a medical pioneer.

According to Miguel Rabí Chara, in his history of the Hospital San Bartolomé de Lima, Rivilla y Bonet practiced medicine with Pedro de Utrilla, "el tronco de una extensa familia dedicada a la medicina, cirugía o obstetricia," at the Hospital de Santa Ana de los Naturales starting in 1671 (86). In other words, Rivilla was a part of the medical establishment in Lima.

Fernández Morejón suggests that Rivilla might have studied medicine and surgery in Zaragoza, not making reference to other sources that indicate Rivilla came to Peru when he was ten years old. He states that Melchor Fernández Portocarrero, Conde de Monclova, brought Rivilla with him to Peru from Mexico to serve as viceroy in Lima after having held the same position in New Spain (196-197).

According to Lastres, citing a registry from the Archivo Central Domingo Angulo, Rivilla was named *licenciado* and *doctor* in medicine in 1695 by the University of San Marcos (314): "Por esa misma época se gradúa Licenciado en Medicina y de Doctor, José de Rivilla, el cual deposita la suma de 850 pesos...Para el grado de Licenciado de Rivilla y Pueyo, los examinadores Francisco Bermejo, Francisco de Vargas Machuca, Melchor Váquez, José de Avendaño, Bernabé Ortiz, José Dávalos, Juan de Llanos, escogen los puntos para el examen...Rivilla y Pueyo, abona la suma de 4.252 pesos 4 reales, como depósito para obtener el grado de Doctor. Reunido el Claustro en pleno, acuerda admitirlo para la colación del más alto grado académico" (317). Rivilla also served as a witness for the conferral of other degrees in the university.

DESVÍOS DE LA NATURALEZA: O TRATADO DEL ORIGEN DE LOS MONSTRUOS (1695)
In addition to a robust critical context to the larger topic of abnormal births and the cultural reception of monsters, portents, and prodigies, there is a significant scholarly framework for reading *Desvíos de la naturaleza*, beyond the essential but limited discussion of the text's authorship. Critical appraisal of the text begins as early as the eighteenth century in a 1762 text by Andrés García Vázquez, *Instituciones chirúrgicas y cirugía completa universal*. He writes, "Este autor trae consigo la mayor recomendación, no solo por su singularísima erudición, animosa y sólida práctica, sino también porque es digno de contarse por el primero, que en el siglo pasado escribió con acierto y solidez, siendo autor verdadero, no copiante: pues aunque yo no dudo que en él habría excelentes cirujanos en España, no obstante no dejaron monumento alguno, para que lo podamos afirmar" (Part III, 108). In the nineteenth century, la Sociedad Médica Unión Fernandina in Lima printed much of *Desvíos* in several ediciones of *La crónica médica*. Between 1887 and 1888, under the direction of Leonidas Avedaño with participation by Pablo Patrón as part of the journal's "Folletín" series, la Sociedad published the "Prólogo" and chapters 1-9. They did not include the introductory reviews or poems, nor did they print marginal notes, chapter 10, or the appendix, creating something of a monstrosity of the 1695 edition. *La crónica médica* makes no mention of Peralta as author or participant in the text, which is not surprising given the medical context, rather than literary or historical, of the publication.

In her ground-breaking *Sceptres and Sciences in the Spains*, Ruth Hill reads *Desvíos de la naturaleza* as a viceregal text that was written as a *criollo* interpretation of Enlightenment thought, in the context of the long eighteenth century. Hill clearly engages with Peralta as the author of the text, in part proven by the philosophical and rhetorical sophistication of the text: "The importance of Peralta's *Tratado del origen de los monstruos* to the history of modern science in Spain and Spanish America has been underestimated" (155). She demystifies the notion that Peralta would write about these deviations of nature as superstitious signs from above, identifying two of Peralta's guiding principles as empirical observation and reason, in the context of the authority granted this knowledge by the Church.[10] This is the point at which she traces the connections between Peralta and Bacon: "The immediate inspiration for Peralta's conceptualization of 'monsters', and for his writing of *Desvíos*, was Francis Bacon. The immediate trace of Bacon's authority lies in his *Instances*, or 'aids for the understanding in the interpretation of Nature and true and perfect induction'...'Desvíos' is the Peruvian's translation of 'Deviating Instances'" (156).

Hill argues that Peralta engages with Descartes as a source for *Desvíos*, even though he does not cite him directly (158-159): "Instead, he mentions philosophers and theologians who lived before Descartes and the moderns who agreed with Descartes that the seat of the rational soul was the cerebrum. He then demonstrates the modern conceptualization by resorting to a syllogism" (159). Hill's larger argument has to do with the deep ways in which Peralta is drawing from but also extending the work of Bacon and Malebranche in *Desvíos* (160-161), an argument that implicitly contests facile representation of Peralta as a mere rhetorical amanuensis: "[Peralta] does not hide his scepticism toward peripatetic and hermeticist philosophies in his treatise: he hides his identity. Like Sor Juana and Álvarez de Toledo, Peralta exhibits more than a passing familiarity with epicureanism. No doubt he was an atomist, as the passages I have analysed—and his

---

10   Hill states that these three principles—reason, empirical observation, and authority—also relate to the work of Malebranche: "Peralta's principles (reason, experience and faith or authority) were the same three proposed by Malebranche to regulate the curiosity of natural philosophers and others. Although Malebranche's philosophy melded Augustinian piety and Cartesian rationalism, it also emphasized experimentation" (156).

explicit reference to Lucretius' *De rerum natura* (19)—unreservedly confirm" (161).

It is important to emphasize a key element of Hill's argument, in which she carefully demonstrates how Peralta engages with conceptual frameworks proposed by Bacon, Malebranche and Descartes, thus showing how *Desvíos de la naturaleza* breaks with the rhetorical tropes of the sixteenth and seventeenth centuries: "Peralta's definition of the term 'monster' demystified a phenomenon that was put to politico-religious uses during the Renaissance and Counter Reformation. Scholastics in the Late Baroque continued their allegorical exegesis of monsters as well as comets. But, for Peralta, a monster was not a divine punishment but simply one of nature's 'departures'" (162).

Daniel R. Reedy's essay "On Monsters and Monstrosities: Science, Superstition and Myth in the Viceroyalty of Peru" (2005) is essential reading for this broader subject of inquiry. In fact, Reedy's text would serve as an excellent standalone introduction to *Desvíos* and to the broader theme of monstrous representations, as he deftly integrates a reading of Peralta's source material, *Desvíos*, and the many questions about its production, as well as connections to the work of Caviedes, which is a fundamental critical context for reading *Desvíos*. He agrees with the premise that Peralta is the primary author of *Desvíos*.: "In all likelihood, Rivilla y Pueyo was not Peralta Barnuevo's pseudonym; rather, the latter was probably the ghost-writer for his contemporary Rivilla y Pueyo" (187). Reedy rightly notes that the appendix is written with a different style, describing it as a "defense of 'surgery' and 'surgeons' whose standing in the medical community was not equivalent to that accorded to physicians who had spent several years reading Hippocrates, Galen, and Avicenna" (187). Given Reedy's masterful work on Juan del Valle y Caviedes's *obras*, which put surgeons such as Rivilla in a satirical light, there is good reason for this apologetic of *quirurgos*.

In reference to Caviedes's poem "Un Rivilla charlatan" (189), Reedy states, "In this poem and in others, Caviedes debunks popular beliefs that natural events such as earthquakes and comets are signs of God's wrath and forewarnings of future calamities, but he seems as unaware as his contemporaries about human sexuality and the causes of human deformity" (190). Reedy also demonstrates how in Caviedes physical deformities and racial otherness are linked and are both seen as aberrations of nature. In reference to Caviedes's sonnet titled "A Pedro de Utrilla el parabién de un hijo que la nació", Reedy writes, "...Caviedes sums up several concepts relating to ideas relating to miscegenation, or racial mixing, and to the idea that the birth was an 'estéril parto'. The poet infers that the offspring of a mulatto would be more animal-like than human, as in the case of the mule offspring of a mare and jackass" (192). Reedy's essay serves as an excellent introduction to *Desvíos*, not only because of the context he establishes with regard to Caviedes and the larger cultural and social standing of surgeons like Rivilla but also because of the excellent context for Peralta's larger engagement with sources, such as works by Paré and Zachias, which figure heavily in *Desvíos* (188).

In *Deviant and Useful Citizens: The Cultural Production of the Female Body in Eighteenth-Century Peru* (2011), Mariselle Meléndez studies representations of female bodies in the *Mercurio peruano* as instances of scientific and cultural discourse about the place of women in society: "The urge to examine the medical defects as well as the limitations of the female body, especially those bodies of African descent, worked as an incentive to determine the proper rules to be prescribed for those bodies in order for them to contribute to the progress of the nation" (128). In her review of definitions of "monster" as a birth that falls outside of the regular order of nature, Meléndez writes, "In the context of such definitions, order was represented by the categories of beauty and the perfect male body. Difference was seen as an aberration" (131). She concludes, "...the image of the monster served as a paradigm for surgeons, physicians, and anatomists to debate the social conditions of human nature and the deficiencies and errors found in them. It is not surprising that at the center of these discussions was the image of the female body as an important factor in the engendering of such monsters" (132). Finally, Meléndez provides context for reading the events at the center of *Desvíos de la naturaleza*, namely the birth of the conjoined twins in 1694: "This specific birth was mentioned also by the author of the article 'Descripción de un ternero bicípite seguida de algunas reflexiones sobre los Monstruos,'" (202, n20). In addition to citing *Desvíos* in this article of the *Mercurio Peruano*, the author also refutes Louis Feuillé's representation of the 1694 events in Lima, as others have noted.

In 2021 María Alejandra Flores de la Flor published her doctoral thesis on monsters in the modern era, titled *La visión de los monstruos en el mundo hispánico (Siglos XVI-XVIII)*.[11] Flores primarily engages with *Desvíos de la naturaleza* as a source text for the larger cultural history of how monsters have been represented in word and image rather than a critical study of the text itself. It is not a literary history or analysis of *Desvíos*, and as such, she does not address the question of authorship but rather takes it for granted that Rivilla is the author. She writes, "nuestra investigación no trata de estudiar exclusivamente al monstruo—como ser biológico—sino las representaciones que sobre este se hicieron en un contexto histórico determinado—en nuestro caso, la Edad Moderna española" (14). She continues, "El estudio de tales representaciones supone algo más que un simple análisis de las mismas, supone su interpretación con el fin de conocer toda la mentalidad de una época con respecto a los seres monstruosos" (15). Taking up the question in the thematic (rather than chronological) approach established by Park and Daston (1998), Flores organizes her analysis according to various discursive expresiones, starting with situating the monster as a being that emerges from nature itself. The second chapter evaluates the monster as a sign used for political and social ends. Chapter three examines the monster as a *maravilla*, an object of curiosity for the collector and the exhibitionist. The fourth chapter turns toward the monster in a medical context, a discourse that *Desvíos* invokes directly and that others develop throughout the eighteenth century. The fifth chapter studies another discourse central to *Desvíos*, the theological implications of monsters, especially the question of baptism. Flores cites Rivilla significantly in this sec-

---

11   Parts of the thesis were published as three articles: "La problemática del bautismo del ser deforme (monstruo) durante la edad moderna" (2014); "La visión médica del monstruo en la España moderna" (2015); and "Los monstruos como instrumento del poder político y religioso durante los siglos XVI y XVII" (2015).

tion. Finally, in her last chapter Flores considers the larger question of monstrous races and how this discourse develops in representations of the New World.

Flores cites *Desvíos de la naturaleza* often throughout her study, but perhaps the best representation of how the work figures in her analysis is in the context of defining the monster: "… las dificultades etimológicas como lexicográficas impedían que existiera una definición clara y somera sobre el término 'monstruo', o al menos un consenso sobre el mismo, sino múltiples refutaciones e intentos que variaban según los autores y, sobre todo, según las épocas. Este conflicto se refleja de manera muy clara en la obra del médico zaragozano José de Rivilla Bonet y Pueyo, *Desvíos de la naturaleza o tratado del origen de los monstruos* (1695)…" (65). Flores then presents a series of short quotations from the first two chapters of *Desvíos* that attempt to define the monster from the perspectives of philosophy, medicine, jurisprudence, theology, astrology, history, and poetry. She reviews *Desvíos*'s use of classical sources such as Isidoro, Augustine, and Cicero, including ways that the author takes exception with Aristotle's understanding of the monster.[12] While she does not evaluate in depth their place in *Desvíos*, Flores makes reference to other Renaissance and Baroque sources such as Alonso Carranza, Luis de Mercado, Martin Weinrich, Fortunio Liceti, and Andre de Laurens, all of whom figure prominently in the 1695 text (67).

In *Cuerpos plegables: Anatomías de la excepción en España y América Latina* (2016), Víctor Pueyo studies the representation of monstrosity in Spanish Golden Age and viceregal texts into the eighteenth century. The book traces the larger cultural, social, and economic transition from the Baroque to the Enlightenment, from the remains of a feudalistic framework to proto-modern liberalism of the eighteenth century. Pueyo dedicates an entire section of the monograph to *Desvíos*: "Bajo las coordenadas de un aristotelismo todavía dominante en el nivel epistemológico, la monstruosidad se interpretaba como un exceso de

---

12   Although Flores does not cite Hill, this assessment of Aristotle in *Desvíos* is in agreement with Hill's argument that Peralta looks to Bacon, Malebranche, and Descartes for his theoretical framework for the monster rather than classical sources.

materia con respecto a la forma sustancial que esculpía la silueta de los cuerpos. Así sucede en los *Desvíos de la naturaleza o tratado del origen de los monstruos* (1695)..." (5). According to Pueyo, the text appears to be a simple medical manual that falls in line with a conventional Aristotelian interpretation of the events, but it takes its own detours from the expected norm (31):

> Redactado o no a cuatro manos, se trata, en apariencia, de otro manual de obstetricia organicista en la línea teórica del aristotelismo más convencional. Una mirada atenta revela, sin embargo, importantes desviaciones con respecto a su norma, las mismas acaso que su propio título promete...A diferencia de otras que basan la definición del monstruo en un simple criterio de deformidad, toda la argumentación del *Tratado* se desprenderá de este corolario de hibridez. Lo que Rivilla Bonet y Peralta Barnuevo están planteando, de hecho, no es solo la interpretación de lo monstruoso como mezcla, sino el estatuto natural de la excepción que resulta de ella. (Pueyo 31-32)

Alan Pisconte Quispe's *Monstruosidad e identidad en el Virreinato del Perú: El Cosmógrafo Pedro Peralta Barnuevo* (2017) is a significant contribution to the conceptual framework both to the understanding of monstrosity represented in texts and to Peralta's role in shaping that discourse: "Con este estudio esperamos llamar la atención sobre la importancia filosófica de la herencia textual pacientemente elaborada por los sabios coloniales, y en específico, por los Cosmógrafos del Virreinato peruano (entre ellos Peralta), encargados en muchos casos, de la discusión y elaboración de redes conceptuales de carácter científico y de sus respectivos presupuestos filosóficos" (3). The analysis engages well with Peralta's nascent *criollo* subjectivity and creatively reads how the 1695 treatise participates in opening a space in which Lima takes center stage in the production of knowledge.[13] One of Pisconte Quispe's key contributions is how he interprets the semantic connections between "criollo" and

---

13   Pisconte Quispe considers Rivilla a co-author of *Desvíos*. He agrees with Rabí Chara, Pesce, and Valdizán that Peralta likely penned the theoreti-

"monstruo." He writes, "Ambas entidades pertenecerían al margen, a los bordes del mundo conocido por aquel entonces, allá por el siglo XVII. Por tanto la presente tesis tendrá como fin desbrozar el intrincado juego de significados que a nivel profundo poseía la noción 'monstruo' en dicha época barroca, en la cual Peralta se inscribiría" (2-3). He goes on to study how the office of *cosmógrafo*, which Peralta held, served as a platform for the expression of scientific knowledge and how those discourses establish a kind of textual heritage for the construction of local identities.

Other scholars have well established the dynamics of how the *criollo* archive was constructed in the long eighteenth century. Pisconte extends this critical narrative, with reference both to Peralta and the Peruvian space itself: "La discusión sobre los 'monstruos' respondería a la necesidad de ubicar el continente americano dentro del criticado orden aristotélico -aún vigente para Peralta. Pues lo contranatural, o lo que parece no ser racional, se vuelven lo natural y racional en este nuevo orbe, poniendo en graves aprietos a las elites intelectuales, las cuales darían por verdadero y coherente la ontología aristotélica" (87). Reminiscent of Ruth Hill's arguments about Peralta's rupture with Aristotelian conceptual framework, Pisconte Quispe here suggests how such a stance in *Desvíos* lends weight to Peru itself, perhaps even especially to Peru since Peralta's voice in the text is not marked as his own, at least until he lays claim on *Desvíos de la naturaleza* in *Lima fundada* (1732).

Central to Pisconte Quispe's critical narrative is the sense of ambiguity that both the monster and the Creole share: "Quizá allí se encuentra el origen del sentimiento de ambigüedad y marginación del criollo, nunca a la altura de un peninsular, pero tampoco un bárbaro salvaje como los indios. [...] Tal idea de mestizaje, en el caso de Peralta, es un intento de salvar las dificultades de orden ontológico y epistemológico que se presentaron a la hora de entender a los monstruos, y por otro lado, evita Peralta una reforma total y radical de la cosmología aristotélica, pues notamos que sólo busca hacerla flexible con el fin de encajar en ella, digámoslo así, los entes americanos

---

cal section of the text (Chapter 1-10), and that Rivilla likely was the primary author of the appendix (80-81).

en su conjunto" (95). Pisconte Quispe goes on to compare Peralta to this ambiguous, monstrous subject, as one who exists in multiple registers of representation: "En Peralta, ese ser que es uno y dos a la vez, ¿no lo constituye el ser mismo del criollo y del mestizo, su propia condición de ambigüedad? Además ¿no podríamos presumir que se trata además, desde la esfera pública, del difícil encuentro entre la república de indios y la república de españoles?" (100). He extends the argument further by comparing Peralta to El Inca Garcilaso de la Vega as two Peruvian figures whose subjectivities were limited or at least defined by the sense of ambiguity that Pisconte Quispe reads in the natural deviances of monsters (101). Finally, he concludes his analysis of ambiguity and hybridity by drawing parallels to the eighteenth-century *cuadros de casta* produced in Mexico and Peru (104).

Fernando Bouza opens his study on Golden Age representations of physical and developmental differences, "Tinieblas vivientes: Enanos, bufones, monstruos y otras criaturas del Siglo de Oro," with a reading of *Desvíos de la naturaleza*. He calls *Desvíos* a "completísimo tratado sobre los monstruos," which he recognizes as having been co-authored by Rivilla and Peralta Barnuevo, noting that it was a common Golden Age practice for texts written by one person to be published under another's name (36). For Bouza, the 1695 text serves as a centerpiece to weave together various narrative threads for his study, including the review of sixteenth- and seventeenth-century sources that Peralta cites, the hybrid Peninsular and viceregal authorial voice of the text, and interplay between the scientific and broader philosophical/theological/political arguments proposed in the treatise. One of the major themes that Bouza visits several times in the opening section of his study is how Peralta presents the Limenean conjoined twins as an affirmative symbol of the union between church and state in the viceroyalty (35, 39): "…el parto monstruoso no podía considerarse un augurio fatal sino, por el contrario, una señal del excelente gobierno virreinal: los gemelos habían nacido abrazados y, ¿no sabía todo el mundo que el abrazo era el símbolo de la unión, la paz y el amor?" (35). Beyond these opening references, *Desvíos de la naturaleza* does not figure prominently in Bouza's study.

Editorial Norms

The transcription of *Desvíos de la naturaleza* is based on a copy of the text held by the U.S. National Library of Medicine at the National Institutes of Health in Bethesda, Maryland. With the assistance of then undergraduate student at Berry College Andrea Brown, we completed the first pass of the transcription in 2009 and 2010 based on a microform copy of the NLM text. The Library later made the text available through its online Digital Collections, which further facilitated the editing process.[14] Digital copies of the 1695 text can also be found in the online collection of the Universidad Complutense Madrid and the Biblioteca Nacional de Colombia, both of which I consulted to clarify passages difficult to read in the reproductions. While I also consulted the incomplete and problematic edition of *Desvíos* printed in the nineteenth century *Crónica médica*, I did not base editorial decisions on that text. In October of 2019 I visited the National Library of Medicine to consult their copy, which is in excellent condition, to resolve a series of doubts related to the microform and the online versions.[15]

This critical edition of *Desvíos de la naturaleza* seeks to make a trustworthy, rigorously produced, and complete version of the text available to students and scholars. If readers wish to conduct a paleographic reading of the text, the available digitalized and original 1695 copies of the text can fill that purpose. The editorial vision for this text holds in the balance a deep respect for the original text and the choice to modernize aspects of the 1695 language to make the text more ac-

---

14   As of November, 2023, the digital copy of the 1695 *Desvíos de la naturaleza* can be found online: https://collections.nlm.nih.gov/catalog/nlm:nlmuid-2568039R-bk.

15   While in the NLM, I discovered a series of pages that were missing from both the microform and the online version of the text. The pages were present in the original copy held by the library and are represented correctly here. The excellent NLM staff took note of the error and updated the online version.

cessible to modern readers. I recognize that there are good arguments in support of editorial choices I have made and also against some of them. The editorial norms described here are divided into general spelling, capitalization, punctuation, the system for citing Latin sources, and the system for representing the author's footnotes and marginal notes. Note that most of the original language remains in place for the introductory poems, so as not to shift the meter and rhyme of the texts.

In general, spelling is modernized in this edition except when the antiquated form persists as accepted use, according to the Real Academia Española, or when the original language is especially unique in its use. For example, the modernized text reads "CAUSAS" instead of "CAVSAS," "año pasado" instead of "anno passado," "redujese" instead of "reduxesse," and "pronto" instead of "prompto." Diacritical marks are also modernized in the text. For example, the edited texts reads "céfiro" instead of "sephiro," "quirúrgicas" instead of "chyrurgicas," and "Capítulo" instead of "Capitulo." Throughout the original text, the author places pronouns at the end of verbs, such as "convencese," sometimes with diacritical marks and sometimes without. This edited text prefers "se convence." There are several examples of words in the original text whose primary modern usage is different, but this edited text maintains the antiquated usage because it remains as acceptable usage: for example, "propria," "emmendar" and "diminuir." In addition, spelling errors in the 1695 text are corrected. For example, "lciencias" is edited to "licencias" and "inteno" to "intento." There are significant spelling errors throughout *Desvíos de la naturaleza*, which is likely an effect of the haste with which Contreras y Alvarado printed the text.

Resolving editorial decisions around capitalization is challenging. On par with other texts from the era, the author makes liberal use of capital letters. At times it is difficult to discern the impact of these decisions. In general, this text maintains capital letters for proper names, concepts such as "Númenes" and "Cielo," as well as instances where the capitalized word represents a point of emphasis in the passage.

Punctuation is also a challenge in this text, not only deciding what punctuation to keep but what punctuation to insert, especially in long passages. In general, we avoid adding punctuation to the text where it is not used, but there are examples when it helps in the presentation of very long sentences. For exclamations and questions, the original text only uses concluding symbols, which means it is left to the reader to determine where the exclamation or question begins. All introductory question and exclamation marks are editorial insertions, not present in the original text ("¡" and "¿"). For example, from Chapter 10: "De que nace otro argumento de menor a mayor, pues si en el caso de la consagración donde no había necesidad sino solo posibilidad de parte de la materia, por la reverencia del sacramento, no se expone este a riesgo, ¿cuánto más en el bautismo donde había de parte de las almas tanta necesidad cuánta no la hay mayor siendo *de necessitate medij*?" (*Desvíos* 254). The reader should understand all uses of this punctuation as an editorial interpretation. There are other instances where usage of commas in the original text does not conform to modern usage. In most cases, comma use also follows modern practice.

Peralta makes extensive use of quotations in Latin throughout the main body of the treatise. While he observes some common editorial practices across these citations, there is variation in style. For the sake of clarity and consistency, Latin quotations are presented in this text in italics, which is the case for almost all of the Latin citations in the 1695 text. For editorial consistency, the first letter of titles in Latin is capitalized and succeeding words use lowercase letters, except when it is a proper noun. Peralta follows this convention at times but is inconsistent. This edition also capitalizes the first letter of sections of texts cited by Peralta, for example, "Bauhino, *De hermaphrod., Lib. 1, Cap. 7.*" Also note that in *Desvíos de la naturaleza*, as in future texts that Peralta would write, the author sometimes misquotes his sources, including those in Latin. This presents a major challenge for distinguishing between a printing error and liberties that Peralta might have taken. In some cases in this edition, we have corrected Latin words in Peralta's quotations, after having consulted source material for the quotations, if it appears to be a printing or spelling error. In some cases, we have left Peralta's quotations unedited, if it appears that he is citing either a different version of the Latin text or is taking some version of license with the text.

Finally, as with many other Peraltian texts, faithfully representing footnotes and marginal notes poses challenges for modern editions. The original notes are presented in this edition as footnotes. Editorial comments on the original text are presented as end notes. Peralta outlines his arguments at the beginning of many chapters with index numbers that correspond to numbers in the margins of that chapter. Here we use [✠ 1] in the text, which is similar to the symbol that Peralta employs, to mark the index numbers.

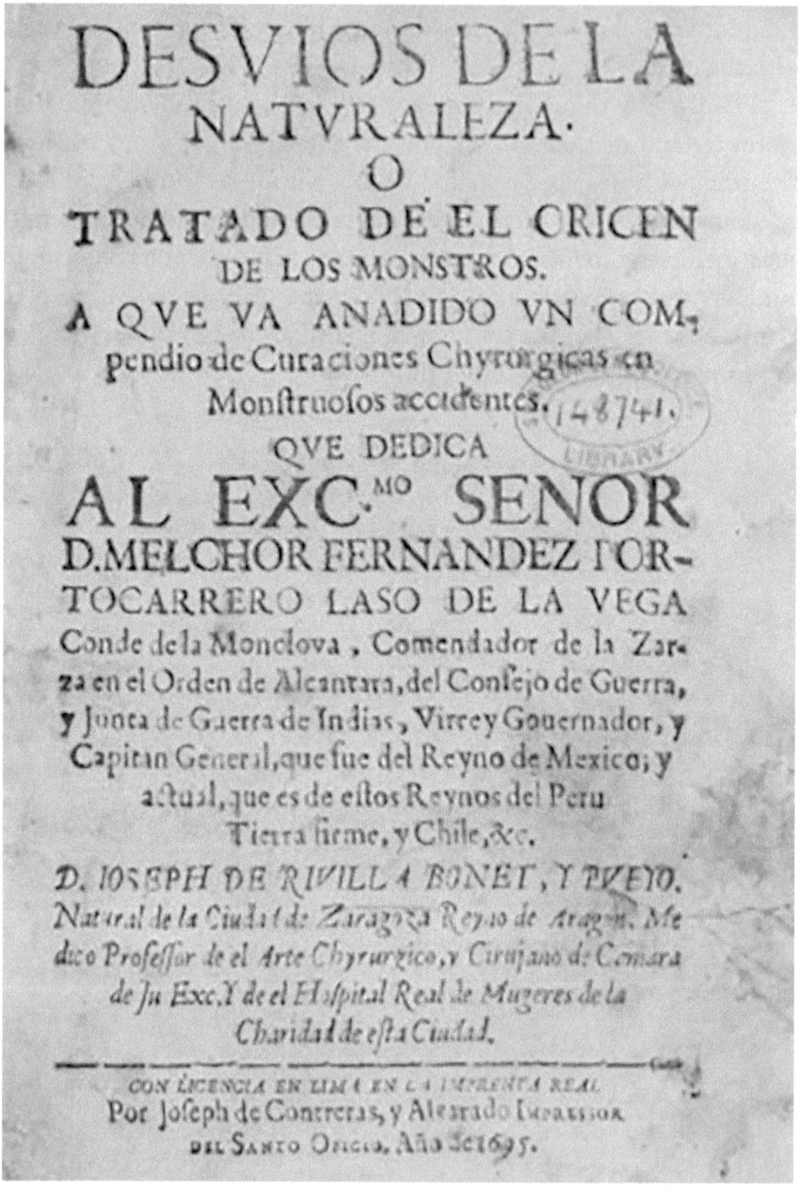

DESVIOS DE LA NATVRALEZA.

O

TRATADO DE EL ORIGEN DE LOS MONSTROS.

A QVE VA AÑADIDO VN COMpendio de Curaciones Chyrurgicas en Monſtruoſos accidentes.

QVE DEDICA

AL EXC.ᴹᴼ SEÑOR

D. MELCHOR FERNANDEZ PORTOCARRERO LASO DE LA VEGA

Conde de la Monclova, Comendador de la Zarza en el Orden de Alcantara, del Conſejo de Guerra, y Junta de Guerra de Indias, Virrey Gouernador, y Capitan General, que fue del Reyno de Mexico; y actual, que es de eſtos Reynos del Perù Tierra firme, y Chile, &c.

D. IOSEPH DE RIVILLA BONET, Y PVEYO.
Natural de la Ciudad de Zaragoza Reyno de Aragon. Medico Profeſſor de el Arte Chyrurgico, y Cirujano de Camara de ſu Exc. Y de el Hoſpital Real de Mugeres de la Charidad de eſta Ciudad.

CON LICENCIA EN LIMA EN LA IMPRENTA REAL
Por Joſeph de Contreras, y Alvarado Impreſſor
del Santo Oficio, Año de 1695.

FIG. 2. Title page from *Desvíos de la naturaleza: O tratado del origen de los monstruos*, 1695.

DESVIOS DE LA
NATURALEZA
O
TRATADO DEL ORIGEN
DE LOS MONSTROS
a QUE VA AÑADIDO UN COM-
pendio de Curacaciones Chyrurgicas en
Monstruosos accidentes
QUE DEDICA
AL EXC^{MO} SEÑOR
D. MELCHOR FERNANDEZ POR-
TOCARRERO LASO DE LA VEGA
Conde de la Monclova, Comendador de la Zar-
za en el Orden de Alcantara, del Consejo de Guerra,
y Junta de Guerra de Indias, Virrey Gobernador, y
Capitán General, que fue del Reyno de México; y
actual, que es de estos Reynos del Perú
Tierra firme, y Chile, &c.

D. JOSEPH DE RIVILLA BONET, Y PUEYO.
Natural de la ciudad de Zaragoza Reyno de Aragón. Me-
dico Profesor del Arte Chyrúrgico, y Cirujano de Cámara
de Su Exc.Y del Hospital Real de Mujeres de la
Charidad de esta ciudad.

CON LICENCIA EN LIMA EN LA IMPRENTA REAL
Por Joseph de Contreras, y Alvarado IMPRESOR
DEL SANTO OFICIO. Año del 1695.

Fig. 3. Emblem from *Desvíos de la naturaleza: O tratado del origen de los monstruos*, 1695.

PROGRAMMA
MONCLOUÆ COMES CEV BENIGNVS TV Æ LIMÆ PROREX
ANAGRAMMA PVRUM
O! Numen Ecce Librum: O! protege eum ac Salvea noxia,
DISTICHON.
O! *Numen,* te flante, tuum iam *protege Librum*
Naturæ *salves noxia,* mentis eant.
LVSVS TETRASTICHOS.
O Manus! O Pietas! Natura rectior ipsa
Corrigis, inque fiurs Prodiga Prodigia.
Natura Ostento fœlix, fœlix Opere Author;
Si non errasset, fecerat illa minus

EXC. ᴹᴼ SEÑOR.

Con la ocasión del extraordinario nacimiento del prodigioso agregado de dos mellizos que acaeció a 30 de noviembre del año pasado de 94 se sirvió V. Exc. de mandarme que en consecuencia de la anatomía, que a sí mismo por orden de V. Exc. hice de aquel portento en preferencia del doctor D. Francisco Bermejo médico de cámara de V. Exc. catedrático de prima de esta Real Universidad en medicina y protomédico general de estos reinos redujese al papel lo que de su esencia y causas pudiese averiguar mi insuficiencia, distinguiendo en el conocimiento lo que quiso confundirle en la naturaleza. En cuyo cumplimiento pongo desde luego a los pies de V. Exc. mi obediencia, que solo deja de ser promptitud en la materia: obedezco y busco el precepto, como asilo, porque aun le parece atrevimiento a mi pluma lo mismo, que ya es obligación a mi pensamiento. Fue este parto asombro hasta que llegó a la vista de V. Exc. donde salió de la clase de los monstruos para la de las piedades. Permítame V. Exc. decir esta verdad, aunque es lo más que puede conceder en lo que da: No me valgo de alusiones frívolas, que halladas en el acaso no sirven a la persuasión, sino de observaciones, que hechas en la virtud, precisan a la razón. No niego han solido ser sustos al vulgo, semejantes prodigios; pero es cierto, que aunque los mereciese, que se niega el presente, tiene piedad el dosel de V. Exc. para borrar cuanto pudieran escribirnos los amagos y la ciudad en V. Exc. dicha para oponer a muchos contratiempos. Ciertos estamos de que mientras la liberalidad católica de V. Exc. nos alumbrare, tenemos el astro, que hemos menester para nuestras felicidades nuestro Señor guarde la excelentísima persona de V. Exc. como este reino y la monarquía necesitan.

EXC.ᴹᴼ SEÑOR
B.L.P. de V. Exc. su menor criado
D. Joseph de Rivilla Bonet y Pueyo.

ELOGIO
A LA PROTECCIÓN
DE ESTA OBRA
AL EXC. SEÑOR CONDE DE LA MON-
clova, Virrey destos Reinos
A CUYA ESTIRPE
Engazan
GÉNOVA SUS DUQUES.
CASTILLA SUS ALMIRANTES.
ROMA SUS PAPAS.
ESPAÑA SUS REYES.
PALMA SUS CONDES.
SUS SEÑORES BATRES.
Y a no ser precisos los Mayores, no necesitara de
otro Ascendiente que su pecho.
A CUYO VALOR
Quedó
OBLIGADO EL BELGA.
TÍMIDO EL FRANCÉS.
PASMADO EL LUSITANO.
Y EL ESPAÑOL ACREDITADO.
Donde hizo, que no pendiese de Victoria el buen
suceso de su Inmortalidad.

A CUYO BRAZO
Mejor que al de Mucio, el fuego que le abrazó,
es luz que hoy ciñé.
A CUYA PRUDENCIA
MILITAR.
Dio Madrid la suma Prefectura
Hoy mantiene el Supremo Senado
CIVIL.
Debió México los gozos, que hoy paga en suspiros.
Envió Lima los suspiros que hoy cobra en gozos.
PUES DESPUÉS DE HABERLE ADMIRADO LA EUROPA.
GUERRERO. HAZAÑOSO. INMORTAL.
LE GOZA LA AMÉRICA.
MAGNÍFICO. POLÍTICO. PIADOSO.
EN OBRAS. EN ACIERTOS. EN LARGUEZAS.
Aun instaura las ruinas, que no han caído.
Aun provee los negocios, que no se han presentado
Aun socorre las indigencias, que no han oprimido.
POR ESO
Los Desmontes más desiertos exaltan
SU GRANDEZA.
Los Males más rudos panegirizan
SU INCUMBENCIA.
Las Necesidades más secretas publican
SU PIEDAD.
LA TIERRA INSTAURADA.
Le ofrece la Corona de sus Torres.
EL MAR POBLADO,
Le rinde el Tridente de sus Ondas.
CIBELE SE DESPOSA A NEPTUNO.
El Cielo apadrinará tan importantes *nupciae*.
Tifis para llevar, para traer Vellocinos.
Se apeará fijo, no desembarcará inconstante.
TODO LO AFIRMA.
TODO LO PROSPERA.
Si el Suelo se sacude en Temblores

Le ha dado ya Seguridades.
Si el Océano se entumece en Flujos.
Le ha cimentado Solideces.
Si la Ciudad se aflige en Esterilidades.
Le ha acertado Providencias.
Si el Aire se contagia en Epidemias
Le ha buscado Remedios.
Si la Naturaleza se extravía en Monstruos.
Le ha opuesto Virtudes.
Los ha hecho Auspicios.
Los ha vuelto Láminas.
Mejor Jeroglífico le forman,
Que aun el Ave Bicípite al Imperio.
Cuanto va de racional a fiera:
De atendido con piedades y licencias:
A encontrada con augurios y alusiones.
DE AQUÍ ES.
QUE ESTA OBRA, Y QUIEN LA COMPONE
DEBERÁN A SU PROTECCIÓN
SER SU MEMORIA.

SONETO.

Príncipe; en cuya heroica, alta grandeza,
Política, Piedad son beneficios,
Los que males, ruinas son, y vicios,
En Reino, en Tierra y en Naturaleza.

De una Hambre ayer mitigas la fiereza;
De un Temblor borras ya los precipicios;
Y haciendo de un error muchos auspicios,
De un Monstruo sanctificas la extrañeza.

Astro feliz le hiciste, al colocarse
En tus luces: del cual deba inferirse
Sistema esta Obra de prosperidades;

Pues logrando al hacerse, al publicarse,
Tu Precepto, y tu Amparo en ella unirse,
Monstruo es de honor con dos eternidades.

APROBACION DEL DOCTOR D. FRANCISCO Bermejo Roldán, catedrático de prima en la facultad de medicina en esta Real Universidad de S. Marcos de Lima: rector que fue en dicha universidad y protomédico general de estos reinos del Perú. Médico de cámara del excelentísimo señor conde de la Monclova, virrey, gobernador y capitán general de estos reinos de Perú, &c. Y del excelentísimo e ilustrísimo señor doctor D. Melchor de Liñán y Cisneros, arzobispo de Lima del Consejo de su majestad.

EXC.ᴹᴼ SEÑOR.

Por mandado de V. Exc. tengo visto este tratado: *Desvíos de la naturaleza, o tratado del origen de los monstruos; a que va añadido un compendio de observaciones chyrúrgicas.* Compuesto por el licenciado don Joseph de Rivilla y Pueyo, médico y cirujano de cámara de V. Exc. y examinador en cirugía del Real Protomedicato y cirujano del Hospital Real de la Caridad, escrito prodigioso y muy digno de toda celebridad, así por el asunto del tratado, como por la mucha erudición y curiosas doctrinas, con que estudioso el autor le realza que quien le leyere y conociere las noticias tan recónditas, que de varias facultades le acompañan con razón podrá decir ostento el autor las fuerzas de su ingenio.

De la undosa y cristalina fuente Clitumno tan celebrada de los antiguos, pondera el cónsul Plinio, que con ser tan admirable por su oculta virtud este líquido tesoro de las entrañas de la tierra, mucho más se realza su nobleza por las inscripciones, y epigramas, que escritas en las columnas, que adornan su distrito, son raudales numerosos de erudición, que sirven de perenne celebridad a su nombre. Pocos saben lograr esta felicidad estudiosa, como el Lic. don Joseph de Ribilla, en que me dio de su continua tarea, y asistencia a sus enfermos haya podido hacer este admirable escrito: demonstrando en él sus desvelos estudiosos, así en la anatomía, como en la cirugía, como lo verifican las observaciones, que de sus admirables curaciones ha sacado, como en la bien definida, y recta explicación del monstruo que se vio en esta ciudad de Lima.

Y habiendo merecido el autor la fortuna de ser criado de V. Exc. y lograr en este escrito su cuidadoso desvelo en los estudios, como se reconoce por las observaciones adquiridas, y muchas doctrinas, que se contienen en ellas, siendo V. Exc. servido, le concederá la licencia, que pide, dándose a la estampa, para que se inmortalice. De mi estudio, 19 de marzo de 1695.

Doct. D. Francisco Bermejo Roldán

LICENCIA DEL REAL GOVIERNO.
Lima 23 de marzo de 1695.
Imprímase.

Ayessa.

Parecer del Doct. D. Francisco Ramires Pacheco, catedrático, que fue de filosofía magna, y después de vísperas de su facultad en propriedad, en la muy celebre Universidad de Sevilla, médico de cámara del excelentísimo señor conde Santisteban, marqués de Solera, &c. virrey gobernador y capitán general, que fue de estos reinos y provincias del Perú, &c. Médico titular y ministro oficial del Santo Oficio de la Inquisición y decano de su facultad en esta insigne Universidad de los Reyes.

EXC.^{MO} SEÑOR.

Obedeciendo el mandato de V. Exc. por decreto de once del corriente, he visto este tratado, que se intitula, *Desvíos de la naturaleza, o tratado del origen de los monstruos, con el compendio de curaciones chirúrgicas*. Compuesto por el Lic. don Joseph de Ribilla y Pueyo, médico y cirujano examinado y aprobado de esta ciudad y cirujano de cámara de V. Exc.

    Y aunque yo tenía entendido de su gran viveza, ingenio y capacidad, que cumpliría completamente con su empeño, he hallado que se ha excedido, así en la disposición de la obra, como en las doctrinas, autoridades, con que ha declarado y probado el intento, se manifiesta en el método que eligió escribiéndole por capítulos haciendo al principio de cada uno un sumario de proposiciones que por números se van llamando en el cuerpo de cada capítulo, con que en el sumario se gozan en breve las doctrinas como conclusiones o sentencias, estilo, que usan los juristas, por el mejor y como tal lo han usado algunos de nuestra facultad. Y ahora bien moderno, Fortunato Plemplio médico grande catedrático de prima de la Universidad de Lovaina en el libro *De conservanda bona valetudine togaterum*, que salió a luz impreso en Bruselas año de 70.

Y lo escribió con este estilo para que Pedro Xilandro un senador de Milán por quien lo hizo y a quien se lo dedicó, los pudiera comprender con más facilidad. Ansioso pues de que este tratado se vea con perfección, habiendo a salir a la sombra y patrocinio de V. Exc. se que lo ha comunicado con personas doctas para lograr en sus juiciosas censuras su deseo.

Y aunque como dijo Isidoro libro de summo bono, *In lectione non verba, sed veritas amanda est.* Le hallo tan cabal así en la locución como en la expresión de su sentir apoyado con gravísimas autoridades, no solo de la médica ciencia, sino también de la sagrada teología y jurisprudencia, sino omitir de la astronomía lo que pudo conducir a la materia, de que está muy noticioso, por lo que de la continua asistencia a los libros ha observado lo grandolo en esta ocasión, que *non solum verba sed veritas*, se logran en él.

Y ahora reparo en lo mucho que le valió la amistad y asistencia al Doctor Don Joseph de Osera, que está en el Cielo, Médico de Cámara de V. Excelencia, pues como de tan monstruoso maestro, supo con su deseo de saber y adelantarse, gozar sus doctrinas, que en todas ciencias era muy docto y muy fundado, de que dio muestras grandes en esta ciudad y en especial en el Máximo Colegio de San Pablo, donde vimos juntos algunos enfermos, a que le solicitaba por acompañado, dejando admirados casi siempre los padres, que en sabiendo por la señal, que se hace, que habíamos llegado, venían por oírle teniendo siempre nuevas causas, para su mayor celebridad y estimación en cualquiera punto que se tocaba.

Con tan gran maestro pues, logró su viveza cuanto sabe y con la continua aplicación a los libros, teniendo en el obrar de sus manos, la destreza, y felicidad, que no le podrá obscurecer el más envidioso de sus lucimientos y aciertos.

Me hallé a algunos de los casos que trae en el Apéndice, y le he visto obrar en otro muchos siempre con destreza y feliz fortuna. Ahora pocos días, en el religiosísimo Convento de Nuestra Señora del Rosario de esta ciudad, le llamaron a la curación de un religioso donado, de estimación y hallándole con unas apostemas en la garganta, que lo tenían casi sufocado, tomando la recta indicación para obrar y yo preferente como médico de dicho convento, le hice unas contra aperciones, que empezó desde luego a desahogarse y al tercero día se pudo asegurar del riesgo, de que ya está libre y bien curado.

Trae pues en este escrito validísimas pruebas, aprovechándose en algunas ocasiones de estas esencias, para mayor grandeza y autoridad de las doctrinas y quien cursa los libros no ignorara, que los nuestros están llenos de semejantes autoridades, por lo que se dan la mano unas ciencias a otras y no se quedan sepultados los trabajosos estudios, que se han tenido.

Habla con monstruosidad cuanto se puede decir de los monstruos donde su definición, divisiones, diferencias, &c. siguiendo el sentir de los mejores y más bien recibidos autores.

Ya veo que quien en las rectas y monstruosas curaciones que ha hecho en esta ciudad, ha tenido que censurarle, que tendrá ahora más ocasión, no esperando a su parecer el complemento, que Don Joseph le ha dado a esta obra de su mayor empeño.

Diga pues lo que Zacuto sacando sus obras por estilo y rumbo, que otro no había principiado y que le había de calumniar los maldicientes, *Scio non defuturos æmulos, & obstrectatores, qui hoc nostrum scribendi genus renuant, improbent, & auersentur, redarguendi miserabili morbo laborantes,* y prosiga con lo que en el mismo párrafo dice al fin. *Sic multi ingenium, geniumque ad scribendum non habentes, aliorum laboribus detractare non desistunt maiorem honorem & gloriam ex aliorum dedecore aucupari sibi persuadentes.*

Marcial le dijo a otro que le censuraba sus versos, *ede tuos,* lo mismo podrá decir el autor, a quien le sindicare y pues en sentir de los doctos y bien intencionados el maldiciente es aborrecido y que es a quien no se le da crédito, como dijo Séneca, *nec enim potest ullam authoritatem habere sententia, ubi, qui damnandus est, damnat.* Y advierte Salustio que *æqua laus est à probis probari, & ab improbis improbari.* Sepan pues, que ni ofenden ni son capaces de ofender y si alguno ofenden es a sí mismos.

Concluiré pues dando al autor el consejo del poeta romano.

Cum recte scribas ne curas verba malorum
Arbitrij nostri non est quid quisque loquatur.[A]

Y hallando que todas las doctrinas, que trae este tratado están bien afianzadas con muy segura filosofía, digo que es digno de que se dé a la prensa y salga a luz siendo V. Exc. servido y más no habiendo en él cosa, que se oponga a nuestra Santa Fe y buenas costumbres. Así lo siento, salvo meliori, &c. Lima, y febrero 16 de 1695.

EXCELENTÍSIMO SEÑOR.
B.L.P. de V. Exc. con todo rendimiento.
Doct. D. Francisco Ramírez Pacheco.

Aprobación del Doct. D. Diego Joseph de Salazar y Valencia Chantre de esta Santa Iglesia Metropolitana de los Reyes, catedrático de prima jubilado en sagrada Escritura, comisario, subdelegado general de la Santa Cruzada de estos reinos del Perú, &c.

EXC.^{MO} E ILUS.^{MO} SEÑOR.

Mándame V. Exc. ilustrísima que vea el tratado, que se pretende dar a la estampa y que diga mi parecer para dar la licencia, y para obedecer con toda ingenuidad, digo, que por ser el tratado tan especial, como el asunto, tan nunca visto, como el argumento, es dignísimo de la inmortalidad comunicada por las prensas, por verse en el autor y la obra otro portento, que raras veces se llega a unir, como es el decir y el ejecutar, lo teórico y lo práctico.

Para acreditar en Quirón, autor de la cirugía estos primores, fingió la antigüedad tener dos naturalezas, la racional para lo especulativo y la de ciervo para lo práctico: por ser este animal el más veloz de los brutos y ser las más principales propriedades del experto cirujano delicadeza en el discurrir como racional y presteza en el ejecutar, cual ciervo en el partir. Se miran en el autor también logrados estos primores en las milagrosas curaciones, que ha ejecutado con atenciones muy meditadas y ejecuciones no prevenidas: debiendo esta cuidad a su estudio y a su mano liberal y presta el remedio en sus más desesperados casos. En más es^B, que corren precipitados deben ser los remedios más presto prevenidos. Precipitó del celestial Alcázar el tonante a la injusta deidad de Ates, quien por vengar el destierro severo del Olimpo en los mortales, precipitada vuela vertiendo sobre todo viviente el fatal veneno del vaso de Pandora, y para un mal, que vuela, previene Júpiter el tardo y espacioso remedio de las Lites sus hijas, que ciegas y baldadas, mientras volando infesta Ates tirana a todo lo viviente, apenas dan un paso en su remedio las impedidas Lites, porque como advirtió el docto Alciato Emblema 130, el mal corre apresurado, y pronto, y el remedio arduamente se mueve. *Remedia in arduo, mala in prono esse.* Ahora al contrario la divina providencia ha suscitado la presta ejecución del autor, pues se aventaja al cáncer, que más corre, a la fiebre que más vuela; y si antes eran los remedios arduos y los males ligeros, hoy vemos practicado el oficio de las Lites en el autor con la presta celeridad de Ates. Hasta ahora no había visto el mundo monstruo de dos corazones, ni hasta ahora ha reconocido este Nuevo Orbe tan pasmoso quirurgo; y si así se dice, de *Chir*, y *Ergot*, que es en griego mano y obra, ¿quién más proprio puede tener este renombre, que el autor? En quien se hallan los prodigios en sus obras y portentos en sus manos, ejecutando lo primoroso en la anatomía del portento con tanto acierto, que parece enmendó el defecto de la naturaleza declarándole, y si esta, en sentir de Aristóteles, obra con la perfección de una inteligencia: *Natura opera sur quasi ab intelligentia non errante,* muy arriesgado tenía este crédito la naturaleza en el caso presente, si docto intérprete de sus prodigios no los declarara en el autor en su acertada anatomía, que intenta, corra en mano de todos para desagravio de la naturaleza, y para noticia universal del uno y otro mundo, donde se deben admirar estos sabios discursos, sin que en ellos se falte a los dogmas de nuestra Santa Fe, buenas costumbres, ni establecimientos reales de estos reinos, salvo meliori, &c. Lima, y marzo 22 de 1695 años.

Doct. D. Diego de Salazar.

Aprobación del M.R.P.Fr. Gregorio de Quesada y Sotomayor, del orden de N.P.S. Francisco, lector jubilado, calificador y consultor del Santo Oficio, visitador general de las librerías, padre de la santa provincia de Quito, y ex difinidor de esta de los doce apóstoles de Lima.

EXC.^{MO} E ILUS.^{MO} SEÑOR.

En asunto tan singular, como el de este curioso volumen, no cargo tanto el juicio, que me mandó hacer V. Exc. Ilustris. en el *Crisis filosófico, médico e historial* de su autor (aun siendo digno de muy doctas atenciones) cuanto en la felicidad con que logra en la suave armonía de sus discursos la sabia erudición, la claridad profunda, la comprensión discreta, la elegante viveza de sus períodos, prendas con que se ha hecho tan dueño de las facultades, que en la comprobación de su intento, ni los escrúpulos de la filosofía desdeñan las máximas de la jurisprudencia, ni las contemplaciones de la teología desconocen los aforismos de la medicina; tiene la facilidad de su elocuencia, para cuando los ha menester tan a la mano los varios ejemplares del tiempo, como para solidar su doctrina las sagradas sentencias de la Escritura, sin perder aun en la docta selva de sus ideas la urbanidad retórica del estilo, la ardiente energía en las razones, la propriedad suave en las voces: milagro que admiró Sidonio Apolinar en las obras (A)[16] de Tertuliano, cuya curiosa prontitud de noticias en el luciente ardor de su eficacia, puso en asombro a San Gerónimo, (B)[17] excitó estimaciones a Augustino, despertó ponderaciones a Lirinense, a Teodoreto, a Lactancio. No afectó comparaciones con Tertuliano, claro es, pero en el grado que le ha cabido entre las obras heroicas a la de este breve volumen, me quiero persuadir, figuran estos padres en los elogios de aquella, la erudición de esta, la agudeza, la gravedad, la facundia, la elegancia, la discreción. Bien pudiera para decir más lacónico que siento de esta obra, hurtarle al

---

16   (A) Sidonio Apolinar Lib. 9, Epist. 7, *in hoc, oportunitas in exemplis, fides in testimonijs, proprietas in epithetis, urbanitas in figuris, virtus in argumentis, pondus in sensibus, flamen in Verbis, fulmen in clausulis.*

17   (B) Hieron, Epist. 84. *Apologeticus Tertuliani cunctam saeculi continet disciplinam.*

Idem, & ibidem Nihil eruditius, & acutius Tertulian. Augustin. Tertulianus disertissimus. Latinorum. Vincent. Lirin. Com. [sic]. *Cap. 24.*

Talis est viri eruditio, ut apud latinos omnium facile Princeps iudicandus est: omnem Phylosophiam, omnes sectas, omnem historiam mira capacitate complexus est.

Theodoret Hom. 7 Nemo viuacius scripsit. Tertuliano Lactan. Lib. 1, Institut. Cap. 4, Tertulianus reconditissimorum interpres.

encomiador de Petronio lo que dijo de él, en la prefación a Escaligero; (C)[18] porque he advertido, que como el otro al Monte Helicón en sus poemas, llegó su autor a él de la más oculta filosofía en la descripción del monstruo, en el conocimiento de sus causas, de sus propriedades, de sus pronósticos, con tanta copia de floridas y serias letras que con más razón, que a su racional arquitectura pudiera Vitrubio llamar el docto círculo de sus discursos Enciclión, o curiosa Enciclopedia. (D)[19] En que no escrupulizó el decir, que sino estuviera tan malquista entre los más entendidos Aristarco esta voz monstruo o monstruoso, si su propriedad (digo) sufriera solo las aplicaciones de la admiración a objetos, que respeta por maravillas la razón; y no reprueba por errores de la naturaleza la censura, llamara sin escrúpulo monstruosa esta obra y monstruo de la capacidad a su autor porque siendo su estudiosa profesión la cirugía, en que ha celebrado la común virilidad de esta república los primores de sus manos, tan delicadamente ha descubierto en ella la fecunda erudición de su entendimiento, que sin pisarse en la discreta modestia de su empleo, no ha perdonado su desvelo en su comprobación, ni aun los curiosos sueños de la mitología. Quien no admira ver en una aplicación sus manos y su entendimiento en tantas si esos fueron los asombros del rey Baltazar, dice el abulense, que siendo la mano que escribía de hombre: *Quasi manus hominis scribentis*[20]: fuesen los soberanos impulsos que la gobernaban de un ángel.

Ya por lo menos en lo docto y florido de esta obra probó su autor, como Canonherio en los tres tomos de su *Medicina politica, moral y theologica*, que no es tan limitada la cirugía, que en las curiosas demonstraciones de su *Theorica*, no le reconocen jurisdicción las demás ciencias, y me sacó el símil de aquel miedo cortesano con que la llamaba monstruosa y he venido a dar, con más acierto, en la voz más decorosa de portento, que fue la que en la explicación de Cornelio Frontonio. (E)[21] Se merecieron con tanta razón las de este celebrado médico.

---

18   (C) Se nouisse viam, qua itur ad carmen, Immo se in Helyconem venisse ingenti flumine literarum inundatum.
19   (D) Virtrubio Lib.1. De architectura.
20   [no letter] Abulens. super Daniel Cap. 5, v. 5.
21   (E) Cornel. Front. de diferenr. Vecab. Cap. 1, Potentum est, quod præter consuetudinem offertur, atque idcirco raritas admirationem facit.

Y ahora advierto, que siendo esta tan apreciable, no solo porque sin atropellar las salió en ella de las vulgares líneas su autor, sino porque para su prensa mereció, sobre insinuaciones soberanas, el céfiro benigno y poderoso del excelentísimo señor virrey Conde de la Monclova, no pudo, ni la deuda, ni la elección, ni la veneración más reverente darle a este libro otro Mecenas, que a su Exc. que Aristóteles tuvo por preciso a su respeto dedicarle a Alejandro el que compuso de la *Historia de los animales*, no solo por lo singular del asunto, sino porque su magnificencia (F)[22] le ofreció ochenta talentos de oro, dice Bauhino para que su interés hiciese fatigar las selvas, los aires, el mar por aves, peces y brutos de que fecundar sus noticias.

No dudo que la antigua discreción puso leyes al respeto de consagrar a los grandes príncipes los más delicados sudores del ingenio: así lo dijo al emperador Valentiniano Vegecio. (G)[23] O ya fuese porque los sagrados soberanos, que redimen de atrevimiento la humilde oferta, aun solo pretendidos son sutiles limas con que se pule la elocuencia y vida, como dijo a su Mecenas Marcial, (H)[24] aun del mismo entendimiento. O porque se ilustra más su grandeza aun en la misma sombra, que le merecen las letras, como lo ponderó Cuspiano (I)[25] del emperador Maximiliano Primero, y lo confesó en una ley de la *Partida* el rey don Alfonso el Décimo. Empero la que le ha merecido este libro a la benignidad de su Exc. no la empeña ninguna ley de la costumbre antigua sino las del agradecimiento, no solo de su autor, pues ha confesado su caudal a la impresión, de su liberalidad, las fuerzas que le negaba su flaqueza sino él de esta república, él de toda la utilidad de este reino, que admirando su piedad atiende y venera el celo con que no solo manda imprimir este libro, sino también el que sacó a luz por prevención

---

Beyerlin in Theær vitæ hum. lit. P.

22 (F) Gaspar Bauhino las De hermafroditis, Cap. 3.

23 (G) Veget. de re militari in prolog. Lib. 1, Antiquis temporibus mos fuit bonarum artium studia mandare litteris, atque in libros redacta offerre Principibus, quia regnantium testimonijs crevit eloquentia, dum non culpatur audacia.

24 (H) Martial lib. 1. 2 Epigr. Tu facis ingenium, tu si quid posse videmur. Tu das ingenuæ munera pigritiæ.

25 (I) Cuspian. in Maxim 1, pag. 486, n. 76, Leg. 3, Tit. 10. part.

de la epidemia pasada la medicina. ¿Qué dijera si en la confesión de esta deuda se le pidiera el voto a la misma miserable mujer que parió el monstruo bicorpóreo que dio ocasión a estos discursos? Yo me persuado, que cuando ella, por no caber su gratitud en sus labios, le negara las voces a su lengua, las dieran las crecidas limosnas con que la piedad de su Exc. socorrió su desconsuelo y si su cristiana modestia no hubiera sellado tantas y las continuas que aplaude la ternura, con la inviolable ley del secreto le hubieran puesto pleito en los estrados de la razón al emperador Teodosio (J)[26] por el glorioso renombre de padre de los pobres, y a lo menos si no quitado, hubieran pedido prestada aquella gloriosa exclamación que hizo el obispo Aldano al ver después de siglos incorrupta la liberal mano del rey Osvaldo de Inglaterra: *O nunquam inveterascat tam larga in dando manus!,* como refiere Beda. (K)[27] Pero para qué es mendigar de la antigüedad hipérboles, si al pie de la escalera de su salón mereció su palacio el más glorioso renombre, que aun de una casa muy religiosa pudo poner espanto al Infierno, cuanto aquella pobre negra moribunda se entró por sus puertas hasta el primer escalón, diciendo que venía a la casa de Dios y lo cumplió: muchas señas de gloria de ángeles de misericordia, pues no acertaron sus últimos parasismos con más verdadero título al palacio de su Exc. que Jacob en la piedra que erigió (L)[28] en Betel, después de haber visto escala, ángeles y gloria, no escribió el título de que era aquel lugar verdadera casa de Dios, sino con la tinta misteriosa con que se dibujan siempre las obras de misericordia, dice Orígenes: *Erexit lapidem in titulum fundens oleum de super: vere Domus Dei est, & porta Cœli*; y Orígenes, *Oleum de super opera misericordiæ significant.* Y añado que si la misma liberalidad no aparta los ojos de este ternísimo suceso, no dudo que dirá:

Sæpe tuum limen supplex venerabitur hospes
Sæpe canet laudes ore, lyra que tuas,

---

26 (J) Theodos. & Valent. In Nouell. de bono Decur.
27 (K) Beda lib. 3. Histor. anglicæ cap. 6.
28 (L) Genes. Cap. 27. Origin. Homil. 4, super Leuit, & super Math. Hom. 35.

Algunos han tenido (M)[29] por ominoso y fatal prenuncio el extraño parto de un monstruo pero siendo el alma de una república el príncipe que la gobierna, la heroicidad de sus virtudes triunfó siempre de los presagios, dijo Séneca. Fuera del que ha servido de materia a este tratado, siendo de dos niños unidos, estampa del más benigno signo del Cielo Géminis y erudición (N)[30] consagrada a los dos hermanos lucientes astros, Cástor y Pólux, no solo anuncia en lo que permite una cortesana alusión, como su original luminoso, felicidad en sus batallas al Marte de nuestra España, por ser Géminis en el Zodíaco la mejor morada de la exaltación de este planeta. Lúcido aumento a las letras, por ser su refulgente estrella septentrional vínculo del dios Apolo que veneró la gentilidad (O)[31] de parte de la sabiduría. Prosperidad a los comercios, por ser en este signo fortuna mayor Mercurio, como lo asegura en su docta *Chronographia* (P)[32] Chaves. Y finalmente son en este signo que ha dibujado este monstruo, las influencias del sol tan benignas, tan templadas que el aire deleita, los campos se fecundan, los hombres se alegran y en la unión estrecha de ambos lucientes hermanos se goza o se predice con seguridad en las cabezas unión, en las repúblicas paz y en los gobiernos dichosa tranquilidad, aun mejor que los astrólogos en sus figuras y estrellas lo están registrando nuestras veneraciones en las discretas y piadosas máximas del de su Exc. y para sacar esta verdad de las sospechas de lisonja acredite mi pronóstico, el que con la misma razón hizo Pierio Valeriano cuando viendo en la Italia otro semejante monstruo al de Lima, en tiempo del pontífice León Décimo, le dijo indicaba, aun entre los frangentes de su Colegio Apostólico su más decorosa exaltación, la paz de su tiara y la tranquilidad de su nave.

---

29 (M) S. Aug. de Ciuit. Del Lib. 2, Cap. 8. Polidoro Virg. 1. t. de Prodigijs. Pineda de rebus Salomon. Lib. 1, C. 10. Cicer. Lib. 2. de diuinat. Cornel. Fronton. in Adagijs Erasmi

30 (N) Casaneo Cathalog. Glor. Mundi Part. 9. considerat 28. Rabisio Text. p. 1. Oficin.

31 (O) Higin. Lib. 2. de Fabul. Astronom. & Lib. 3. de Sign. Cælest.

32 (P) Chaves Tract. 2. de su Chronogr. Samorano en su Reportor.

(Q)³³ *Naturam, & Orbis ordinem immutabilem*
Nil frustra, & incassum facere, apertum satis,
Pueri puellum ex vmbillico scilicet.
Pendentem, adacto capite per communia viscera;
Non hæc fuerunt irrito eventu, Leo
Ostenta visa, sed tuum certe decus
Cœlo extulere.

Este es el juicio, señor, que he hecho de este libro, de su materia, de sus pronósticos. Salvo, &c. En este convento máximo de N.P.S. Francisco de Jesús de Lima en 14 julio de 1695.
    Fr. Gregorio de Quesada y Sotomayor.

Aprobación del Doct. D. Francisco de Vargas Machuca presbítero, catedrático del arte de curar y método de Galeno en la Real Universidad de S. Marcos, juez adjunto y examinador del Real Protomedicato. Médico de cámara del excelentísimo, e Ilustris. señor Doct. D. Melchor de Liñan y Cisneros arzobispo de esta Santa Iglesia Catedral del Consejo de su majestad, virrey gobernador y capitán general que fue de estos reinos y del Tribunal del Santo Oficio y del Real Hospital de San Bartolomé.

EXCELENTISIMO, E ILUS. SEÑOR.
MI SEÑOR.

Obedeciendo el mandato de V. Exc. he visto con singular atención este *Tratado del origen de los monstruos, o desvíos de la naturaleza con el compendio de curaciones chirúrgicas,* que pretende sacar a luz el Lic. don Joseph de Ribilla Bonet y Pueyo, médico, y de profesión cirujano de cámara del excelentísimo señor conde de la Monclova del Consejo de su majestad, virrey gobernador y capitán general de estos reinos &c. Y aunque desde luego pudiera decir mi sentir cerca de tan ilustre obra y liberal trabajo, me es preciso admirar, contemple su autor de la naturaleza, no solo sus variables movimientos como médico sino aun los más

---

33 (Q) Pierio en su obra, Poetic. ad León X.

escondidos desvíos en la no repetida serie de sus operaciones. Cosa que con dificultad se alcanza, como advirtió Séneca, por no encontrar con facilidad los entendimientos la llave de sus erarios para registrarle los tesoros.[34] *Arcana illa rerum naturæ sacra, non promiscue, & omnibus patent reducta, & interiori clausa sacrario,* y Lucrecio.

> *Multa tegit sacro involucro natura, nec ullis*
> *Fas est scire quidem mortalibus omnia multa*
> *Admirare modo, nec non venerare, nec illa*
> *Inquires, quæ sunt arcanis proxima, namque*
> *In manibus, quæ sunt hæc nos nescire putandum*
> *Est procul à nobis adeo præsentia veri.*[35]

Pues sabia vence el imposible, averiguándole sus designios, procurando en la Universal Escuela de la Naturaleza (así la llamó San Cirilo) descifrar sus caracteres,[36] y explicar su jeroglíficos, para eterna alabanza del universal maestro, y soberano artífice de la mayor fábrica del universo. *Invisibilia enim ipsius a creatura mundi, per ea, quæ facta sunt intellecta conspiciuntur.* Como dijo San Pablo.[37] Pues en cada jeroglífico, que lo es cada criatura, se advierte de su omnipotencia la fuerza, de su hermosura lo incomparable, de su sabiduría lo infinito, de su amor lo inmenso y de su ser lo eterno. Así entiendo se deben contemplar los portentos de la naturaleza (no como monstruos) si empero, como adornos, que hermosean sus aras: como dijo Santo Tomás[38] siguiendo a la luz de la Iglesia San Agustín en quienes, sin atender a la superficie para el infortunio más que para la felicidad; vicio, que reprobó Jeremías por detestable al Cap. 10, *Asignis cæli polite metuere.* Y más abajo. *Nolite mesuere, en, quia nec male possunt facere, nec bene,* pues no se ha de fiar más del hado, que de Dios que todo lo gobierna, como dijo un poeta.

---

34 Sénec. Lib. 5. q.
35 Lucret.
36 S. Cyril. in Proem. ad Apol.
37 D. Paul. ad Rom 1.
38 D. Thomas de format. fæt. r. p.q. 22 i. 2. ad. 2. D. Aug. Lib. 16, de Ciuit, C. 8.

Adde, quod ipse Deus fato meliore gubernat
Res hominum fidas (si sapis) ergo Deo.

Debemos atender a los escondidos y misteriosos documentos que nos ilustran, retírense las supersticiones (doctrinas del Demonio en fantásticas ilusiones) y sepúltense los engaños en las eternas focas del olvido de tantos monstruos observados, que al haber visto mi curiosidad a él que fue digna admiración de toda esta ciudad, por raro, y nunca visto (asunto de este papel) juzgue sin duda había defendido de la celeste esfera aquel semidiós signo hermoso del Zodíaco a quien llaman los astrólogos Géminis, de quien hace mención Séneca, *Fulgebunt cœlo sydera Leda. Clara Geminis signa Tyndaridæ micant*[39], para que observándose aquella antigua ceremonia de los corintos, según refiere Pausanias, fuesen colocados al pie de Neptuno, no para ser protectores de los navegantes, sí pero para rendir el tridente con su imperio a nuestro excelentísimo príncipe mejor Neptuno, y señor del mar, y de sus aguas, que obedientes a su imperio vivirán sujetas, jurándole en sus riveras por protector de los américos puertos y de todas cuantas aves de lino y cedro llegaron a sus playas abatiendo el vuelo para descansar en su muelle.

O que sin duda era vaticinado jeroglífico de unión y felicidades según cantó David. *Quam Bonum, & quam jucundum habitare fratres in unum*[40], que verse dos corazones y dos cabezas unidas en un cuerpo no puede dejar de ser horóscopo de felicidades afianzadas de una unión.

Quam felix, & quanta foret Respublica, cives
Si cunctos conciliasset amor.

De V. Exc. Señor, y de nuestro excelentísimo príncipe el señor virrey, lo vaticina el autor y yo sin apartarme de este dictamen confirmar su sentir, pues es cierto no haberse experimentado nunca tan estrecha unión entre dos padres como en el presente gobierno, por ser uno el corazón

---

39 Séneca. Ioan. Paul. Salve 1. 5.
40 Psalm. 132. Nigid. vocat deos samothraces, adest. pacis, & concordiæ Michael Verin.

de ambos, como lo testifica el excelso nombre de ambas excelencias. *Melchor*, dice, *Limæ cor* (como dije en otra ocasión) por ser unas las voluntades y una el alma que anima a entrambos cuerpos. Seguramente lo puedo decir así con palabras de Silveira sobre el *cor unum, & amina una* de los actos de los apóstoles, pues dice así este doctor[41] *Unitas cordis significat unitatem voluntatum, una anima dicit unitatem potentiarum, ac si diceret: tanta in eis erat unio, ac si in omnibus esset idem velle*, sin que se experimenten aquellas borrascas, que perturban las felicidades de los gobiernos y sin que la más atrevida malicia con sus malévolos influjos pueda eclipsar de tan excelsos planetas las favorables luces de sus esclarecidos gobiernos. Este es sin duda el prognóstico del monstruo: esto lo que monstraba sin duda con su hermosa forma y misterioso amplexo al haber salido del materno vientre para ser admiración de los vivientes. De cuya producción, esencia, causas y divisiones trata el autor de este papel con tan singular energía que no deja cosa en los autores que epilogada no sea admiración de cuantos le leyeren erudito, docto y exornado de las mejores noticias, respetosas las ciencias le han tributado para su eterno elogio, lo diré con voces de Casiodoro *Hic codex vtiliter legitur, quando in vno corpore diligentia studiosi viri potuit recondi, quod in magna Bibliotheca vix prævalet inveniri.*[42]

Y porque sea útil como provechoso ha sabido unir a la teórica contemplación la práctica quirúrgica en el apéndice de curaciones monstruosas (raras y admirables las llamara yo) para la común utilidad, en que reparando muchos, hallaran que su autor ha adelantado el arte quirúrgica con los primores de su experiencia con que siempre ha regentado la cátedra de sus aciertos y firmeza de sus resoluciones. *Experientia rerum omnia mater & magistra.*[43]

Y si en la antigüedad fueron celebrados por insignes cirujanos Machaon y Critobolo, aquel por haber curado a Filotes hijo de Piante herido de Hércules a la actividad de una flecha teñida en sangre de yedra[44] y este por haber sacado del ojo de Filipo Macedón[45] una saeta sin

---

41 Silveir. de Act Ap. q. 18.
42 Casiod. Lib. de Div. Lect. Cap. 21.
43 5. quæ omist. de fide. iufforib.
44 Juan Bapt. Pio Lib. 10.
45 Curt. Lib. 8. De reb. gest. Alexand. Plin. Lib. 7, Cap. 37.

la fealdad de cicatriz, según Plinio refiere, que elogios no merecerá el que ha sabido con destreza (no a uno o a otro) si, ha muchos librar de las flechas que la Parca enemiga había fijado para que fuesen desposos de su fiereza, haciendo con sus raras y monstruosas curaciones, que se continuase el estambre de sus vidas. Viva pues eterno su nombre como sus escritos, que aunque estos falten, no podrá el tiempo usurparle la gloria de haber emprendido difíciles, como arduas curaciones contenidas en su compendio libre de toda censura por ser muy conforme a la doctrina de nuestros príncipes y no con tener cosa que desdiga a nuestra Santa Fe. Salvo meliori. &c.

EXCELENTÍSIMO, E ILUSTÍSIMO SEÑOR
mi señor

B.L.P. de V. Exc. ilustrísima su más rendido
criado y capellán.
Doct. D. Francisco de Vargas Machuca.

LICENCIA DEL ORDINARIO.

Atento a que de las aprobaciones dadas por el señor doctor D. Diego de Salazar, P. M., Fr. Gregorio de Quesada, y Doct. D. Francisco Machuca, consta no hay cosa contraria a nuestra S. Fe y buenas costumbres, se concede licencia para que se imprima por lo que toca a la jurisdicción eclesiástica. Lima y julio 15 de 1695.

Lic. segura.

Por mandado del señor provisor
D. Juan Manuel del Molina

IN LAUDEM AUTHORIS
EPIGRAMMA.

Editur in lucem monstrum, sed luminis expers;
E thalamo in tumulum monstra relata vides.
Aliera fit monstri mater, tam nobilis Author,
Ex vmbra in lucem monstra renata vides.
O decus æternum! natura maius ab arte,
Quod Natura negat vivere, vivie adhuc.

DÉCIMA.

Sale a la luz el Portento,
Pero sin luz por difunto;
Pues se vieron en un punto
Su tumba, y su nacimiento:
Otra madre le da aliento;
Donde se mira advertida
Naturaleza excedida;
Pues con encontrada suerte,
Ella le entregó a la muerte,
Y esta en la luz a la vida.
J.R.S.J.

EN ALABANZA DEL AUTOR
de un aficionado a su grande ingenio.

SONETO.

De aquellos imperfectos borradores,
Que dejó en el taller de los desiertos
Naturaleza a medio hacer, cubiertos
En el rudo embrión de sus horrores,
  Sacas a luz tan doctos los errores,
Que hacen los ojos por el juicio expertos,
Y quien pone en razón los desaciertos,
Hará monstruosos hasta los primores.
  Pues si la admiración monstruoso llama
A lo que al orden natural excede,
Negando especies al entendimiento:
  Tu pluma, que ennoblece aun lo que infama,
Bien sin ponderación decir se puede,
Que es de los Monstruos el mayor Portento.

AL LIC. DON JOSEPH DE RIBILLA,

Médico y cirujano de cámara del excelentísimo señor conde de la Monclova.

SONETO.

Lacónico, conciso, docto, y grave
Tu libro nos informa, y nos advierte:
Enseña, al tiempo mismo, que divierte,
Y es primor enseñar, lo que bien sabe.
  Que empiece el juicio, lo que el gusto acabe
Disposición es cierto de gran suerte,
Pues rara vez se vio, que se concierte
Caber el gusto, donde el juicio cabe.
  Solo tú has conseguido discursivo,
Sobre práctico insigne acreditado,
Aprecio digno de especulativo.
  Solo tú, averiguar por lo causado
El principio a la causa, y su motivo,
Pues solo tú, tal vuelo has remontado.

DE UN AMIGO DEL AUTOR
en alabanza de esta obra.

SONETO.

Este que sin error monstro, o portento,
A la luz se concede parto hermoso,
Y en docta variedad lleva ingenioso
Cuanto fértil produce el pensamiento.
  Índice solo es breve, es argumento
De un espíritu sabio, y generoso,
Que sobre ajeno error dictó animoso
Avisos que le dio su entendimiento.
  Contra el tiempo aun no baste por defensa
Grabarle en bronce para eterna historia,
Ni fuera el mármol justa recompensa.
  Mas cuando falte más constante gloria,
Si no en el bronce, y mármol, en la prensa
Merezca duraciones su memoria.

EN ALABANZA DEL AUTOR.

SONETO.

Del reciente portento, que en el suelo
De Lima, expuso la naturaleza,
Por dar en nuevos Géminis certeza,
De que Lima no es tierra, sino Cielo,
 Que en prodigios cursado tu desvelo
Escriba docto, no hace ya extrañeza;
De tu mano antes si la ligereza
Admira más, que de tu pluma el vuelo.
 Y si los Monstruos no son más que errores
De la Naturaleza en el formarlos,
Con raro desacierto al producirlos,
 ¡Qué mucho! que en científicos primores
Aciertes con la pluma a declararlos,
Sabiendo con la mano corregirlos.

EN APLAUSO ESPECIAL DE
el Compendio de observaciones chyrugicas hechas por el Lic. don Joseph de Ribilla.

SONETO.

De arte, y Naturaleza litigadas
Se hallan tus manos, donde esclarecidas
Sus reglas mira el uno ya extendidas,
Sus hechuras ve la otra restauradas.

A las prensas aquel las pide empleadas;
Solo esta destinadas a las vidas:
Por primero lo actual las tiene asidas:
Por eterno el futuro anticipadas.

Con uno, y otro cumples admirable:
Cada molde una vida es, que procuras:
Cada salud un molde es, en que vives.

De veloz eres Monstruo, y de durable,
Pues parece que escribes, cuando curas;
Pues sentimos, que curas, cuando escribes.

DE UN AMIGO, Y AFICIONADO
del autor.

SONETO.

Esta, que tus desvelos superiores
De largo estudio ofrecen breve suma,
Porque el tiempo voraz no la consuma,
En bronces se eternice vividores.
 Aun de Naturaleza en los errores
El arte aciertos conseguir presuma;
Y de tu mano pasen a tu Pluma
Destrezas, suavidades, y primores.
 Ya de la Fama excedes los acentos,
Docto Ribilla, y ya tu sutileza
Fatigados le deja los alientos:
 Sin que a tu ingenio causen extrañeza,
Ni con Monstruosidades los Portentos,
Ni con Desvíos la Naturaleza.
D.P.I.B.

AVISO DE ERRATAS AL LECTOR.

Sujeté ya los desaciertos de la pluma, ahora advierto los de la prensa. Son inevitables, no es nuevo, pero lo intolerable o lo frecuente más de lo que pide la obra, pide satisfacción: esta la dará la falta inexcusable de la asistencia del autor, suplicándote con lo que Sofronio a Honorio *apud Photium Cod. 231. Si quid prætermissum sit eorum, quæ dicit debuerant, vt qui posset, ea impleret, & corrigeret.* Los más notables vicios van abajo señalados con este índice. ☞ No entres a la obra sin su noticia.

En el Sumario del Cap. 9, que no pudo sacar el autor, hubo halucinación de la priesa en el n. 1.4 y 5. Todo se remite a tu benignidad y juicio suple (principalmente desde el fol. 41) la precisa ortografía en puntuación y letras. La voz *chyrúrgico*[C] suele ir errada en muchas partes con la y griega.

EN EL PRÓLOGO.[D]

Fol. 2, linea 2 y 3 a operacion lee la operacion. Linea 10 preteccion, proteccion.

EN LA OBRA.

(La B significa la segunda plana del folio)

Fol. 1, n. 5, *significaten significacion.* B, lin. 21, huvieras ciencia huuiera sciencia. Fol. 3, lin. 31, eonsta consta. Fol. 4 B, lin. vlt. Hor. *Terruit* lee y hablando. Fol. 9, lin. 2 todo todos. Fol. 10, lin. 19, PAREPGA PARERGA. Fol. 11, lin. 26, los infectos los insectos. Fol. 13, lin. 10, y en la encina y la encina. Lin. 11, laurel la laurel en la. Fol. 19, lin. 15, *juventà juventa.* Fol. 22 en el margen lin. 3, srequente frequente, lin. 4 se prneua bx se prueba ex, lin. 22, que de la dela. Fol. 23, lin. 3, temperamento temperamentos, lin. 27, *part. part.* 4. Fol. 25, lin. no ay dificultad no la ay, B, lin. 3, en es el pan en el pan. Fol. 26, lin. 26, Porque satisface Porque se satisface, B, lin. 19 sa satisface se satisface. Fol. 27 B, lin. 21, *pig. epig.* 1. Fol. 28 B, line, penult. expectaculo espectáculo. Fol. 29 B, lin. 6, 13.3, Fol. 32, lin. 24 llegandose llegādose, lin. 25, atraiga assi atraiga â si. ☞ Fol. 33 B, lin. 1, aver nacido el año haver nacido de vna vaca el año. Fol. 35, lin. 17. *colloq. colloq.* 2. Fol. 26 B, lin. 25, poblados pobladas. Fol. 37, lin. 1 nar algunas gar algunas. Fol. 39, lin. 27, *locuti sunt sabia dolosa in corde. locuti sunt: sabia dolosa: in corde.* B, lin. 15, *vel dogmatis error vel* dogmatis *error.* Fol. 42, lin. 1, phantama phantasma, lin. 3, de jagos, ò de jugos, lin. 19, masculina la masculina, B, lin. 14, que caigan que los luminares caygan. Fol. 44, lin. 20 Salusti Saluste, lin. 22, *D^e Adam d^e Adam*, lin. 23, *adonc adons*, lin. 25, *dodent dorent*, lin. 26, *enfansses enfans*, lin. 30, *herediiatre (no haussent hereditaire) sur haussent*, B, lin. 2, Megracosmo Megacosmo. Fol. 45 B, lin. 8, visto, como visto otros, como, lin. 11, y en el Polluego, y en el polluelo, lin. 30, la tada atada. Fol. 46 B, lin. 19, Y Sin que sin que. Fol. 47, lin. 16, de toda toda. Fol. 49 B, lin. 31, venenosa venosa. Fol. 50, lin. 16, anima anima que soñaron, B, lin. 5, que hallaren en que la hallaren. Fol. 52 B, lin. 16 ala viuiente a la Mola viuiente. ☞ Fol. 53 B, lin. 26, de la ley, del Derecho. ☞ Fol. 54, lin. 10, donde atribuye donde pone 5 y atribuye. Fol. 55, lin. 1, curiacios Curicios, lin. in Antonio in Antonino. Fol. 55 B, lin. 4, *se minus feminis*, lin. 28, superfetaccion superfetacion, lin. 29 atribuyen en atribuyen. Fol. 56, lin. 8, es incursso es inconcuso, lin. 32, *num à num* 49, B, lin. 2, no ay en el no ay, lin. 8, para Carranza para darà Carranza para que, lin. 23. *Videmus Vidimus*. Fol. 57, lin. 5 sueco Sueco, lin. 6 Bausanias Pausanias, lin. 11 scalde Scalde, lin. 14, V. 8 û 8, lin. 30, tres quartas y quarta. ☞ B, lin. 25, sueços Suecos, lin. 31 Viol. Vol. Fol. 58, lin. 2, titanes Titanes, lin. 25 llamar llamarse. ☞ B, lin. 2 no aver aver, lin. 7 lor los, lin. 15, auerlos avido no haverlos avido. Fol. 59, lin 29, Hordeuio, Hordonio, B, lin. 19, que la presente es q' es la presente, lin. 20 desigualmenue desigualmente. Fol. 60, lin. 14, nacida en prust nacido en Prust, B, lin. 25 Vvorms de Vvorms. Fol. 61, lin. 10, otra otras. Heidelburg Heidelbeag. Fol. 62, lin. 14, esparce esparça, incorpra incorpora, ☞ lin. 15, quando el resto quedando el resto, lin. 21 gero genero, lin. 23 y a la simiente ya la simiente. Fol. 63, lin. 4, en su parto de su parto. Fol. 63 B, lin. 11, monstros mõstruosos. Fol. 64, lin. 22, y gruesos y grandes, lin. 26, externon sternon, B, lin. 3, venacaria vena caua, lin. 22 y otra y otras. ☞ Fol. 65 B, lin. 19, n. 1, *principio de la vida assiento de el alma*, lin. 23, n. 4, lo mismo, lin. 25, lo mismo. ☞ Fol. 66, lin. 3, n. 8, *como el fuego de los ser como el fuego entre los*, ☞ lin. 19, n. 17, *de la vida de el alma*, lin. 21, n. 19, Restaurase Cõfirmase, B, lin. 25, Henrri Henrico, ☞ lin. 29, principalmente principal, ☞ lin. 32 que aunque es de donde: que aunque el celebro es de donde. Fol. 67, lin. 28, animal anima, B, lin. 17 en el al en el. Fol. 69, lin. 9, *In arte In arce*, B, lin. 18 Guara Guaura. Fol. 70, lin. dixeron dixo. Fol. 71, lin. 8, curaçon coraçon, lin. 12, diuido dividido, lin. 14, Quinta Quinto, B, lin. 20, incluida concluida. ☞ Fol. 73, lin. 17, y en la qualidad, y cõforme en la qualidad. Fol. 74, lin. 33, refieren refiere. ☞ Fol. 75, n. 5, lin. 3, *de vna asnilla, del parto de vna asnilla*, lin. 5 *se debe se deben*. Fol. 76, lin. 11, en quto en quanto. ☞ Fol. 77, lin. 10, irracionales racionales, lin. 19, y á en este y à este, lin. 20, *cap. n. cap.* 4, *n.* 28, B, lin. 4, *cap.* 5 *cap.* 4, lin. 15, animales de animales. Fol. 78 B, lin. 2, Dusingio Deusingio, lin. 4, *cap. cap.* 5, § 2. Fol. 79, lin. 23, *cap. cap. 9*, à n. 1. Fol. 80, lin. vlt., del moo del modo. ☞ B, lin. 3, muslo mulso, lin. 10, *dereivindicat, de reivindicat*. Fol 82 B, lin. vlt. descente descendente. Fol. 83, lin. 22 à ellos à el los. Fol 84 B, lin. 30 millones millares. ☞ Fol. 87, lin. 31, que qualquier q´ en qualquier. Fol. 88, lin. 12, de no noche de noche, lin. 22, del otro de el oro. Fol. 89, lin. 22, solo sino sino solo. Fol. 91, lin. 2, por ser por serio, lin. 14 *con.* 3 *can.* 3, B, lin. 4 de que sabe de que sale. ☞ Fol. 92, lin. 16 se hallauan se hallaràn, ☞ lin. 18 quales que que lo que, lin. 31 deuengandole denegandole. Fol. 92 B, lin. 3 adser I. ad Fen I. ☞ lin. 8, el parto el punto. Fol. 93, lin. 18 *tom. cap. tom, cap*, lin. 27, de correccion de la correccion.

ASPECTO DE LA OBRA.

CAP 1. *De la etimología y significación del nombre de monstruo.*   111
CAP 2. *De la definición.*   123
CAP 3. *De la división, donde se trata de la de racionales, animales y plantas.*   130
CAP 4. *De la subdivisión en los defectos donde se trata de la conmixtión de las especies con algunas cuestiones.*   138
CAP 5. *De las causas de los monstruos, y de las superiores, o metafísicas.*   167
CAP 6. *De las inferiores, o físicas.*   188
CAP 7. *De los monstruos bicorpóreos y bicípites.*   209
CAP 8. *Del infante bicípite de Lima nacido a 30 de noviembre del año pasado de 1694.*   213
CAP 9. *Del asiento del alma y cuando hay dos en los bicípites.*   217
CAP 10. *Del bautismo de estos y principalmente del que se hizo en el de Lima.*   231

PRÓLOGO.

Entra a tu tribunal lector juicioso esta breve obra; ya eres juez pero advierte que no se te hace dueño de la razón sino ministro: no debes hacer las leyes sino seguirlas. Sabe que para juzgar no te basta el presumir--necesitas de conocer--si no hay esto, conténtate con leer y no se te pasen las dudas a censuras. Si eres como debes, yo te pongo desde ahora la pluma en la mano para que borres lo que fuere digno de tus líneas, y añadas lo que fuere proprio de tus caracteres. Otras obras desean la prensa para la inmortalidad, ésta la teme, porque no pesa tanto un primor obscurecido como un error eternizado. A no deber a su tinta el beneficio de comunicarte (de otra suerte imposible) se huyera porque parecerá limpio lo que solamente se desea hacer un borrador. Solo se te pide tengas tan igual la crisis, como el autor la paciencia. No hago como otros, en quienes el mismo comprometerse en la razón, es confianza de que la tienen y con simples de amor proprio hacen en vaso de humildad confección de arrogancia. La verdad es la que se busca, si no la llevo, la recibirá mi veneración con toda gratitud de cualquier mano. Llévense allá la obra y déjenme acá la doctrina.

El motivo de haber dispuesto esta fue el precepto superior, que ya habrás leído, mi mayor temor nace de mi mayor disculpa porque aunque debí inexcusablemente obedecer, debía ya acertar, correspondiendo a una elección, que con lo mismo que me oprimía, me exaltaba. Siendo preciso tratar algunos puntos extraños de mi profesión, lo ha sido también valerme de quién los pudiese por la suya discurrir, para que conozcas, haber sido mi fin no imprimir sino perfeccionar, no la obra sino su complemento, no mi gloria sino tu utilidad. Ni te parezca nuevo este modo de escribir; que el mundo literario no es otra cosa que una tienda de entendimientos, donde cada materia se viste de las telas de los que necesita. Ninguno puede dar todo el traje: *Non enim omnia sapiens scit.*[46] No solo en materias que piden conocimiento de varias ciencias, en las de una sola jamás han sido de uno los principios: o vivos, o muertos, todos necesitamos de ayudarnos. Los maestros, los amigos y los libros, todos son de igual provecho; la diferencia está en que unos se heredan, otros se comunican y otros se trasladan y cuando

---

46   Séneca Lib. 19, Ep. 102.

más se hurtan. *Proderit sapienti sapiens: non scilicet tantum suis viribus sed ipsius quem adiuvat. Potest quidem ille etiam relictus explicare partes suas: utetur propria velocitate; sed nihilominus adiuvat etiam: currentem hortatur.*[47]

La materia de monstruos, si se mira a su infrecuencia, no es la más necesaria de esta vida, pero es la más curiosa y si se atiende a su extrañeza es la más precisa, porque es la menos conocida. Lograr un alma en lo futuro puede ser suficiente fin de muchos desvelos. Esto se pretende hacer en la cuestión penúltima donde se trata de bautismo de todo género de monstruos. Hacer un hombre dentro del orden fue solo obra divina, averiguarle dentro del desorden empeño es glorioso. Conocer un racional en su ordinario traje es difícil. ¿Qué será descubrirle en el extraño?

Se añadió al tratado por vía de apéndice un compendio de observaciones de algunos casos singulares quirúrgicos que se han ofrecido a mi práctica en esta ciudad. Dos deseos han combatido en mí antes de su producción y no de mi conocimiento, que han solicitado dejarlos como proprios, correr en mis manos la fortuna de los que quieren ser honrados en su patria y otro del celo que me ha impedido dar a lo público el tributo, que he podido sacar de mi insuficiencia. Vuelve a curar segunda vez el que escribe lo que remedia. Son salud de los futuros las enfermedades de los pasados y se ennoblece notablemente la operación, que después de haber sido ocurrencia, se hace ejemplo y aun más la que siendo ejemplo merece hacerse regla. Se llegó el vehemente impulso de los amigos, de que no he podido librar a mi modestia con que no pude detener estos casos para que no se fuesen a pedir a licencia, que debían al dosel cuyo precepto era dueño de que se labrase este compendio al lado de su obediencia y lograron con su protección nuevo precepto. Llevan solo los hechos de las curaciones, reservándose a campo más extendido las causas, prognósticos y razones de curar, bien que en su relación solo lo contienen todo. El artífice a que pueden ser útiles tiene allí bastante luz para encender muchos principios y cualquier paciente suficiente consuelo para evitar muchas desconfianzas. No los recibas, no con el horror con que se experimentan, ni con el

---

47   Idem ubi supra.

tedio que se asisten. Considera contra lo uno el peligro y contra lo otro la corruptibilidad de tu naturaleza. Agradece si al arte con quien no tiene que jactar más nobleza tu mismo cuerpo, sabe que él es su objeto y que no difiere de la medicina, que veneras, más que cuanto distan entre sí tus accidentes, por lo cual estuvieron antiguamente unidas estas profesiones, cuando los médicos quizá tenían menos que hacer o que estudiar. Lo que dependen es notorio, por lo cual, aun en tiempos modernos ha habido insignes artífices grandes médicos. Pareo en Francia y Juanini en Madrid lo testifican. No carezco de su estudio, de su título, ni de su práctica en singulares curaciones pero me ha sucedido con las manos, que siendo aquella la que dirige se llevan estas la excelencia. Me atreviera a decirte haber salido estos casos del número de otros más por suerte que por elección (no habiendo entre ellos alguno que muestre inferior mérito) a no recelar parecerte o demasiada gloria o inútil advertencia en la notoriedad, pero si dices que son notorios ya no hay gloria en lo que publico y si te parece que puedo tener satisfacción, ya no es inútil lo que advierto. Lo cierto es que no se escribe para los que pueden enseñar, ni para los que los pueden saber con que no espero la admiración de los unos, ni los otros, que es la que solo podía pagar de contado mi deseo. Lo que me lleva es la utilidad de los futuros, si ellos fueren menos rígidos, déjamelos acá que ya cuando me alaben no haya miedo que tenga vanidad pero yo deseo vivas con mis posteridades. VALE.

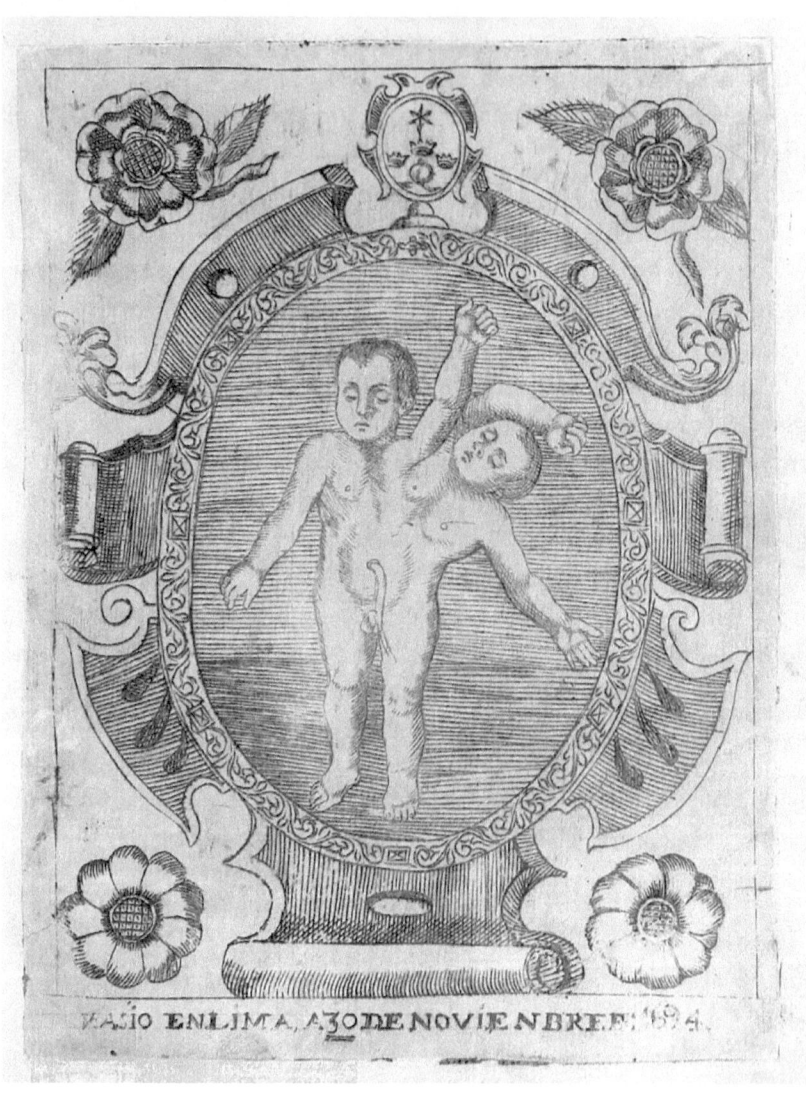

FIG. 4. Bicipital twins born November 30, 1694. *Desvíos de la naturaleza: O tratado del origen de los monstruos*, 1695.

Capítulo 1.
De la significación de la Palabra *monstruo*.

SUMARIO.

1. *Madre de las ciencias, la observación.*
2. *No hay facultad a que no pertenezca la materia de monstruos.*
3. *Monstruo se dijo a monstrando, según algunos en significación pasiva y en activa, según otros, por monstrar cosa futura, que es lo cierto.*
4. *Partos monstruosos tenidos como ominosos de la antigüedad.*
5. *Prodigios, monstruos, ostentos y portentos tuvieron siempre una misma significación.*
6. *Unos eran más terribles en el agüero que otros.*
7. *Se refiere la diferencia que entre ellos asignan San Isidoro y otros.*
8. *Etimología del ostento y qué significaba, según los referidos.*
9. *Según los jurisconsultos es numerado entre los hijos.*
10. *Al contrario el monstruo, según Carranza.*
11. *Lo contrario siente Retes.*
12. *Diferencia, según este autor entre monstruo y prodigio.*
13. *Ostento y prodigio, no solo predicen en los partos, sino en las señales del Cielo y otras.*
14. *Virgilio llamó también a estas monstruos.*
15. *Etimología del portento y sus diferencias en la significación, según San Isidoro.*
16. *Diferencia entre portento y portentoso.*

17. *Verdaderamente solo se diferenciaban en los presagios y efectos de derecho.*
18. *Monstruos de diversas especies más terribles.*
19. *Se expiaban con sacrificios y solemnidad mayor.*
20. *Se mandaban matar o exponer.*
21. *Apuleyo usa promiscuamente de las palabras prodigio, monstruo y ostento.*
22. *No se tenían ni tienen hoy en número de hijos.*
23. *El parto monstruoso dentro de la especie humana era menos ominoso y su expiación menos solemne.*
24. *No se mandaba sino se permitía su muerte o su exposición.*
25. *Se numeran entre los hijos.*
26. *El nombre de prodigio es universal a todo género de extrañezas celestes o terrestres.*
27. *Se concluye con Cicerón, que dijo ser una misma la significación de monstruo, portento y prodigio.*

SIEMPRE LAS RARIDADES SE han llevado tras si la observación y si bien esta queda en los más estéril, parando en el asombro o lo que es más inútil, pasando a juicios vanos, produce sin embargo en los que según reglas las estudian los gloriosos efectos de la satisfacción o el noble fruto de la utilidad. Y comoquiera que la observación en esta línea, cuando aun no hubiera ciencia, pudiera conseguirla, pues ha sido siempre la que pudo hacerla, [✠ 1] teniendo en ella su solar los artes, *Initium dicendi natura suppeditavit sed arti obseruatio dedit initium.*[1]

    Dixit semel nascentibus Author
    Quidquid scire licet.

No hay duda que siguiendo esta maestra de maestros esta natural madre de los conocimientos, principalmente quien debe principios, si no favores a alguna facultad, podría sin demasiada nota de confiado ofre-

---

1   Casiodor. De rhetor. in princ. Lucano Lib. 9. Belli ciu.

cer algo de la oficina de su discurso con que pudiese vestir cualquier desnudo caso. Pero se halla el de la presente materia suficientemente prevenido en los principios genéricos y específicos por copia de insignes DD. y autores de plausible nota en todas facultades, si bien en la multiplicidad de sus doctrinas y obscuridad de sus conjeturas necesitan de su Teseo que las entre, o de algún Delio, que las nade. No obstante aun alumbrado de sus sombras e impelido del precepto, entraré a la obra.

Como dije poco a no ha habido facultad que no haya dado a esta materia de partos monstruosos singulares ingenios que con los nobles de sus indagaciones la hayan fecundado cuya causa ha sido haber tenido esta infelicidad de la naturaleza la especial dicha de no haber profesión a que no toque. [✠ 2] La filosofía, primera investigadora de causas, la trata para alcanzar las de su producción. La medicina maestra práctica de las especulaciones de aquella la inquiere con la óptica de su anatomía a la novedad de verse variado el blanco de su objeto, o para distinguirle o ya para evitarle. La jurisprudencia la solicita en práctica y teórica para las agnaciones, rupturas de testamentos, herencias, alimentos y otros efectos; la teología moral la toca para el superior de su salud eterna en el bautismo, y aun la astrología la pretende inculcar como efecto de influencias celestes a que añadió la historia sus ejemplos y la poética sus descripciones. Por lo cual delibando en breve sus noticias en cuanto a la significación y propiedad del nombre es de advertir lo siguiente.

Todos han concordado en que el nombre de monstro se dijese [✠ 3] *a monstrando* pero con variedad en esto mismo. Unos asentaron haberse dicho en significación pasiva, porque siendo estos partos dignos de admiración por su extrañeza, lo eran también de la curiosidad, que los viese y de la novedad que los monstrase; de esta opinión fue Liceto *de Monstris* Lib. 1, *princ*. Y en esta acepción se dice monstro hablando más generalmente cualquier cosa admirable no solo por exceso de malicia, sino también de bondad, según Paulo Zachias *Quæst. Medico legalium* Lib. 7, Tit. 1, Quæst. 1, n. 18. Y como en rigorosa acepción puede haber veneno malo y bueno, así por cierta energía o hipérbole se dice monstro de maldad, el demasiadamente perverso, como monstro de santidad el heroicamente justo, de fealdad y de beldad lo que merece una u otra de estas cualidades. *Terentius in Eunuc.* Act. 4, Scena 4:

Unde habes vestem? taces?
Monstrum hominis non dicturus? &cq

Así llamó a Cleopatra Horacio *Carmin.* Lib. 1, Ode 37:

Cæsar ab Italia volantem
Remis adurgens, accipiter volut,
... Daret ut catenis
Fatale Monstrum, *quae generosius*
Perire quærens nec muliebriter
Expavit ensem.

Y así puede llamarse cualquier cosa que excede los límites de lo común, como sin buscar otra autoridad lo tenemos escrito con caracteres de escollos al margen de la gran plana del océano en el reciente muelle, que emprendido por la celosa magnífica providencia de su Exc. puede decirse sin metáfora *monstruo de edificios,* así por lo raro de su grandeza como por el modo con que ha pretendido deber a diversos elementos su producción, intentando en utilidad universal el siempre celebrado prodigio de hacer ver, que en las ondas pueden engendrar máquinas los montes. Pero prosiguiendo el asunto.

Otros con más razón afirmaron que se decía tal el monstruo porque monstraba algún suceso futuro y estos tenían por su autora la singular providencia del Cielo cuyos infaustos nuncios suponían semejantes partos. Lo dice Cicerón Lib. 2, *De natura deorum in principio: &* Lib. 1, *De diuinatione.* Nonio Marcello Lib. 5, *De proprietate sermonum,* n. 34 & 54. San Augustín L. 21, *De Ciuitate Dei Cap. 8.* Polidoro Virgilio Lib. 1 *De prodigiis. Paganino Gaudencto de Prodigiorum significatione.* Carranza *De partu* Cap. 17, n. 1. Y aunque otros, como fueron *Sexto Pompeyo de verb. significat. y* San Isidoro Lib. 11, *originum* Cap. 3, pensaron se decía monstruo, *a Monendo, quasi Monestrum:* respecto de que consuenan a un mismo sentido, siendo lo mismo predecir, que avisar, que es aquí la significación del verbo moneo, como lo usó Lucano *Ciuil. bell.* Lib. 1, en la misma acepción de predecir con presagio algún prodigio:

*His vbi concepit magnorum fata malorum
Exclamat: vix fas superi quodcumque monetis
Prodere me populis...*

Deben numerarse estos en los de esta opinión.

Y aunque no se niega la acepción primera, no hay duda que esta fue introducida, no teniendo razón Liceto de haber reprehendido a Cicerón por la segunda, pues como dice Zachias *quæst Medico legal* Lib. 7, Tit. 1, Quæst. 1, y es constante con Cicerón, muy pocos pueden entrar en controversia sobre propriedades de un idioma, de quien fue la gloria y el maestro no debiéndose menor fe a los autores referidos.

Se confirman esto tan convincentemente como que fueron siempre estos partos temidos de la antigüedad [✠ 4] como ominosos, según el grado de su exceso. Se llamaban todos promiscuamente [✠ 5] prodigios, monstruos, ostentos y portentos, según lo que ingenuamente consta de los autores y poetas latinos y no conforme a la diferencia que entre ellos da D. Joseph de Retes Lib. 1, Opusc 1, y otros. Si bien, como se ha dicho [✠ 6] unos eran más terribles en el agüero que otros, diferenciándose, según los grados, en los efectos que producían en el derecho público y privado.

S. Isidoro d. Lib. 11 *Origin.* Cap. 3, da diferencia entre ostento, [✠ 7] monstruo y portento. El primero se dice *ab ostendendo,* [✠ 8] *Quod ostendere quippiam futurum videatur.* Es alguna cosa inusitada, que indica algo futuro, lo cual propriamente se entiende de los cometas y de los truenos oídos en día sereno, como de las figuras luminosas mostradas en el aire, las cuales se deben atribuir a Dios y sus santos ángeles según *Peucero* Lib. 15, Cap. 5, Bauhino *De hermaphroditis* Lib. 1, Cap. 5, y no a los vapores y halitos de la tierra, como quisieron algunos. Labeón, según Ulpiano *in leg. Ostentum 38, ff; de V. S.* lo definió asi: *Omne contra naturam cuiusque rei genitum factumque,* con que parece que también es lo mismo que monstruo. Pero Carranza *De partu d.* Cap. 17 a n. 20, da la diferencia de que el ostento es el que nace con monstruosidad de miembros dentro de la especie humana y es [✠ 9] numerado entre los hijos; y al contrario el monstruo, [✠ 10] entendiendo por este el parto prodigioso, *ut in l. non sunt liberi 14 ff. de stat. hom.* bi: *veluti si mulier monstrosum aliquid, aut prodigiosum enixa sit, & inl. quod certatum,* 3 ibi, *Ad nullum declinans monstum vel prodigium. C. de posthum. bæred. instit.*

Al contrario Retes [✠ 11] dice ser lo mismo monstruo, que ostento en la acepción que a este se la da de ser parto. *Qui membrorum humanorum officia amplianit, in d. l. non sunt libero*: que es lo mismo que por ostento dijo Ulpiano *in d. l. Ostentum, quoties quid contra naturam nascitur tribus manibus forte, aut pedibus, aut qua alia parte corporis.* Luego da diferencia entre monstruo y [✠ 12] prodigio entendiendo por este solo el parto de distinta especie a la humana en todo o en parte, y este mismo puso Ulpiano, *ind. leg.* en la segunda especie de los ostentos. De más el ostento y el prodigio no solo significan predicciones en los partos [✠ 13] sino en las señales del Cielo y cualesquiera otras amenazas (en que parece concuerdan S. Isidoro y el jurisconsulto) como cantó Virg. 3, Æneid:

Sola novum dictuque nefas Harpya Celæno
Prodigium canit, & tristes denuntiat iras.

A quienes también llamó antes [✠ 14] monstruos (para que se reconozca la uniformidad de estos nombres, según Cicerón *Lib. 2. de nat Deor.*)

Delectos populi ad proceres, primumque parentem
Monstra Deum refero.

Pasa el Santo a la significación de portento, el cual [✠ 15] se dice del verbo *Portendo, quasi Præostendo,* según Varron, y dice lo mismo que del prodigio o parto ostentoso en la segunda significación, que asigna Ulpiano, afirmando ser el parto de distinta especie a la de la madre, como la vulpeja (o según Heródoto Liebre) que nació de una yegua en el tiempo de Xerxes, de que también hace mención Valerio Máximo, la cual presagió su ruina. Y el que de una mujer nació con partes superiores humanas, aunque muertas, y las inferiores vivas de distintas bestias en tiempo de Alejandro, cuya muerte predijo: *Superuixerant enim detetiora melioribus.*

Da después diferencia entre portento y portentoso. [✠ 16] Portentos son, como se ha dicho, todos los partos que se transfiguran, como los referidos y el de la serpiente, que en la Umbría parió ante de la guerra de César y Pompeyo una mujer, de que habló Lucano, *Lib. 1, v. 556*:

Matremque suus conterruit infans.

Los portentosos son los que reciben menos enorme mutación, que son todos los que dentro de su especie salen con cualesquiera de los vicios de monstruosidad, que asignaremos después, y los que participan de miembros, de otra, como los que nacen con rostro humano y resto de bruto o al contrario. De suerte que en esta diferencia sola incluyó todos los partos monstruosos.

Pero volviendo a nuestro parecer, confirmado con él del mismo Cicerón y él de otros muchos, todos estos nombres significan una misma cosa porque si estos no se inventan más que para su uso del cual toman su ser, ¿qué razón hay para distinguir lo que este nunca diferenció, si se reconocen historiadores, oradores, filósofos y poetas? ¿Nunca habían de hablar con propiedad, siendo este su carácter? No es creíble: luego habiendo usado igualmente de estos nombres no hay duda que su propriedad sería igual. Solo si se diferenciaron las cosas o partos monstruosos [✠ 17] en los efectos, que en los presagios y en el derecho producían.

Eran más prodigiosos todos aquellos partos en que la naturaleza había cometido más enorme falta contra su mismo orden, [✠ 18] como eran los partos, en que se mezclasen diferentes especies, así describió uno Papinio Stacio, *Thebaydos Lib. 1*:

Monstrum infandis Acheronte sub imo
Conceptum Eumenidum thalamis: cui virginis ora
Pectoraque, æternum stridens a vertice surgit
Et ferrugineam frontem discriminat anguis

Et infra:

Tandem sua Monstra profundo
Reddit habere Jovi

Virgilio Lib. 6, *Æneid*:

Multaque præterea variarum Monstra ferarum
Centauri in foribus stabulabant
Horrendum stridens flammisque armata chimæra.

Hor.   *Terruit*

Lee y hablando de las Harpías en el Lib. 3:

Tristius haud illis Monstrum nec Sævior ulla
Pestis, & ira Deum Stygiis sese extulit undis:
Virginei volucrum vultus, fædissima ventris
Proluvies, uncæque manus & pallida semper
Ora fame.

Y Horacio *Lib. 1, Carm. Od. 2*:

Terruit gentes graue nerediret
Seculum Pyrrhæ nova monstra questæ.

Estos eran de más terrible agüero que los demás, por lo cual se solicitaban [✠ 19] expiar aplacando al numen con sacrificios mayores. Jacobo Cujacio *de Verb. signifi, in l. ostentum 38* entendió ser estos precisamente los que se hacían de tres diversos animales y se decían *Suouetaurilia*, por componerse *fue, oue, tauro* según Festo: *Suouetaurilia hostiarum trium diversi generis immolationem significant, tauri, arietis, verris*. Se llamaban también sacrificios lustrales, Livius Lib. 1, *Instructum exercitum sue, oue, tauris que tribus lustrauit*. Tacit. Lib. 6, Annal. *Cum hic more Romano suouetaurilia daret*. Pero el mismo Retes habla mejor sobre estos sacrificios, diciendo no haber sido precisas en ellos las tres especies de animales, bastando solo ser hostias mayores a la voluntad del numen, en cuya prueba trae varios lugares del mismo

Livio. Fuera de los cuales comprueba esta costumbre de la expiación Ammiano Marcellino Lib. 19, *Hist. infine: Nascuntur huiuscemodi portenta indicantia rerum variarum eventus, quæ quoniam non expiantur, ut apud veteres, publice, inaudita prætereunt, & incognita*. Otras ceremonias de lustración trae Lucano hablando también de monstruos Lib. 1, *Belli ciu, versu 589*:

Monstra jubet primum quæ nullo semine discors
Protulerat natura rapi, sterilique nefandos
Ex utero fetus infaustis urere flammis.
Mox jubet et totam pavidis a civibus urbem.
Ambiri, & festo purgantes mœnia lustro
Longa per extremos pomœria cingere fines & c.

En cuyo primer verso por los monstruos que nacieron *nullo semine* entiende los de diversas especies, que como no son todos de una ni de otra de las simientes de sus generantes, al mismo tiempo porque son de ambas son de ninguna, lo cual no explican los comentadores.

Se mandaba precisamente matar [✠ 20] o exponer el parto prodigioso por ley decenviral, cuyas palabras sacan de Cicerón Lib. 3. *De legib*. A que aludió Apuleyo en su *Asino aureo* Lib. 10, [✠ 21] *Sed verebar, ne si forte sine magistro, humano ritu hoc ederem, plerique rati*[2] *sævum Podigium Portendere, velut Monstrum, ostentumque me obtruncatum vulturibus optimum redderent pabulum*. Y aun según Lucano *ubi supra* se mandaban reducir a cenizas. No se tenían en número ni acepción de hijos [✠ 22] según la d. ley *Non sunt liberi 14 ss. de statu homin. y la ley quod certatum 3. C. de posthum. hered. enst*, de quienes fue sacada la ley Ult. Tit. 23, Part. 4, ibi: *No deben ser contados por hijos los que nacen de la mujer, y no son figurados como homes, así como si hubiesen cabeza u otros miembros de bestia*. Por lo cual naciendo, no rompían el testamento en que se hallasen omitidos, según entienden los juristas la ley 3, *C. de posth hered, inst.*, concordada con *la ley 12, § 1, ss. de Lib. & posthum*.

---

2   ☞ Nota: aquí usa promisevamente Apuleyo de estos nombres.

A que suele oponerse el lugar de Paulo en la *ley Queret ailquis. 135. de V.S.,* donde se dice que el parto prodigioso aprovecha a la madre para decirse tal, aunque no guarde la forma humana. Cuya solución puede verse en Retes d. Cap. 1, n. 9, que la entiende, en cuanto a que evitase la madre las penas de la esterilidad y orbidad introducidas por las Leyes Caducarias Julia y Papia, cuyos rigores se solían restringir con fácil ocasión por los jurisconsultos. Más dilatadamente explica esto Carranza *de partu. d. Cap. 17. d. n.* 35, donde refuta la solución de Merillo y admite la de Cujacio, sobre que puede reconocerle quien deseare su perfecta inteligencia. Dejo para la comprobación de la dicho a *Séneca Lib. 1, de Ir a C. 15, a Dalecampio ad Plin, Lib. 7, C. 1, a Bulengero de prodigiis Cap. 1,* donde pueden verse muchos casos de ruinas de provincias y ciudades amenazadas por tales partos prodigiosos *a Herodiano Lib. 1, Sub Commodo, animalia minime suam naturam servantia calamitatem præsagiebant, a Adam Contzen Lib. 1, Politic. Cap. 13 §17, a Ambrosio Pareo Lib. 24. De monstris. Cap. 1, a dicho Carranza ubi supra a n. 13, y a Gaspar Bauhino bastantemente difuso De hermaphrod. Lib. 1, Cap. 6 y 7.*

Al contrario el parto monstruoso, en quien hubiese faltado a su orden menos enormemente la naturaleza, contenido el vicio dentro de la especie humana, [✠ 23] era de menos horrible presagio, y por eso su expiación menos solemne, reducida a nueve días de deprecación, como consta de Livio Lib. 34, en el nacimiento de los monstruos de Arimino, y del campo Piceno, producidos el uno sin ojos ni narices y el otro sin manos ni pies. Su vida era menos amenazada de las leyes, [✠ 24] que no mandaban, sino solamente permitían o no prohibían su exposición o muerte como consta de la ley de Rómulo referida por Halicarnaseo Lib. 2. *Antiquit Cap. 15. Nullam autem prolem necari permisit minorem triennio, nisi quid mutilum aut alioque monstrosum in ipso partu esset editam, tales enim fœtus exponi a parentibus non vetuit; sed ostensos prius Quinque viris e vicinia proximi, si illi quoque exponendos censuissent.* Su nacimiento rompía el testamento, [✠ 25] siendo numerados entre los hijos según la dicha ley *Non sunt liberi de stat. hom.* y la de partida y citada, en aquellas palabras: *Mas si la criatura nace en figura de home, maguer aya miembros sobejanos* (esto es, superfluos) *o menguados, no lo empece,* a que hace también la *ley 8. Tit. 33, Partit. 7.*

De todo lo cual queda suficientemente inquirido el origen, la propiedad y acepción del nombre de monstruo, advirtiendo que aunque algunas veces se llama prodigio y aun maravilla debajo de cuyo título comprehendieron algunos Cardano *de subtilitate, Lib. 18, De mirabilib,* y Solino, y fuera de estos novísimamente el P. Gaspar Schott en su singular libro *De mirabilibus naturæ, &e artis,* son estos nombres más generales y se extienden, principalmente el de prodigio, [✠ 26] a otras cualesquier extrañezas celestes o terrestres, como de más de lo que queda dicho se reconoce de Lucano *Lib. 9, Versu 475:*

Illud in externa forsan longeque remota
Prodigium tellure fuit.

Según las que se suelen haber visto en otras ocasiones, de clamores, señales y batallas en el aire, como las que se refieren en la Historia de Carlos V por el obispo de Pamplona y en el Arcediano de Verdún en sus *Antiguedades de la Galia Belgica en Carlos* 8, haber sido presagios de las guerras de Alemania y herejías de Lutero y otras raras en la Hungría y la Guinea que trae la Historia Francesa de la Paz entre Francia y España el año de 1601, como las que también precedieron a la guerra civil de Pompeyo y César, que refiere Lucano ib. 1, Versu 556:

Indigetes fleuisse Deos, urbisque laborem
Testatos sudore Lares, delapsaque Templis
Dona suis, dirasque diem fœdasse volucres,
Accipimus, silvisque feras sub nocte relictis
Andaces media posuisse cubilia Roma. &c.

Y en el Lib. 7 donde describe, bien que poéticamente, los prodigios que antecedieron a la batalla de Farsalia.

Multis concurrere visus Olimpo
Pindus, & abruptis mergi convallibus Æmus
Edere nocturnas belli Pharsalia voces.
Aunque también a estas señales las da nombre de monstruos.
Iam dubium montrisne Deum, nimione pavori,

Crediderint...
... Gaudet monstris, mentisque tumultu,

Sobre cuya materia y variedad de casos pueden reconocer Julio Obsecuente, César Bulengero y Paganino Gaudencio *De prodigis, & prodigorum significatione,* y Gaspar Bauhino *ubi supra,* donde trae varios prodigios de lluvias de sangre y otros. Esta misma significación le ha dado al nombre ostento, como hablando de las señales, que presagiaron la muerte de César, se la da Thomas May, inglés, en el suplemento de Lucano Lib. 7:

Neve Ostenta Deum contemnat...
...Non esse pauoris,
Sed pietatis opus, Divorum Ostenta timere.

Sobre que no dilatándome, pasaré a definir el monstruo en la significación más genérica de partos tales, sin diferencia de este nombre al de prodigio, portento y ostento, siguiendo el uso y la autoridad, sobre todas grave, de Cicerón, *Lib.2.* [✠ 27] *De natura deor. in princ.* que afirmó ser todos una misma cosa.

Capítulo 2.
De la definición del Monstruo.

SUMARIO.
1. *Definición del monstruo que dio Aristóteles.*
2. *Refutal a Paolo Zachias.*
3. *La mujer no es obra præcerintencional de la naturaleza, ni degenera en su formación la simiente.*
4. *Toda concepción viciosa no es monstruo, como la mola.*
5. *D. Alonso Carranza excusado.*
6. *Don Luis Mercado defendido.*
7. *Partos según y menos según la naturaleza, fuera de ella, o contra ella, ¿cuáles son?*
8. *¿Cómo se entienda ser los monstruos contra la naturaleza?*
9. *Definición de Capiuaccio refutada.*
10. *Refiérense otras definiciones.*
11. *Definición de Zachias.*
12. *Todo simiente en plantas, animales y hombres puede degenerar en monstruos.*
13. *Definición summa de toda simiente, según Senerto.*
14. *Definición nuestra del monstruo.*

D ESPUÉS DE HABER TRATADO del nombre, su etimología y accepción, pasaremos de saberle llamar, a conocerle y de oírle, a verle, a lo menos en la efigie de su definición.

No pudiendo haber blanco más esparcido, han sido varios en atinarle los autores. Aristóteles en primer lugar *Lib. 3, De generatione Cap. 4*, si no nos atrevemos a decir que le erró, a lo menos ha habido quien diga que no le acertó, dijo ser el monstruo [✠ 1] un concepto vicioso y procreado fuera de la intención de la naturaleza con falta o exceso de alguna cosa en él. Le siguieron de los juristas, *Alciato en la ley Quæret aliquis ff. de V.S. y Carranza De partu dicto Cap. 17, n. 5*, y de los médicos *Castro Lib. 3, De morbis mulierum*. Y según Paulo Zachias *dicto Lib. 7, Tit. 1, Quest 1, n. 20*, tanto faltó [✠ 2] para que esta definición fuese congrua que por ella el mismo Aristóteles incurrió en el error de tener por primera degeneración en monstruo la mujer, así por la falta que tiene de la perfección viril, como por haberla querido hacer una obra preterintencional de la naturaleza, cuyo directo fin es producir un animal perfecto y aunque suponiendo ser monstruo cualquier concepto vicioso por falta, o exceso de su perfección, respectivamente a la del varón pudiese decirse en algún modo haber degenerado la naturaleza en la mujer, empero como es falso el supuesto, es absurda la consecuencia, porque dado que faltase en la generación femínea (de cuya causa hablaremos después) no por eso esta le diría monstruosa, por no solo ser fuera de su intención, [✠ 3] sino antes ser pretendida de ella para la propagación y conservación de la especie, no menos que la del varón, por cuya razón (como se suele decir) *Mulier est vir occasionatus,* esto es, criada por ocasión y causa de la conservación de su especie, y así ella y el varón en cuanto a la generación son todo el hombre: *Totus homo iuxta Dei primæuam ordinationem generat totum hominem. Totum hominem voco marem, & fœminam, qui sunt incarnem vnam, sive vna caro, ex. Genes. 2. v. 24, Math. 19 v. 24, Paul. ad Ephes. 5,* que son palabras de Sennerto *Tom I. Hypomn. 4.* Y en opinión inconcusa de los médicos concurre igualmente a la generación en cuanto a la simiente. De más de que se niega el supuesto de la imperfección en la mujer, siendo esta perfectísima en su género, como lo son las causas, aun fuera de la eficiente y final. A que se llega, que como dice Zachias *dict, loco.* Si luego que la naturaleza en el hombre falta a su perfección en cualquiera cosa, hubiéramos de dar un monstruo, más poblado estuviera el orbe de ellos que de hombres verdaderos, siendo tan singulares los perfectos. Y aunque Platón en su *Timeo* llegó a soñar la transmigración de las almas de los malos a los cuerpos de las mujeres por su imperfección, esta se debe solo entender respectiva y no absoluta, lo cual basta para que siendo en su género perfecta la mujer, no se pueda verificar en ella la degeneración monstruosa de la naturaleza.

Empero sobre todo lo dicho destruye la definición aristotélica la adaptación de ella a otras cosas, a quienes no conviene el nombre de monstruo, pues a serlo cualquiera concepto vicioso en los términos que dice fueran monstruos, también otras concepciones informes y viciosas, como lo es la mola, [✠ 4] las cuales no son monstruos, según Martín Weinrich *De ortu Monst. Cap. 6,* Varandeo *Lib. 2, De morb. mulier cap* y otros que trae Zachias *ubi supra.*

Bien que no tenga razón de incluir en esta opinión a Carranza [✠ 5] *dict. Num. 5.* El cual habiendo dicho ser monstruo *todo aquello en que peca la naturaleza en la generación de los animales,* no dejó de acertar más, por haber expresado la palabra *animales,* la cual hace que la definición no convenga a toda concepción viciosa, si bien por la generalidad con que tuvo a cualquier defecto por monstruo, no se debe admitir la fórmula, aunque se conoce quiso hablar de los defectos más o menos enormes que constituyen monstruo.

Más agravio hace dicho Zachias al grande Ludovico Mercado [✠] *De mulierum affectionibus Lib. 3, Cap. 7,* afirmando haber definido al monstruo, llamando propriamente tal, al que se hace contra la naturaleza. En lo cual se engañó de dos maneras. La primera en afirmar que Mercado solo había tenido por monstruos los que se hacían contra la naturaleza. La segunda en refutar este modo de definir. Y se convence la primera, con que dicho autor, como en él se hallará, habiendo dicho, que propriamente eran monstruos los que se hacían contra la naturaleza, dijo inmediatamente no serlo todos los que supone por tales, esto es, los que dentro de una descripción; para lo cual es de entender, haber supuesto antecedentemente otra, en que afirma ser el monstruo un concepto fuera del instituto y razón de la naturaleza, o naturaleza más noble según *Aristot. 2, Phisic:* aquellos partos en quienes se halla uno y otro según su especie, son absolutamente según la naturaleza, [✠

8] y por esto más según ella, que aquellos en quienes conservándose la materia faltase en parte, o en todo la fuerza de la forma, los cuales por faltar en lo más noble son menos según la naturaleza, como los partos humanos de miembros superfluos, diminutos o desordenados. Pero aquellos en quienes faltase la materia y la forma, según su especie, como los brutos en todo, o en parte nacidos de hombre, no tendrán por donde decirse según la naturaleza, por lo cual llama a estos *præter, o contra naturam*, si bien menos enormemente, que aquellas cosas, que se engendran fuera de toda materia y forma de animal según la razón genérica, como las piedras en los lugares donde se hacen y otros insectos; y aun dice más que los de la clase media, esto es, los de miembros superfluos o diminutos duda si se dirán según la naturaleza o fuera de ella. Lo cual se ha dicho, así para la doctrina, como para manifestar el sentido de este autor, según va referido, y que tuvo por lo mismo decir *contra* que *præternaturam*. Y que no solo incluyó los monstruos de diversas especies sino también los de una sola.

Se convence el segundo error de Zachias en la impugnación de este *contra naturam*. Porque ya se ve que todas las veces que se usa de este término en la generación de los monstruos es en el supuesto preciso de haber sido su productora la naturaleza. [✠ 9] Porque de otra suerte, no se pudiera usar de la palabra generación en ellos, y como quiera que quien dice generación, supone generante y facultad productiva, todo lo cual es según la naturaleza; no se puede dudar que cuando en la generación de los monstruos se dice ser *contra naturam* se habla en género más próximo, el cual es de aquellas obras de la naturaleza en que aunque obra no es según su instituto en aquella especie son contra la naturaleza más no contra toda ella sino contra su más frecuente uso, como dijo *Aristot. Lib. 4, De gener. animal. Cap. 4,* diciendo ser el monstruo *Paraphysim, id est: præter naturam, non tamem omnem, sed eam quæ vt plurimum est vsitata: nam præter naturam, quæ æterna est, & ex necessitate est, nihil vnquam fit.* Véase la elegancia de San Agustín *Lib. 16, De Civit. Dei Cap. 8.*

Otras definiciones se pueden ver en el referido Zachias en todo lo demás insigne, como son las de Weinrich *ubi supra*; y de Gerónimo Capivaccio *Lib. 4, Cap. 6,* [✠ 10] que definió ser el monstruo: *un animal engendrado por depravada formación,* la cual refuta y bien; porque la superfluidad o diminuación de este o de aquel miembro (aunque la superabundacia se extienda a hacer el parto bicorpóreo, o de dos cabezas) no procede de depravación en la facultad formatriz antes si de la rectitud de su fuerza e intención, la cual es formar siempre rectamente lo que puede de la materia subministrada, pues hallándose con la seminal suficiente para formar otra cabeza demás de toda la que necesita para el principal individuo, pertenece a la perfección de la virtud deformante^E producir otra con la conformación debida de sus partes; y solo estaría depravada cuando errase en dicha conformación. Y aunque algunos monstruos suelen hacerse por defecto en la facultad formatriz, no siendo así todos, no queda bien la definición.

Otra [✣ 11] trae Fortunio Liceto *Lib. 4, De monstr. Cap. 1,* que se puede de seguir y es la siguiente: *Son los monstruos todos los animales no espontáneamente engendrados, que salieron con forma torpemente desemejante a la debida simetría de miembros, y no conveniente al orden de la naturaleza;* y otra Alexandro Maffaria *Lib. 4, Cap. 7,* las cuales omito. Andrés Laurencia en su *Historia Anatómica Lib. 13, Quest. 14*, sigue a Aristóteles en otra definición dada en el segundo de los físicos, en la cual dice ser: *una falta de la naturaleza al tiempo que obra por algún fin, el cual no consigue por corrupción de algún principio.* Llama también más brevemente los monstruos el filósofo, metafórica y elegantemente. *PAREKBASIS, o PARERGA,* esto es: excursiones, digresiones o DESVÍOS DE LA NATURALEZA.

Y últimamente define Zachias el monstruo: [✣ 12] *Ser un animal de tal suerte engendrado, que se aparte enormemente de la bondad de la figura y de la simplicidad conveniente a su especie,* comprehendiendo en la diferencia primera de los que faltan a la bondad de la figura, a todos aquellos en quienes faltó la simetría proporcionada en el número y situación de partes, como también en la diversidad de las especies, y en la segunda de los que faltan a la simplicidad a aquellos en quienes la naturaleza hubiese procedido con superfluidad de miembros. Y a la verdad la definición tenía lo que había menester en la primera diferencia, porque ¿qué razón hay para que falte la simetría, o bondad de la figura solo por diminución, y no por superfluidad de partes? ¿Acaso en la arquitectura (inventada según la porporción del cuerpo humano) diremos que pecó un artífice contra la simetría y bondad de la figura, que pedía la fábrica, solo cuando se portó diminuto en los módulos convenientes a cada orden y no cuando procedió descompasado en el exceso? ¿Estará solo desfigurado un hombre cuando le sobre otro?

Por lo cual procederemos a dar algo de nuestra causa, previniendo primero lo siguiente.

No hay duda, que no siendo solo hombres lo que la naturaleza engendra, no solo su simiente la única en lo sublunar, ni solo uno el precepto del soberano autor para la multiplicación, no solo puede faltar el modo de la ejecución de este instituto (que es lo que entendemos por naturaleza) en la multiplicación de la simiente humana, sino también en todas las demás [✠ 13] como lo vemos, sin que la evidencia nos permita la prueba. Pues, ¿por qué cuando por monstruo (en la significación lata que le dan, y que es la que seguimos) entendemos el desregle de la naturaleza en la producción de un compuesto (que es a lo que miran todas las definiciones ya dichas) limitaremos este sentido solo a la producción, que se hace en el hombre, o en otro animal? Pues de la misma manera que, según la definición de Zachias últimamente referida, no hay distinción en esto entre hombre y animal (porque debajo del nombre de este precisamente se comprehenden ambos géneros), así no la debe haber para esto entre hombre, animal y planta, por lo cual, debajo de la definición genérica de simiente se debe comprehender la de plantas, animales y hombres diciendo (como supuesto a sus degeneraciones) ser, en cuanto compete a todo viviente: [✠ 14] *Un cuerpo formado por el generante^F lleno de cálido innate, útil para la propagación de cualquier especie.* De que se sigue que pudiendo faltar y degenerar esta en cualquier viviente, no solo racional y festivo, sino vegetable, como lo dijo San Ambrosio *in Hexaemer, Lib. 3, Cap. 10, Quomodo secundum genus terra profert semina, cum plerumque semina iacta degenerent?*, no hay duda deberse comprehender debajo de una definición en cuanto a esto. Y comoquiera que cuando hablamos de monstruo solo hablamos del cuerpo y no del alma racional en que no puede haber falta ni exceso (aunque puede haber más o menos repleción) ni otra monstruosidad que la espiritual del pecado, así es cierto, que conviniendo en lo que pertenece a lo sensitivo y vegetable con brutos y plantas, no hay duda que la diminución o superfluidad, la magnitud o desorden en esto, conviene tanto a unos como a otros y por lo consiguiente, la monstruosidad, que de aquellos vicios nace.

Por lo cual así definimos el monstruo: [✠] *Es todo aquel compuesto animado, en cuya producción no espontánea, falta más o menos enormemente a su acostumbrado orden de la naturaleza.* Es aquí el género: *El compuesto animado.* Dijimos: *compuesto,* con relación a los principios o elementos; *animado,* comprehendiendo el ánima vegetable, sensitiva y racional y excluyendo las concepciones más viciosas, como las molas, las cuales no son monstruos. Dijimos: *en cuya producción no espontánea,* para excluir los insectos, que se suelen engendrar dentro de vientre sin simiente alguna. Proseguimos diciendo: *falta más o menos enormemente a su acostumbrado orden la naturaleza* para comprehender en la diferencia a todos aquellos monstruos, en que por mezcla de especies, diminución o superfluidad en el número, magnitud o desorden de partes en su colocación, falte la naturaleza, siendo más y menos enorme el vicio, conforme los grados y diferencias de monstruos, que en el capítulo cuarto se dirán. Dícese: *faltar a su costumbrado orden la Naturaleza,* dando a entender, que los monstruos no se hacen contra toda ella, a lo menos contra la facultad de producir aquello en que se conserve lo que es universal en la generación, aunque perezca lo que es singular e individuo, que son palabras de Mercado *d. Cap. 7, Lib. 3.* Esto mismo sintió Adam Contzen, *Lib. 1, Politicorum Cap. 13, §. 17.* Carranza *d. Cap. 17, Num. 6,* y Aristot. en el lugar que queda citado *del Cap. 4, De gener. animal.*

Capítulo 3.
De la división del Monstruo.

SUMARIO.

1. *División suma de los monstruos y primera especie de ellos en las plantas.*
2. *¿Por qué en ellas suceden más monstruos que en animales y hombres?*
3. *En ellas son más fijos los espíritus.*
4. *Segunda especie de monstruos en animales.*
5. *¿Aristóteles por qué pudo conocer mejor que otro alguno las diferencias de los animales y sus monstruos?*
6. *Estos por la mayor parte no se hacen en los animales de la mezcla de especies, y ¿por qué? Donde se traen algunos mixtos de esta clase.*
7. *No son monstruos los animales que por su fiereza se suelen llamar tales, teniendo especie distinta; y algunos ejemplos de estos.*
8. *¿Por qué se dijo el Proverbio:* Africam semper aliquid novi adferre?

COPIA LA DEFINICIÓN LA esencia de las cosas pero la división sirve de anatomía lógica a sus diferencias: la una mira toda la fábrica de la materia y la otra es el hilo ariádneo de sus separaciones. Por lo cual entrando a dividir el monstruo, o sus especies, comenzaremos por la suma o más general división.

Son los monstruos en tres maneras: vegetables, sensitivos y racionales. [✠ 1] Los primeros se dan en las plantas, según se ha dicho, tan propriamente, como en los demás: y se comprueba de Aristo. *Lib. 2, Physic. Cap. 8 & Lib. 4, De gener. animal. Cap. 4, de Theophrasto Lib.*

2 De caus. plantar de Plinio Lib. 27, Cap. 22 de Bonaventura Lib.3. de Ostimestre partu Cap. 64, & seqq. de Marsilio Cagnat. Lib. 3, variar. resol. Cap. 8, de Pedro García Complut. De locis affect. Disput. 63, Cap. 1, Num. 4. Donde con Averroes prueba suceder más monstruos [✠ 2] en las plantas que en los animales por el mayor cuidado que tiene de estos la naturaleza que de aquéllas o por decirlo mejor porque siendo de mayor perfección lo sensitivo y racional piden virtud formatriz más noble y eficaz, y por lo consiguiente menos expuesta a errar. Díjolo también Aristot. 2, Physic. Comm. 83, *Si Monstra in animantibus inveniantur, quorum maiorem rationem habeat natura, quanto magis id in vegetabilibus fieri posse?* Como también por la mayor fecundidad y facilidad de las plantas en las producciones, en que exceden a los animales y hombres; según Cardano *De subtilit. Lib. 18.* Y aunque Alberto el Grande *in 2, Physicor. tract. c. Cap. 3,* pretenda lo contrario por ser, como dice, más delicada o leve la simiente humana y de los animales, no hace esto para que esté más expuesta a la de generación: respecto de que aunque lo delicado y leve de ella la haga más fácil a la exhalación o corrupción (caso de no concebirla el seno dispuesto) no por eso, una vez concebida, deja de obrar con más virtud. La razón es: porque lo delicado y leve le viene de lo más puro y noble, respecto de componerse de espíritus menos fijos y más volátiles, correspondientes en proporción a la pureza del elemento de las estrellas, que es la causa de la ligereza de los animales y hombres, a diferencia de la inmobilidad de la plantas [✠ 3] y de no hallarse en ellas aquel sal volátil en los extractos que los químicos llaman Álcali; según Zucífero *Clase 15,* Tachenio *Hypochymic. Cap. 11,* y Juan Bautista Juanini *en su Physica natural Lib. 3, Cap. 14.* Y esta misma diferencia den físicos y médicos y entre ellos Sennerto *Tom. 1. Hypomnem. physico 4, Cap. 6, Et quidem in semine plantarum calidum illud innatum est in forma oleosa, & pingui: &* infra: *In viviparis calidum innatum in forma spirituosa est, propterea facile exhalat, & dissipatur, ni si mox ab vtero concipiatur, eiusque calore foveatur.* De que se concluye ser más contingente el vicio y monstruosidad en los vegetables que en los animales por la misma razón de la mayor delicadeza de la simiente en estos.

Más fuerte son las razones, que discurre Martín Weinrich *De ortu monstr. Cap. 29,* a favor de la contraria que lleva defendiendo ser menos frecuentes los monstruos en las plantas. Porque lo necesita de menos principios tiene menos impedimentos y así menos errores. Pero puede retorcerse: que lo que necesita de menos principios tiene menos virtud y al contrario lo que necesita y consta de más principios tiene por eso más virtud y fuerzas con que defenderse de los vicios. El animal aunque no es tan simple como la planta tiene mayores fuerzas que ella porque tiene lo vegetable y sensitivo, y por esto espíritus más copiosos más nobles y vigorosos.

Demás de que es opinión en que concuerdan todos, pues fuera de la frecuencia con que se suelen ver las frutas muchas veces monstruosas, se han hallado plantas cuyos ramos han degenerado en los de otras como refiere Teofrasto *vbi supra* del olivo en el terebinto; del plátano, y la encina en el laurel; y Plinio del mismo laurel en la higuera. Véanse Cagnato *Dicto Cap.* 8, Carranza *De partu d. Cap. 17, Num. 3,* y Gaspar de los Reyes *en su Campo Elysio incundar, Quæst. 45, Num. 38.* Lo dijo elegantemente Virgilio:

Et sæpe alterius ramos impune videmus
Vertere in alterius.

No solo hablando de las plantas que ordinariamente se injertan como el pero y el manzano, en que no hay monstruosidad, sino aun de otros más insolitos.

... Mutatamque insita mala
Ferre pyrum, & prunis lapidosa rubescere corna.

Ovidio:

... Fac ramum ramus adoptet,
Stetque peregrinis arbor operta comis.

La segunda especie general de monstruos es de los que suceden en los animales, así por diminución, superfluidad, magnitud y desorden de miembros, como por la mezcla de especies y en estos últimos no solo los que nacen participando de ambas, sino los que se producen de una sola de ellas, contarios a uno de los gerantes como los canes lacónicos de vulpeja los índicos de tigre, los leontomigos de león y otros de lobo que se dicen liciscos, según Juan Bautista Porta, *Lib. 2, Magie natural* y Aristóteles 5, *Histor. animal, Cap. 18,* a quien no debe disputarse la fe en esto, siendo así que según Gaspar Bauhino con otros *Lib. 2, De hermaphr. Cap. 3,* recibió [✠ 5] de Alejandro ochenta talentos de oro y tres mil hombres que por Europa, África y Asia fatigasen las selvas, los vientos y los mares para que con el conocimiento y anatomía de varios animales se facilitase la historia que de ellos escribió.

En lo cual es de advertir: que por la mayor parte los monstruos nacidos dentro de esta clase son los que se hacen por el vicio en la conformidad de partes o bondad de figura, [✠ 6] por diminución, superfluidad o desorden de miembros. Porque en cuanto a los que nacen de diversas especies, no todos se deben decir, ni son monstruos, aunque así lo dictase la suma diferencia de ellas, enseñándose la experiencia que no pudiéndola haber mayor que la que se conoce entre él el más noble y el más bajo de los cuadrúpedes domésticos, como con el caballo y el asno, se ve proceder de su mezcla un tercer género el más usual de brutos de que se sirve el hombre, a quienes ninguno ha soñado llamar monstruos. Lo mismo se manifiesta en los hipotauros, otros brutos mestizos, aunque menos acostumbrados, que produce la unión de caballo y toro, de que habla, como testigo ocular Jacobo Rueffo, *Lib. 5, De muliebr. Cap. 3,* al cual siguió Cardano *Lib. 2, De medic. contradic. Contrad.* 18, y Parisano *Lib. 2, nobil. Exercit. 3, Cap. 3,* y aun dicen algunos no ser infrecuentes en Francia, según Zachias *dicto Lib. 7, Tit. 1, Quæst. 3, n. 9* y *Quæst. 9, Num.* 18, donde así mismo testifica de otro llevado de aquella parte a Roma por el Cardenal de Comitibus, cuya descripción se puede ver en él. No menos suelen nacer, aunque más raros, otros de ciervo y de caballo, el mismo Rueffo menciona uno que su dueño por la singular e incomparable ligereza de que era dotado presentó al rey de Francia; Zachias también otro que en Roma tuvo el Cardenal Francisco Barberino procedido de ciervo y vaca. Si bien estos últimos pueden atribuirse por lo insólito de su producción al género monstruoso. Razón que ella por sí, y con la de la antipatía, son las que solas pueden en la generación de los animales de diversas especies causar la monstruosidad, como si procreasen entre sí los que la naturaleza juró perpetuos enemigos o dio por presa de los otros: el león y el cordero, el lobo y la oveja, el lebrel y otros perros venatorios con los animales de su caza y así los demás. No siendo suficiente para ello la diversidad sola de las naturalezas, hallándose acostumbrado unirse no solo las especies domésticas entre sí, sino con las salvajes, como el jabalí y el animal doméstico de cerda; el can y el lobo; el asno y el onagro; y aun las de contraria propensión, como son las que refiere Zachias *vbi supra Quest. 3, d. Num. 9* y el caballo con el asno que ya se ha ponderado a que se llegan (distintos aun en los elementos) la murena y el áspid, marina aquella y terrestre este, sobre cuya unión y moralidad, que de ella se deduce: véase a S. Ambrosio *Lib.* 5, *Hexaemeron Cap.* 7. Y la razón parece ser la simbolización en unos y en otros la materialidad de sus formas y lo incompleto de ellas de que nace haber menos repugnancia a la mezcla de diversas especies, conviniendo todas por lo menos en la universalidad de sensitivas y materiales en la animación, siendo subalternas o especies ínfimas de este género, casi como en el humano las diferencias subalternas de las naciones y castas, aunque estas no varían como aquellas en lo substancial de la forma sino solo en otros accidentes de condición y de color. Debiéndose decir lo mismo en la conmixtión de los animales que lo que se reconoce en la de las plantas, las cuales siendo en algo símbolas, producen por medio de la inserción un tercer género de fruto participante de ambas simientes y estas producciones están tan lejos de ser monstruos, que por el uso prueban ya en el reino de los vegetales tanta naturaleza, como las que se gozan de una especie; y solo aquellas plantas que por la total disimilitud no consienten la unión admirarían mereciendo a sus partos por el extraño título de insólitas el infelice de monstruosas.

Menos se deben [✠ 7] decir monstruos en esta misma línea de animales los que vulgar o hiperbólicamente se suelen decir tales por sola su excesiva fiereza o raridad, mientras tienen una especie criada y distinta por sí, como son las bestias singulares, que en tierra, mar y aire suelen hallarse en distintas regiones y piélagos, como la hiena, ya sea terrestre, ya pece o ya serpiente o (como dice Carranza *d. Cap. 17, Num. 82*) tenga entrambas naturalezas: ya hermafrodita con alternativa anua en los sexos, según Ovidio *Lib. 15. Metamorph:*

Si tamen est aliquod miræ novitatis in istis,
Alternare vices, & quæ modo fæmina tergo
Passa marem est, nunc esse marem miretur Hyænam.

Y otros, que trae Bauhino *De hermaphr. Lib. 2, Cap. 5,* y Carranza *vbi supra,* O lo que es más cierto, sea solo de un sexo con hembra de su especie, según Aristóteles, *Lib. 6, De hist. animal. Cap. 32:* razón, porque no es monstruo. Como ni la anfisbena serpiente de dos cabezas repartidas a ambos extremos, llamada así de la proposición *Amphi* (id est) *es vtraque parte,* y *Bæ* (id est) *gradior,* según Eliano *Lib. 9, De animalibus Cap. 32, Cum enim* (dice) *aliquo necesse habet progredi, caudæ loco alterum ponit, altero pro capite utitur, tum rursus, si ei retro sis opus cedere, capitibus contra quam prius utitur,* y con Nicandro in *Theriacis.* Solino de situ orb. Cap. 29, Maiolo dier. canic. Part. 1, Colloq. 8, y Lucano Bellicin. Lib. 9.

*Et gravis in geminum surgens caput Amphisb*æ*na.*

Ni otras serpientes, que refiere el mismo poeta *d. loco,* como el anfibio chersidro, el recto cenchris, la corniculada cerasta, la scytale, que sola depone la piel en el invierno y otras.

Ni (como dicen Carranza y Bauhino) el trocho bestia marina, que según Plinio *9 Histor. Cap. 52,* y Hermolao *in Plin. 7, Hist. Cap. 3,* es, no *Androgyno,* o de ambos sexos, como quisieron algunos, sino *Arsenotelis,* esto es, productor de sí mismo (nuevo género de Fénix marino) como comprueban otros que trae Bauhino *vbi supr a Cap. 6,* de suerte que aplican este símbolo a los que *ingenij felicitate ipsi litier arum semina infundunt sibi, quos Auto didactos Græci vocant,* como también a los autores de su misma nobleza: Werdmullero *De similit. ab animal. Lib. 15, pag. 280* y Gilberto Cognato *adag. Cent. 4, Adag. 397.*

Ni la crocuta, animal que suele nacer según Strabón, Diodoro Sículo y Plinio de can y lobo en la Etiopía, o según el mismo Plinio y Solino de la hiena y la leona, de cuya historia y figura Bauhino *vbi supr a Cap. 11.* Ni la civeta o (según el nombre patrio) algalia que con su sudor dio el nombre a este género de olor. De que hace mención Monsieur de Saluste, Señor de Bartas 6, Día de la Primera Semana:

...L'odorante Civete,
Que le mol courtisan fait cherement chasser
Par cent morts, et cent mers par de la Tarnasser.

De cuya naturaleza dudan muchos autores, si sea de gato, vulpeja, hiena, mosco o pantera: hállase esta en la India y Guinea. Como, ni el hipopótamo ni el cocodrilo, no solo del Nilo sino común en algunos ríos de nuestras Indias; no el toro mexicano cuya figura traen los historiadores de aquella conquista y novísimamente nuestro insigne Solís, descrito también aunque no tan propriamente por Pareo *Lib. 24, De monstr. & prod.* (donde dice le llaman Butrol los bárbaros.) No el animal que llaman pigrizia o haut por las voces que así forma, de que se puede ver al grande Kirchero en su *Musurgia Lib. 1.* Ni el Carnero de Esmirna con cinco cuartos, según le vio, y refiere en su Peregrinación don Pedro Cubero Sebastián, ni otros muchos que se pueden ver en los naturalistas, itinerarios y geógrafos. Los cuales se ponen por admirables y aunque se digan monstruosos, no lo son, siendo especies distintas: así llamó el trágico las serpientes destozadas en la cuna por Hercules:[1]

Monstra superavit prius
Quam nosse posset.

Y al espín del erimanto el Caballero Guarini:[2]

Quel Monstre di natura, & delle selve
Quel si vasto, & si sero.
Et per le piagbe alirui
Si noto habitator del Erimantho.

Y así al vulgar espín el Señor de Bartas en el lugar citado:

Las quel Monstre est cecy, qui sur son dos fait bruire

---

1 ˙Hercul. furent Act. 1. scæn. 1.
2 ˙Comedia del Pastor Fido Acto 2, Scena 1.

Vne forest de dards? & qui sans corde tire
Tant de traits en un coup? &c.

Así la Livia y toda el África se dice engendradora de monstruos, aunque por otra parte se engendren verdaderamente allí, más que en otra del mundo según las razones proprias de monstruosidad cuya causa suele ser juntarse diversos animales a beber de algunas fuentes singulares adonde concurren de varias distancias impelidos de la sed y falta de agua en sus desiertos, de que nació el proverbio: *Africam semper aliquid novi adferre,* que siempre daba algo nuevo el África, que explica Aristot. *Lib. 5, De histor. anim. Cap. 18,* como también llama monstrífera a la Calidonia Papinio Stacio *Thebald. Lib. 1.*

Monstruiseræ Calidonis opes, Acheloiaque arva
Deserui...

Podía aquí seguirse la cuestión sobre la posibilidad de la conmixtión de las simientes de animales de diversas especies disputada por algunos, por haberla negado muchos con Aristóteles y Lucrecio, pero por no alargar este, se hablará de ello en el capítulo siguiente.

Capítulo 4.
En que se prosigue la división del monstruo.

SUMARIO.

1. *Tercera especie de monstruos en el género humano, y ¿en cuántas maneras?*
2. *¿Si pueda darse conmixtión de especies, principalmente de hombre y bruto? Y primera sentencia negativa.*
3. *Principales fundamentos que impiden la conmixtión.*
4. *La mezcla de las especies en los miembros es aparente según Aristóteles y Manilio.*
5. *Segunda sentencia afirmativa y absoluta para toda conmixtión limitada.*
6. *Tercera sentencia media afirmativa que se sigue.*
7. *No impide la diversidad de las naturalezas la conmixtión.*
8. *Menos la desproporción en la magnitud de los cuerpos.*
9. *Opinión de Aristóteles de la incertidumbre del parto humano.*
10. *El hombre vacila con todos los animales en la preñez.*
11. *Lugar de Hipócrates en cuanto a esta materia en que iguala los tiempos del parto humano a los días críticos.*
12. *Opinión de los que asignaron tiempo fijo al parto humano y sus razones.*
13. *Varios casos de partos de 7, 8, 6, 5 y 4 meses como de más tiempo de 10.*

14. *Son* per accidens *y fuera de la intención primaria de la naturaleza, y ¿por qué?*
15. *Son monstruos en el tiempo.*
16. *El septimestre es natural según Hipócrates y las leyes de derecho común y real.*
17. *Hipócrates señaló término fijo al parto humano en el número septenario, y ¿cómo?*
18. *El septenario en cuadragenarios es perfecto en tiempo y fuerzas, que es del nono al décimo mes.*
19. *El septenario en lunaciones es perfecto en el septimestre en cuanto al tiempo e imperfecto en cuanto a las fuerzas.*
20. *Las leyes civiles señalaron el décimo mes al parto en cuanto a no poder pasar de él.*
21. *Cada especie de animales tiene término fijo en el parto.*
22. *El monstruo de dos especies tiene tiempo conveniente a su individuo.*
23. *El tiempo del parto es más proprio de cada individuo.*
24. *Otras razones para el tiempo del parto de diversas especies.*
25. *No hay dificultad por parte de la diversidad de alimentos.*
26. *La simiente humana no puede corromper la del bruto.*
27. *Dificultad de Zachias en cuanto a los monstruos de miembros de diversas especies.*
28. *Testifican sin embargo de ellos historias y autores de grave nota.*
29. *Razones que mueven a Zachias a no creerlos.*
30. *Se desvanecen con singulares fundamentos.*
31. *La simiente femínea concurre con la masculina en hombres y animales.*
32. *Error de Sennerto y otros en cuanto a la animación de la simiente.*
33. *¿De dónde nace la variedad de la similitud de los hijos unas veces parecidos a los padres y otras a las madres?*
34. *Monstruos poéticos y fabulosos no admitidos, como los centauros, la quimera, el mino-tauro, los sátiros y otros, ni los tritones y sirenas, como tampoco los fingidos por el Demonio.*
35. *Varios ejemplos de monstruos de hombre y bruto.*

36. *No son capaces de alma racional y ¿por qué?*
37. *El monstruo de diversas especies tiene una tercera y neutra forma conveniente a su individuo.*
38. *De hombre y bestia no puede nacer racional, aunque salga todo humano el parto en la apariencia.*
39. *El parto racional de bestia es ilusión diabólica, y ¿cómo?*
40. *Ejemplos raros de semejantes partos.*

La tercera especie de monstruos (que es nuestro principal instituto) es la de los que nacen en el género humano, [✠ 1] y para esta hemos reservado la subdivisión substancial que pertenece a todos. La cual es en la manera siguiente, en que seguiremos la de Gerónimo Capivaccio *Lib. 4, Cap. 6* y Andrés Laurencio Hist. *anatomicæ Lib. 8, Cap. 14.*

Se hacen los partos monstruosos, o según la especie o según la composición. Los que pertenecen a la primera clase son aquellos que nacen con mezcla de diversa especie a la humana, parte con miembros de esta y parte de cualquiera otra del género de animales. Los que a la segunda vuelven a subdividirse porque pueden nacer monstruos en el número, en la colocación, en la magnitud. En el número, si falta o superabunda el debido de los miembros, como si nace el parto sin el regular de pies, manos, ojos, &c. o con más de los necesarios, como con tres o cuatro piernas, brazos, &c. y sobre todo bicorpóreo con dos cabezas o con dos pechos, dos corazones y cabezas. En la colocación si nace con las partes y miembros fuera de los lugares debidos, como con los ojos en el pecho, los brazos solo en un lado, &c. En la magnitud, si esta falta o excede enormemente a la regular proporción, en todo o en parte. Si falta en el todo, como los enanos, o en parte, como el que nace de una pierna enormemente menor que la otra, la cabeza u otra cualquiera parte enormemente desproporcionada en la diminución. Si excede en todo, como los gigantes, en parte, como los que nacen con cualquiera miembro excesivamente mayor de lo debido.

A la primera clase pertenece la cuestión que arriba en el capítulo pasado dejamos insinuada, sobre si sea posible la conmixtión de especies, [✠ 2] principalmente de hombre y bruto. Lo niegan algunos con

Aristot. *Lib. 2, De gener. animal. Cap. 5, y en el Lib. 4, Cap. 4*. Sus fundamentos son: El primero, que o los tales monstruos habían de generar con su igual o no. Si lo primero, se daría proceso en infinito de mil especies de monstruos, que irían procreándose. Si lo segundo, habría la naturaleza hecho una cosa frustratoria e inútil.

Responde a lo primero Zachias *ubi sapra Quæst. 3, n. 3*, que si engendrasen, no harían nueva especie sino que volverían a la primera. Y nosotros explicamos esto, con que el monstruo mixto podía engendrar de cuatro maneras. La primera en el simple de una de las especies de que está compuesto. La segunda como se supone en otro tal monstruo igual. La tercera en otra tercera especie. La cuarta en otro monstruo que lo fuese de distinta. Si en individuo de una de sus especies, ya no se aumentaría nuevo monstruo sino se diminuiría la del generante en el génito, como experimentamos en todo género de mixtos. Si en otro monstruo igual (aunque se imposibilita el facto) se dice que entonces (si no fuesen estériles, que es lo regular, como se dirá abajo) de la misma manera que se empezó por la naturaleza el mixto se conservaría, como también se experimenta. Si en otro simple, o monstruo de tercera especie, entonces solo se daría el inconveniente de que se multiplicasen diferencias pero parece que como sea dentro de la línea de la facultad natural, más perfección es a la naturaleza obrar algo y no estar ociosa que obrar aun con infinita variedad, porque en lo uno, lo pierde todo; y en lo otro, alguna parte o propriedad que es la de la similitud al generante.

Responde el mismo Zachias a lo segundo, en cuanto el caso de no generar el monstruo, diciendo que aunque le faltase el intento de la propagación, le bastaría el que había tenido a lo menos en la primera generación del mismo monstruo y el que tenía en su conservación siendo su intento conservarse en los individuos que nacen según su intención, no en los que se hacen fuera de ella.

No obstante punza la definición de la generación: *Origo viuentis a vivente a principio coniuncto in similitadinem naturæ*, de que se infiere no ser hijo aquel que no puede engendrar, faltándole esta razón de similitud. Tocan la dificultad los filósofos, por lo cual se apartan muchos de la definición aristotélica, dando otras que se pueden ver en sus cursos. Sin embargo puede responderse, así con la de Zachias más explicada, como con la de Weinrich *De ortu monstror. Cap.* 28 y otros: lo primero, que la naturaleza *per se* intentó siempre el semejante pero que el no salir tal fue *por accidens* y fuera de su intención, con que siendo *præter naturam* los monstruos no es mucho salgan *præter similitudinem naturæ*. Lo segundo, que el principio se debe entender *de natura speciei* y de las cosas que necesariamente deben seguirla, no de los accidentes individuales y que necesariamente no la acompañan. Lo cual se comprueba con la generación del mulo, el cual nadie negará que es hijo de los brutos que le engendran y no obstante es estéril (aunque según Weinrich no lo es en algunas partes) con que no hay inconveniente, para que caso que sean infecundos los monstruos no se les niegue la posibilidad de su generación. Las causas porque muchas veces sean estériles, las reconoce en Weinrich ya citado y en otros de los que referimos en esta obra, que se reducen a su imperfección y disidencia.

Los últimos y principales fundamentos se reducen a la distancia en la naturaleza [✠ 3] en la magnitud de los cuerpos y en la diversidad del tiempo de la preñez, que son impedimentos puestos por Aristóteles *ubi supra*, concediendo el mixto solo en aquellas especies en que no concurrieren como en los perros y lobos, caballos y asnos, &c. de que sale ser imposible más que todos a hombre, el cual difiere sumamente de los animales por su excelencia, temperatura, magnitud y disposición solo entre todos bípede y derecho y por otras cualidades distintísimas. Lo negó también Galeno *Lib. 3, De usu Part. 1, in Princ.*, fundado en la corrupción consecuente a la máxima diferencia de las simientes y en la imposibilidad de nutrirse después por la diversidad de los alimentos requeridos.

Lucrecio siguió lo mismo, con semejantes razones *Lib. 4, De rer. nat. & Lib. 5*, si el caballo (dice) florece a los tres años, y entonces el hombre está en mantillas, si cuando este a los veinte es joven, aquel ya muere: ¿cómo se podrán creer los centauros, ni los demás mixtos?

> *Principio circum tribus actis impiger annis*
> *Floret Equus; Puer haudquaquam, quisæpe etiam tuno*
> *Ubera Mammarum in somnis lactantia quærit.*
> *Post ubi Equum validæ vires, ætate senecta,*
> *Membraque deficiunt, fugient languida vita;*

Tum demum pueris ævo florente juventa
Occipit, & molli vestit lanugine malas.
Ne forte ex homine, & veterino semine Equorum
Confieri credas Centauros posse, nec esse,
Aut rabidis canibus succinctas semimarinis
Corpuribus Scyllas: cætera de genere horum
Inter se quorum discordia membra videmus,
Quæ neque florescunt pariter neque robora sumunt,
Nec simili venere ardescunt, nec moribus unis
Conveniunt.

Y Marco Manilio el cual (aunque por atribuir esta especie de monstruosidad a los aspectos astronómicos) niega la posibilidad de la conmixtión de las simientes, no obstante la aparente de los miembros, *Lib. 4, Astronom.*

... Permiscet sæpe feranum
Corpora cum membis hominum: non seminis ille
Partus erit; quid enim nobis commune ferisque?
Quisue in portenti noxam peccarit adulter?
Astra novant formas, cælumque interserit ora.

De cuya virtud se hablará después y del modo con que los astros pueden ser causas de la monstruosidad, negándose desde luego lo puedan ser de la de esta especie, notándolo el Padre Martín Delrío *Disquisitionum mag. Lib. 2, Quæst. 14* como delirio astrológico y desatino de la secta estoica, que tanto se rindió al poder del hado.

Pero porque (según dice Zachias) a esta opinión se opone la experiencia que en muchos casos ha demostrado posible esta conmixtión en varios monstruos compuestos de diversas especies, hurta el cuerpo Aristóteles, reduciendo, como Manilio, la mezcla de las especies en los [✠ 4] miembros a mera apariencia sin proceder de la real de la simientes sino de alguna accidental causa; esto es en los animales algo símbolos.

Contraria fue la opinión de otros que defendieron la posibilidad de la unión de las especies o simientes, [✠ 5] afirmando poder cualesquiera diversos animales (sin excluir al racional)^G engendrar entre sí; tanto que ha habido quien refiera mezclarse en el África las águilas y lobos con eficaz generación (sueño de quien lo fabricó), y aun hubo quien afirmó poder el hombre, no solo con cualquier bruto terrestre por nefaria unión generar sino aun mezclado a las aves y los peces, saliendo unas veces el parto con toda la figura humana, otras conforma conmixta de entrambos generantes o simple en similitud de cualquiera de ellos. Lo defendió Liceto *Lib. 2, De caus. monstr. Cap. 16*, el cual, aunque en lo demás defiende bien su sentencia contra Aristóteles, es en esto digno de nota porque no obstante ser dable la conmixtión de las especies, no se debe entender a las que por su disparidad y disidencia suma, así en los medios de unión como en los temperamentos, alimentos, preñez y modos de producir, imposibilitan del todo la generación, como es preciso suceda, cuando no en otros, en los animales, que decimos vivíparos y ovíparo, esto es en los que nacen vivientes del vientre materno, como los terrestres y en los que se producen del modo que las aéreos y marinos.

Y últimamente, otros más acertadamente afirmaron la conmixtión, [✱ 6] conteniéndola dentro de especies menos distantes, cuales son los solidúngulos y ruminantes, esto es, los animales de pie sólido o hendido, como entre el caballo y el toro y entre todas las demás especies contenidas dentro del género de su elemento, esto es terrestres, volátiles y nadantes entre sí, sin reservar al hombre, de cuyo sentir son Ludovico Mercado *dicto Lib. 3, De mulierum afect. Cap. 7*, Zachias *dicto Lib. 7, Tit. I. Quæst. 3*, Liccto *ubi supra*, Rodrigo de Castro *De morbis mulierum Lib. 3, Sect. 2, Cap. 6*, Daniel Senert. *Pract. Lib. 4, Part. 2, Sect. 4, Cap. 10, De monstr.*, Delrío *ubi supra*, Gaspar Bauhino *De hermafrod. Lib. 1, Cap. 10* y Martín Weinrich *De ortu monstror. Cap. 16*. Y siendo suficiente para concluir afirmativamente sobre la experiencia la satisfacción a las dificultades de contrario, se responde a ellas.

Lo primero [✱ 7] en cuanto al inconveniente de la diversidad de naturaleza en especies distintas con que está tan lejos de impedir la generación mixta, que no solo pueden unirse los animales símbolos, domésticos ambos o uno doméstico y otro fiero, (como se dijo en el Cap. 3 donde se especificaron algunas conmixtiones, con los autores que allí se citaron) sino aun aquellos en quienes se halla mayor diversidad, así por el temperamento como por la propensión totalmente contraria, cosa tan frecuente en algunos que por eso aun no son monstruos, de que se prueba no ser inconveniente la razón de diversidad de naturalezas para los que lo son.

Y por lo que toca al hombre, no yendo la simiente animada, no difiere esta de las especies sensitivas substancialmente sino en la nobleza, pues como dice Zachias *Lib. 9, Tit. 1, Quæst. ult. Num.* 14, a no infundirse el alma racional en la concepción de las simientes humanas, pudieran formar un animal más perfecto que todos los demás, por ser su espíritu material más noble que el de la simiente de los animales. De que se deduce, que no pudiendo infundirse el alma racional, cuando el hombre se mezcla nefariamente al bruto, como se dirá; no hay impedimento de parte de la simiente parcial del humano que concurre solo con virtud, o espíritu material, para que pueda seguirse la conmixtión de las especies. De que se ve manifiestamente convencido el impedimento de la diversidad de naturalezas.

Lo segundo en cuanto a la desproporción de la magnitud de los cuerpos, que se opone, se satisface [✠ 8] con Zachias, con que a ser suficiente impedimento a la generación, no lo fuera por sí y por negación intrínseca sino por accidente de la suerte que puede suceder en los de una misma especie y este aun se ve vencido, no siendo difícil al másculo pequeño, la hembra desigual.

Lo tercero en cuanto a los diversos tiempos de la preñez, que es uno de los más fuertes escollos en que puede chocar nuestra opinión, es de advertir que en este punto hay dos sentencias sumas. La primera defiende con Aristóteles y la común de los médicos ser el parto humano incierto [✠ 9] en su tiempo y que del modo que no tiene en la generación la fijeza, que los animales, los cuales unos producen siempre partos singulares, como el elefante, otros duplicados como la oveja, otros multiplicados, como la leona, sino que unas veces imita la *monotochia* o singularidad en el parto, otras la *dydomotochia* o duplicidad y otras la *politochia* o pluralidad, así en el tiempo de la preñez vacila (y como dice el filósofo *Epamphorterizei* id est: *in vtramque partem vergit*) con todos los animales, [✠ 10] siendo unas veces tardo, otras breve y otras más breve: *In reliquis animalibus unum est pariendi tempus: homini saltem multiplex,* que concluyó Aristóteles *Lib. 4, De gener. anim.*

Cap. 6 como también Plinio *Lib. 7, Natur. hist. Cap. 5,* cuyas palabras son: *Cæteris animanibus statum parienat, & partus gerendi tempus est: homo toto anno & incerto gignitur spatio.* Variedad, que han seguido los médicos según las varias sentencias de Hipócrates sobre los tiempos del parto *Lib. de princip. & Lib. de septimestri Part.* y principalmente en aquellas palabras: [✠ 11] *Conceptus & abortus, & partus mulieribus eodem tempore iudicantur, quo morbi, & sanitas, & mors omnibus hominibus: hæc vero omnia partim secundum dies, partim secundum menses, partim secundum dierum quadragenarios, partim secundum annum significationem sui præbent: in omnibus enim his temporibus insunt ad unumquemque, & utilia multa, & hostilia multa.* Bien que han dado diversos diversas causas, como se pueden ver en *Ioan Gorreo in Annot. Jup. Lib. Hippoc. de natur. puer., Geronimo Capiuaccio Lib. 4. De uter. affect. Cap. 8, Geronimo Mercurial. Lib. 2. De morbis mul. And. Lauren. Lib. 8, Hist. anatom. Cap. Quæst 31, Horat. Augento. in Lib. Quod humini non sit certum nascendi tempus, Pedro Garcia de loc. affectis. Disp. 75, Cap. 5, Lud. Mercado de mal. affect. Lib. 4, Cap. 1, Nancelio de Analogia Microcosmi, & Macrocosm. Lib. 7, Part. 4, Castro de morb. mulier. Lib. 4,* y otros muchos a quienes se añade de los juristas, *Carranza De partu in prolegom. Num 3 & sequentibus,* y principalmente en el 7. A cuya opinión, esto es, de la variedad en los tiempos del parto y diversidad de causas asignadas, no hay duda dieron motivo los diversos sucesos de la naturaleza, de que hace mención *Hipócrates d. Lib. De natur. puer. & in Lib. de alim., Aristoteles Lib. 7, De hist. anim. Cap. 4, Plin. d. Lib. 7, Nat. hist. Cap. 5, Plutarc de placit. Philosof.* por varios capítulos, *A. Fellio Noct. Attic. Lib. 3, Cap. 16, Tertul. Lib. De anima, Macrob. in somn. Scip. Lib. 1, Cap. 6, Valles de sacra Philosoph. Cap. 18.* Y de los juristas *Tiraquello inleg. si unquam verbo: susceperit liberos Num. 210, Cod. de revoc. donat., Alciato Lib. 3, Parad. Cap. 7, Balduino ad leg. Romuli Cap. 17* y otros que trae Carranza *in prolegom, n. 9.*

Supuesta esta variedad en la preñez humana, es innegable entonces no haber impedimento alguno de parte de su tiempo para que pueda la simiente humana mezclarse eficazmente con cualquiera de otra especie, pues no teniendo término señalado, podrá acomodarse facilmente al cierro del animal a que nefariamente se uniese.

La segunda sentencia es de los que defendieron tener el hombre [✠ 12] tiempo fijo en la preñez. Salió haciendo frente a todos con ella Paulo Zachias *Quæst. Medico leg. Lib. 1, Tit. 2, Quæst. 1*, al cual sigue Daniel Sennerto *Lib. 4, Practicæ Part. 2, Sect. 6, Cap. 1*, quien después de haber examinado sus razones, concluye con la misma opinión, señalando al parto humano el término del noveno al décimo mes. Los fundamentos de Zachias son valientes entre quienes hacen más fuerza. El primero: que a darse muchos términos de nacer igualmente perfectos y naturales, fueran igualmente vitales y sanos, los que naciesen en cualquiera de ellos con los que naciesen en el del nono al décimo. No obstante testifica la experiencia lo contrario, siendo los octimestres y septimestres, aquellos nunca o rara vez y estos solo algunas vitales, y si viven, es sumamente débiles: luego no parece pueden darse muchos términos. El segundo: que en cualquier género es preciso que la naturaleza asigne y determine lo que es perfecto; y comoquiera que por el consentimiento de médicos y filósofos en el parto humano el término perfecto y legítimo sea el nono y décimo mes, no pueden serlo los demás porque siendo la perfección de parte del término, ser tal, y no otro, sale que cualquiera que no sea él, no la tendrá. El tercero: que no haciendo la naturaleza nada *alógicamente,* esto es, nada irracionalmente, nada en vano, ni acaso: ¿por qué si pudiera perfeccionar el parto al séptimo mes, lo había de diferir las más veces para el nono?[1]

Y aunque se han visto algunos partos en otros términos, [✠ 13] como los de ambos Corbulones, hijos de Vestilia, la cual consta de Plinio *Lib. 7, Histor. nat. Cap. 5,* paría siempre a los siete meses, saliendo con suficiente vitalidad los partos. Y como los que de ocho meses refieren Aulo Gellio *noct. Attic. Lib. 3, Cap. 16,* Cardano *Lib. 1, Tract.*

---

1 ⸱ Ser el término del nono al décimo el más perfecto y frecuente se prueba ex Sap. Cap. 7, v. 1, *Sum quidem mortalis homo similis ómnibus...decem mesium tempore coagulatus sum.* Sobre cuyo lugar se vea Pineda de reb. Salom. Lib. 1, Cap. 10 y principalmente a Num. 16, usque ad 20 donde habla con varios santos padres Epifanio, Isidoro, Clemente Alexandrino, Chrisóstomo y August. 3, de Trinit. Cap. 5, del tiempo que de la sagrada preñez de María Santísima, el cual fue del noveno mes al décimo, por haber esperado, como dijo el Patriarcha Sofronio en la sexta Synodo Act. 3, el tiempo legitimo, ibi: *tempus expectauerit legitimi puerperij.*

3, Contrad. 8, donde testifica de cierto caballero que tenía dos hijos octimestres, *& in commentur ad lib. Hippocrat. de septim. partu,* donde hace mención del Cardenal Sfondrato y dos hijos suyos del mismo tiempo: Marsilio Ficino *Lib. 3. De vita cælitus comparanda,* donde dice haber conocido a un escudero o gentilhombre de copa del Rey Cristianísimo que nacido de cinco meses vivía con suficiente salud, y la niña que del mismo tiempo refiere Valles *in sacra Philos. Cap. 28,* haber vivido doce años. La doncella llamada Clara que nacida en Venecia a los cuatro meses inmediatamente a haber abortado su madre, vio en Milan Cardano *contrad. Lib. 1, Tract. 3, Contr.* 8. Y el que de seis meses refiere el mismo haber llegado a edad perfecta, como también otros que en Valencia y Madrid afirma haber nacido de cinco meses Ferdin. de Mena *ad Cap. 4, de Septim. Part.* Y aun las dos niñas nacidas, la una de la Marquesa de Comares, y la otra de la Condesa de Pradas, del mismo tiempo que refiere Don Francisco Torreblanca Villalpando *in Epit. de lictor. 1, 2, Cap. 4,* con el caso que cuenta Peramato, médico del Duque de Medina, *De homin. procreat. Cap. 8,* de la mujer que habiendo concebido a 19 de febrero, saliendo en una litera al campo a 12 de junio, por los movimientos recios, que espantado el mulo la causó, abortó un zurrón esférico, dentro del cual fue hallada una niña viva de ocho a diez dedos de longitud, la cual, aunque al principio pareció no poder alimentarse, ni vivir, al tercer día se consiguió lo primero y se le aseguró lo segundo. Otros casos se pueden ver en *Schenkio Lib. 4, en Plinto. Lib. 7, Cap. 5, en Sancto Thomás Opus. 28, Art. 4, en Moxio. Lib. 3, De venæ sect. in morb. acut. Cap. 5, Delrío in advers. ad Senecæ Thebaid. versu 355, en Pineda de reb. Salom. Lib. 1, Cap. 10, y en el erudito Gaspar de los Reyes en su Campo Elysio Quæst. 90* (el cual fuera de los que hemos citado es uno de que válidamente confirman por estas experiencias la indeterminación del parto humano) en todos los cuales se hallaran también diversos casos de partos de 11, 12, 13, 14 y 16 meses, como aun de 2, 3 y 4 años. A que se llega la notoriedad de algunos que en esta ciudad ha habido de personas ilustres que hoy viven, cuya madre paría ordinariamente fuera de los diez meses, más o menos dilatadamente, y en cuanto a los de siete, se conocen otros actualmente vitales §. No obstante, todos estos se atribuyen por el mismo Zachias a causas y accidentes [✠ 14] *præter naturam,* como, si se reconocen las que dan dichos autores, se hallará en los partos inmaduros ser la falta del alimento, la robustez repentina y calidez del niño, la agudeza del sentido en el útero, la debilidad de la facultad retentriz, la cortedad del bazo, los accidentes externos, la individual complexión de las madres y en los tardos otras, principalmente la frigidez de los temperamentos de hijo y madre, la lenta o débil nutrición, las enfermedades y las evacuaciones que remoran la debida vegetación y augmentación de la criatura en el útero. Todas las cuales causas, siendo *per accidens,* no desvanecen el término *per se* intenta siempre y el orden que vemos, observa más frecuente la naturaleza que es de donde se deben tomar sus reglas no siendo la multiplicidad de los ejemplos, por más que se extienda, digna de la menor comparación con la de los que hacen a favor del nono y décimo, que ha sido siempre todo el género humano. Pues, como dice Peysonel (que abajo citaremos), *capítulo último* en cuanto a los partos que han sucedido pasar de los diez meses, más fácil es conceder algunos monstruos en esto [✠ 15] (pudiéndose dar también en el tiempo) aunque legítimos que destruir la regla de la naturaleza y abrir la puerta a infinitos parros que puede fingir el adulterio. Ya se vio mujer que estuvo preñada veintiocho años, como testifica de sus tiempos Martín Weinrich *De ortu monstu. Cap.* 16, ¿quién negará ser esta verdadera monstruosidad de tiempo?

    Pero porque según Hipócrates está recibido por natural el septimestre, y las Leyes de Derecho Común y Real le siguen, [✠ 16] como son *la ley septimo mensieff. de stara hom. y la Ley* 4, *Tit. 23, Part.* 4, a que concuerda *el capit. Ne tales de consecr. dist. 5,* y últimamente *la ley 13, de Toro, que es la 3, Tit. 8, Lib. 5, Recop.* y que Zachias, y Sennerto le tienen al contrario por abortivo. Parece que según lo que he reconocido en los autores referidos y en otro que ninguno de estos trae y escribió novísimamente sobre los tiempos del parto humano que es el referido Joan Peysonel, médico marsellez, se deben reducir a concordia estas sentencias con que a la verdad Hipócrates [✠ 17] señaló verdadero término al parto en el número septenario, ya sea en meses, que es el septimestre, ya en cuadragenarios, que es el del nono al décimo; el uno que empieza el séptimo mes desde el día 183, que es la mitad del año y no puede pasar del ducentésimo en que se cumple el quinto cuadragenario porque entrando en el sexto no es en el vital el parto; y el otro que comienza el séptimo cuadragenario el primer día del noveno mes y se entera a los 280 días que son nueve meses y diez días del décimo porque siete por cuarenta hacen otros tantos, estando la total fuerza del nacimiento reducida a este número, sobre que se debe ver a dicho Peysonel *Cap. 5, & sequentibus*, el cual no hay duda acredita bien la doctrina pitagórica con la hipocrática. En que se debe advertir que dichos 280 días se han de entender con alguna latitud porque, como abajo se dirá en el n. 23, el tiempo del parto es proprio de cada individuo, por lo cual unos nacen con alguna diferencia de días más que otros, y lo que se dice es que en entrando en el séptimo cuadragenario es natural y totalmente perfecto el parto que es desde el principio del noveno mes, y que por lo consiguiente todo el séptimo cuadragenario en cualquier día de él es perfecto para los partos. Y aunque el mismo septenario en los cuadragenarios [✠ 18] es el más perfecto para el parto, porque contiene la perfección del tiempo y la de las fuerzas para poder nacer que es del nono al décimo mes; sin embargo en las lunaciones o meses, aunque no contiene la perfección de fuerzas ordinariamente, contiene la del número o tiempo por cuyo respecto se dice natural, lo cual es conforme a lo que dice Mercado *de Mul. affect. Lib. 4, Cap. 1*. Con que se puede concluir que según Hipócrates y los médicos el septenario es el término señalado: natural y perfecto en el septimestre, [✠ 19] en cuanto al tiempo, al cual si acaso se llegan las fuerzas, respectivamente a lo cual se puede decir abortivo, salvando a Zachias y Sennerto, lo cual no hace para que las leyes lo tuviesen por tal, porque a lo que atendieron, no fue a la fuerzas sino al tiempo, para evitar la suposición de los partos y a la vitalidad tal cual fuese débil o robusta. Y antes de estas mismas se prueba por otra parte la determinación del tiempo del parto [✠ 20] en cuanto a no poder pasar del décimo mes y darse por no natural es regularmente los que naciesen de más tiempo, como consta de la fórmula celebre de Gallo Aquilio en la *Ley Gallus 29, in princ. ff. de Lib. & posthum, ibi, Si filius meus vivo memorietur, tunc si quis mihi ex eo nepos, sive quæ neptis, post mortem meam in DECEM MENSIBUS proximis, quibis filius meus morietur, natus, natave, erit, heredes sunto, & in leg. fin. Cod. eodem Tit. leg. intestato 3, § post decem ff. de suis & leg.* y la misma ley citada de partida, a que aludió Ovid. *Lib. 1, Fast.*

Constituit menses quinque bis esse suo,
Quod satis est utero matris dum prodeat infans.

Atendida pues esta última resolución, en que al parto humano se le asigna término señalado, parece que había mayor dificultad para la permixtión de las especies, porque de esta suerte se imposibilita el acomodarse la simiente humana (¡o impida Dios tan detestable caso!) a la de cualquier bruto en quienes cada especie tiene distinto tiempo, [✠ 21] como el caballo un año, el elefante dos, el can tres meses. Pero no obstante como quiera que la naturaleza en la formación de tales monstruos se desvía del orden regular y constituye en los miembros un tercero y neutral género que ni es verdaderamente de la una ni de la otra especie de las mezcladas, así en el tiempo de la preñez debe constituir [✠ 22] un tercer género de tiempo que ni sea perteneciente a uno ni a otro de los generantes, pues de la suerte que lo que se engendra de caballo y toro, no es uno ni otro. Así no debe nacer ni en el tiempo del caballo ni en el del toro sino en otro particular conveniente a aquel individuo. Porque esta propriedad de nacer en este o aquel término se indujo por la naturaleza en las especies, [✠ 23] atendiendo a la conveniencia y necesidad de los individuos de ella para poder resistir a las injurias del aire y alimentarse por sí proprios, por lo cual es más propria de ellos, naciendo no todos en un mismo día y hora fijo sino con alguna latitud según su necesidad.

De que resulta deberse concluir por esta parte la posibilidad de la conmixtión de las especies. Sin que obste, como dice Zachias, la cuestión sobre si pueden vivir tales monstruos o no en que por la mayor parte acontece esto último, según lo dio a entender, como lo sienten varios, Virgilio, cuando colocó a las puertas del Haberno los Centauros *Lib. 6, Æneid.*

Centenri inforibus stabulabant, Scyllæque biformes.

(Sobre que se hablará después.) Porque no se inquiere por ahora, si lo que se engendre de dos especies puede vivir si no si se puede engendrar. Con que queda desviada la dificultad de Lucrecio en cuanto a la diversidad de las edades del hombre y de los brutos, porque este será inconveniente para que vivan después no para que se puedan generar.

Puede también decir [✠ 24] que de la manera que tales producciones suelen tomar algunas cosas del uno y otras del otro generante, como el mulo, que del padre sacó la fortaleza y de la madre la tolerancia, y el hipotauro que imita de la madre el carácter de la especie saliendo solidúngulo y no ruminante, así pueden tomar de uno de los generantes la propriedad del tiempo del parto. O puede así mismo seguirse lo que dice Gaspar de los Reyes *Quæst. 45, Num. 24. Si quidem pars potissima, & quæ magis prævalet, ad suum tempus accrescit, & fovetur; alia interim præcipue constitutionem vel remorando, vel anticipando, ut contigua, subsequitur; & ut illam, quando exire postulat, concomitatur; sic remorando non irritat, quo ad tempus prædominantis adveniat.* Si bien es igualmente fundado, el decir, que del modo que no siempre en los monstruos debe salir un tercer género compuesto de ambos sino que puede seguir solo al padre, por la fuerza superior de la simiente máscula (como se ha visto, y prueba dicho Gaspar de los Reyes *loco citato a Num. 33*, y aun se experimenta en los canes, que de ordinario salen todos a los padres en pieles, forma y natural), así puede observar la naturaleza el término del parto, conforme al de la simiente máscula, siguiendo solamente su determinación.

En cuanto a la dificultad que se hace por diversidad de los alimentos congruos a cada especie, no la hay porque como se ha dicho, no se inquiere aquí más que de la posibilidad del parto, mientras se concibe y sale a luz; no después, y como los alimentos sirven para cuando ya haya nacido no importa su inconveniente. Demás de que se puede decir en esto lo mismo que en cuanto al tiempo, [✠ 25] pudiendo sustentarse de los de ambas especies o de los pertenecientes a la máscula. Si los monstruos son de bruto y bruto, no hay reparo alguno por la uniformidad de todo animal en el alimento. Si de hombre y bruto, vemos que muchos de los que usa el hombre son comunes a la mayor parte de estos como se ve en el pan y la carne, con que no hay dificultad por esta parte.

En cuanto a otros inconvenientes se han *per accidens* y no por impedimento intrínseco, que se asigne de la materia.

Resta vencer el Aquiles de las dificultades, que es el modo físico de la conmixtión de las simientes. Lo primero que se ofrece es la diversidad de calor de la simiente humana por su excelencia, del de la brutal, que siendo contraria se corromperá por la del hombre. A que se satisface, [✠ 26] que entonces se corrompe una substancia por otra, cuando la diversidad es de principios elementares contrarios, pero no cuando es solo de mayor nobleza y perfección porque antes entonces ennoblece afina y vivifica lo más a lo menos perfecto, como sucede en el oro, que uniéndose a la plata o al cobre los ennoblece, más no los baja ni vicia. Lo segundo que se opone Zachias y no disuelve es la falta de conmixtión en las simientes [✠ 27] que arguye la experiencia de haberse visto algunos monstruos parte con miembros humanos y parte solo con ferinos. De cuya dificultad persuadido llega a tener por fabuloso dichos monstruos siendo así que testifican de ellos [✠ 28] historias sumamente serias y autores clásicamente fidedignos no solo de relación sino aun de vista, como del monstruo de Verona que trae Pareo con el rostro de hombre y el cuerpo de caballo nacido el año de 1254 y el que de una asna trae Gaspar de los Reyes *en su campo Elysio Quæst 45, Num. 27,* haber nacido en la aldea de Guadajoz, con rostro, manos y pies casi del todo humanos, según se lo refirió como testigo ocular el Padre Juan Orduña en el Colegio de Carmona, sobre cuyo bautismo fueron consultados los Padres por el obispo de la Diócesis, los cuales determinaron se bautizase *sub conditione,* como se hizo, expirando poco después (sobre cuyo punto se hablará en su lugar) y fuera de otros, que se pueden ver en Aldrovando y en Fortunio Liceto *De monstris,* los varios, que de rostro medio humano refiere Delrío *Lib. 2, Disquis. mag. quæst 14,* haberse cogido el año de 1240 en los Bosques de Saxonia. Y las razones, que ha dicho Zachias mueven, son. [✠ 29] La primera, la necesidad precisa de que se mezclen las simientes todas por todas, pues de otra suerte pudiera generar por sí cada una de ellas, que sería absurdo. De que nace, que no pudiendo haber habido tal conmixtión de simientes en los monstruos, que se suponen de miembros disparados de cada especie, no es dable que los pueda haber. La segunda, que dado que se mezclasen todas, era preciso volver a segregarse para la tal disparidad de miembros, lo cual no es verosímil. La tercera, que se darían dos agentes totales en un individuo. Y por último pone a su favor la experiencia de no haberse hallado en las conmixtiones salir jamás con miembros proprios de cada especie, antes si todos iguales y neutros como se ve en el mulo. Sin embargo no obstante todo esto no se debe negar la posibilidad de tales monstruos, como los centauros y los que se han referido. Porque se satisface [✠ 30] a lo dicho.

Advirtiendo que la simiente femínea concurre activamente con la masculina [✠ 31] en sentencia común de los médicos contra Aristóteles y los peripatéticos, así en honores, como en animales de cuya sentencia hubo juicios [✠ 32][2*] que pasaron erróneamente la raya, afirmando no solo concurrir ambas simientes con sus espíritus generativos sino aun animadas parcialmente en hombres y animales, de que quieren poner por basa el fundamento, en esto débil, de quien, aunque fue la luz de la medicina y asió en la sombra del gentilismo, el cual *en el Lib. 1. De victus rat. textu 61,* afirmó la conmixtión de las almas con semejante sentencia: *Si quis autem animam animæ commiscert minime sibi per suadeat, is ratione caret.* De esta opinión errónea cercenó Zachias *Lib. 9, Tit. 1, Quæst ult.* la animación de la simiente humana, la parcialidad de las formas en ella y su conmixtión, todo lo cual degradaba al alma racional de indivisible, inmortal e incorruptible, pero le dejó lo que tocaba a la simiente de los animales, la cual defiende va animada por lo material de sus formas, en el lugar citado *Quæst.* 2, y lo mismo sintió Martín Weinrich *Cap.* 16. Siendo pues lo cierto que concurren ambas simientes en todo animal racional e irracional con sus espíritus generativos parcialmente, se sigue no ser cada una agente total, y por lo consiguiente no resultar de la conmixtión de las especies darse dos. Con que se satisface la tercera razón de Zachias en que pone por inconveniente a la posibilidad de los hipocentauros y otros monstruos tales el absurdo de darse dos agentes totales. Resta ver cómo no es necesario mezclarse todas por todas las simientes.

Supuesta la igualdad del concurso femíneo y masculino suele ser cualquiera de las simientes de mayor eficacia actual, nacida de la mayor pureza y robustez de las partes sigiladas y esta, de la mejor cocción y

---

2   *Daniel Sennerto [sic] Scaligero y otros en el tomo 1 *Hypomnemate phys.* 4, donde [sic] el error de algunos antiguos, como refiere Casiodoro 1. *de Anime,* de la multiplicación de las almas *per ora ducem.* [Note that these elisions are due to inelligible text because of printing defects.]

temperamento de los cuerpos, unas veces en todo y otras en parte. De aquí es [✠ 33] que la similitud de los partos (que procede de dichas partes sigiladas como se dirá en el capítulo 6, núm. 4 y 5) varía en todo o en parte según la fuerza de cualquiera de las simientes. *Nullum esse animat utsobules,* (dice Sennerto *Tom 1. Hypomnemate physico 4, Cap. 9) non aliquo modo, sive incorporis forma externa, sive in moribus & alijs, vtrumque parentem referat; fierique potest vt fætus mas sit, animo tamen matrem repræsentet. Vt tamen semper æqualiter vtrumque par entem reforat necessarium non est, sa enim semen alterutrum fortius sit, eum parentem a quo provenit magis referet.*

Esta es toda la causa, sin que se haya hallado otra verdadera en los principios médicos y filosóficos, de la similitud varía de los hijos a los padres, habiendo sucedido, como dice Mercado *d. Lib. 3, De mulier affect. Cap. 7,* nacer un hijo con un ojo grande semejante a la madre y otro muy pequeño parecido al padre. Imputar esto a la imaginativa es absurdo en tan universal frecuencia y tan intrínseca alteración como la de la sigilación de los miembros, que no es lo mismo, que la tintura de los colores en que suele haberse experimentado su poder.

De que se manifiesta que o se mezclan todas las simientes en los partos humanos regulares o no. Si lo segundo, del modo que no es inconveniente el defecto de mezcla en las concepciones regulares, que son perfectas, mucho menos en las irregulares e imperfectas, que son las monstruosas. Si lo primero, del modo también que salen los partos humanos muchas veces con miembros distintos de un generante y otro, no obstante mezclarse las simientes todas por todas como se supone, así también podrán los monstruos de dos especies salir con miembros diversos de un generante y otro, sin que sea por defecto de conmixtión de las simientes. Y lo cierto es que no es necesaria la total mezcla de las partes mínimas, bastando solo hacerse por la mayor parte. De que se debe concluir deberse dar por posible la permixtión de las especies referida. Opinión a que asiente el coro universal de los autores contra la incredulidad de Zachias. No siendo esto sacar de fabulosos o alegóricos los centauros fingidos [✠ 34] por la mitología y tantas veces encontrados en los países de la poesía, nacidos no de hombre y bruto sino de Ixión y de la nube que se supuso por Juno.³*

> *Illie semiferos Ixionidas Centauros*
> *Fœta Pelethronijs nubes effudit in antris*

A que aludiendo nuestro Góngora dijo.⁴*

> *Centauro ya espumoso el Océano*
> *Medio mar medio ría*
> *Dos veces huella la Campaña al día*

Como ni el que llamaron Chirón, que transformado en caballo tuvo Saturno en Filira, a que así mismo aludió Góngora en el Panegírico.

> *De Quirón no biforme aprende luego*
> *Cuantas le fulminó armas el Griego*

Mucho menos la quimera compuesta de miembros de tres animales.

> *Flammisque armata Chimera.*⁵*

Y el minotauro, cuya fábula es notoria, toro hasta los hombros y en los demás hombre. Marcial, *Lib. Spect. epig. 1.*

> *Iunctum Pasiphae Dicteo credite Tauro.*

Y Virgilio.

> *Hic crudelis amor Tauri suppostaque furto*
> *Pasiphae, mixtum genus, prolesque biformis*
> *Minotaurus inest veneris monumenta nefandæ.*

---

3 *Lucan. Lib. 6 vers. 386.
4 *Soled. 2, en el princ.
5 *Virgilio 6. Æneid.

Cuyo sentido histórico trae allí Servio, que fue llamarse tauro un secretario del rey Minos, que uniéndose furtivamente a Pasífae en casa de Dédalo, dio motivo a la celebre fábula. Ni los sátiros faunos y egipanes poéticos con rostro humano y pies caprinos.

Hec loca capripedes Satyros Nimphas que tenere

Lucret. Lib. 4.

Sunt mihi semi Dei, sunt rustica numina Fauni
Et Nimphæ Satyrique & monticolæ Sylvant.[6**]

A que aludió Góngora Soled. 1.

Armado a Pan, o semicapro a Marte.

Hijos según unos de Saturno y según otros de Fauno, antiquísimo Rey de los Aborígines en el Latio, adorado después de su muerte por deidad. Bien que Bauhino *Lib. 1 De hermaph. Cap. 14 & sequentibus* prueba ser distintos entre sí, de cuya lascivia y faltos imitados en el teatro tomó el título la sátira sobre que se puede ver copiosamente a dicho autor. Sino es que sean de especies de simios y cabras de cuyos animales dicen se hallaba copia debajo de la equinoccial al mediodía, donde había varios géneros de ellos, que refiere Nicéforo Calisto, de los cuales es uno de aquellos que se pintan como al dios Pan, uno de los cuales dice haber enviado un rey de la India a Constantino dentro de una jaula, animal que quizá vieron antiguamente los griegos *& in solentia aspectus exterriti Deum sibi constituere, quum solenne hoc illis esset, vt quæ fidem excellerent, ea in Deos referrent.* Sobre que puede también reconocerse el padre Gaspar Schotto en su *Física curiosa Lib. 3, De mirabilibus homin. Cap. 5, De permixtione specierum.* En cuyo caso tan poco será de los monstruos de que hablamos, por ser especie de animales distinta. O (lo que es más verosímil) fuesen demonios aparecidos en semejante monstruosa figura en las selvas y campos para hacerse temer

---

6 ** Ovid.

y adorar de los étnicos ciegos solicitando las mujeres como íncubos, según entienden algunos el lugar del Levítico *Cap. 17, Vers. 7. Et ne quaquam ultra immolabunt hostias suas dæmonibus cum quibus fornicati sunt*, que otros vuelven: *Neve deinceps sacra faciunto satyris cum quibus meretricentur*, por la palabra *Seiirim*, que San Gerónimo traduce "demonios" y otros interpretan "sátiros", por hallarse esta misma repetida en el capítulo 13 de Isaías, vers. 21. *Et pilosi saltabunt ibi*, donde el *pilosi* (que dicen significa los sátiros) está puesto también por el *Seiirim*. Lo cual se confirma con el parecer de los que dicen haber sido demonios los que refiere San Gerónimo en la vida de San Pablo Primer Hermitaño haber encontrado San Antonio Abad en el desierto, así el que vio medio hombre y medio caballo *ibi: Conspicit hominem equo mixtum, cui opinio Poetarum Hippocentauro vocabulum indidit*, el cual encontró también en figura de un hombre pequeño, *aduncis naribus, fronte cornibus asperata*, cuya sentir son Covarrubias *Lib. 4, var. Cap. 2*, Bisciola *Lib. 12, Hor. subsecivar. Cap. 4, Tom. 2*, y Carranza *De partu d. Cap. 17, Núm. 75*, Aunque en la verdad se opone a esta inteligencia sobre manera lo que seriamente afirma San Gerónimo, refiriendo haber dicho este hombre monstruoso al santo, ser racional y mortal y no de los habitadores del yermo a quienes la ciega gentilidad adoró llamando faunos, sátiros e íncubos, que venía en nombre de los suyos a suplicarle rogase al Dios de todos por ellos, quien confesaban haber venido al mundo por su salud, a que exclamando el Santo con lágrimas de gozo dijo: ¡Ay de ti, Alexandria, que adoras portentos por deidades! ¡Ay de ti ciudad ramera en quien se han juntado los demonios de todo el orbe! ¿Qué dirás ahora? Las bestias hablan, y confiesan a Cristo, y tu en lugar de Dios veneras portentos, y para desvanecer toda incredulidad, hace testigo al mundo todo en tiempo de Constantino, por haberse llevado vivo este hombre a Alexandria, a cuya admiración sirvió de espectáculo y al Emperador, después de muerto, embalsamado. Sobre que no hago juicio, digan lo que les pareciere los autores. Pudo ser ficción diabólica haber aparecido tal hombre y aun confesado a Cristo para mayor ilusión pero ¿a qué fin? ¿Para que glorificase más el Santo a Cristo y se humillase? No puede ser. Pudo ser obligado el Demonio a tal confesión por Dios, que es los que dice Bisciola, es verdad pero allí no había necesidad de enviar Dios al Demonio para eso, pues el Santo no lo necesitaba ni cabía en sus luces el que quedase engañado y sin el conocimiento de la ilusión. Y sobre todo, ¿cómo podía el Demonio formar una apariencia con física realidad y cuerpo, como fue la de este sátiro? Menos congruo es lo que dice el Padre Gaspar Schotto *d. Lib. 3*, donde trata de los sátiros y de este, afirmando pudo hablar materialmente del modo que otros animales que se enseñan a esto porque desdice a lo formal de las palabras. Ello repugna haber sido aquel hombre tal y él que hubiese tal casta de mortales que después no se hubiese conocido hasta hoy.

Aunque pudo suceder haberse ocultado como otras muchas cosas del mundo a la noticia de lo descubierto (cosa que vio España en las Batuecas) y ser hombre, cuya figura hubiese en apariencia transmutado la rusticidad con el sumo vello y uñas que le semejasen a la cabra en lo inferior, como ha sucedido a algunos que con la desnudez en los bosques han adquirido la semejanza de fieras que sobre todo causa la piel y el excesivo vello por el rostro y cuerpo, como fue el hombre que en el palacio del cardenal Odoardo Farnese conoció en Roma el año de 1613. Zachias, a quien por eso llamaban el hombre silvestre, cuyos hijos, que eran cuatro, le salieron semejantes y cuyo padre tuvo Henrico Segundo de Francia, quien envió a éste y a una hermana suya al Duque de Parma como prodigiosos (a quienes conviene lo de Esau. *Totus morem pellis hispidus; Geneseos Cap. 25*). Sus efigies con la de otro hombre *manugrado* o que andaba como cuadrúpede, así mismo insípido pueden verse en Gaspar Schotto *dict. Lib. 13.3*.

Menos deben numerarse entre los monstruos de permixtión de especies los tritones y sirenas, mezclas fabulosas de pece y de hombre, por más que haya quien diga haberse hallado algunos que han aparecido en ciertas playas, hablando y haciendo la señal de la Cruz porque no hay verosimilitud alguna para creerlo sino es que fuesen ilusiones, no lo que dice el padre Gaspar Schotto en el lugar citado donde juzga podrían haber aprendido a hablar como los tordos y papagayos; véanse sin embargo sus noticias.

Últimamente tales monstruos ya fingidos del antojo o de la alegoría, ya de la malicia o mágica diabólica que pueden aparecer fácilmente (como se ha dicho) y a que aludieron Lucano.

...Ficti quas nulla licentia Monstri
Transierit, quarum quidquid non creditur ars est.

Y Claudiano.

Sed quamvis varijs miracula Monstris
Ingeminent teneras vincturi carmine mentes,
Nil veris æquale dabunt.

Y ha sucedido en varios monstruos humanos que a supuesto el Demonio, como en los infantes que suele hacer aparentes de disforme estatura, peso y hambre a que llaman Vagiones, de que habla Delrío *Lib. 2. Disquis magic. Quæst. 14*, y de que vio uno que traía cierto mendigo a las espaldas. Y en el monstruo bicípite de Praga, de que se hablará en su lugar capítulo 10, Num. [sic]. Todos estos se excluyen desde luego sin que desacrediten la posibilidad física de los otros, estando bien puesta la incredulidad y el imposible de este lado, a que hace bien lo de Ovidio *Lib. 4. Eleg. 7.*

...Credam prius ora Medusæ
Gorgonis anguineis cincta fuisse comis, etc.

Y el que las leyes pongan entre las condiciones imposibles semejantes partos, §. 1. *Inst. de inutil. stip. leg. si ita stipulatus ss. de verb. oblig.*, aunque si juzga hablaron del hipocentauro, que puede engendrarse de hombre y caballo, se debe numerar no entre los imposibles de naturaleza sino en los de facto o de derecho, porque para estos basta ser una cosa que no se ve en muchos siglos o ser materia torpe y últimamente ser un monstruo, pues tan imposible se reputara la condición de dar un infante de dos cabezas sin que por ello se denegase su posibilidad como se ve. Y así asientan los mismos juristas la de tal hipocentauro, y entre ellos Carranza *ubi supra Num. 77, in fine.*

Autentican esta verdad demás de los ejemplos referidos, [✠ 35] el monstruo nacido de una mujer en Roma en tiempo de León Décimo con las especies humana y caprina que refiere Zachias *d. loco Num. 23.* El que trae Eliano *Lib. 6. De animal. Cap. 42*, del Mancebo Cratis, que amante de una cabra en Síbari engendró un monstruo con la parte superior humana y la inferior caprina, enormidad, que solían cometer otros en Atenas, de que nació, que preguntado Tales por Periandro de la causa porqué nacían tantos monstruos allí, respondió, que prohibiese por edicto que ninguno entregase su ganado a pastor y una yegua con la cabeza, cuello y manos de hombre, el resto de caballo. El Hipocentauro, que dice Plinio haber visto el mismo llevado de Egipto a Roma en tiempo del emperador Claudio, que alimentaban con miel. Los que trae Pareo *d. Lib. 24, Cap. 12,* uno de perro y mujer y dos con rostros y hombros humanos y el resto de animales de cerda. Y últimamente el caso que trae Castañeda en los Anales Lusitanos de la mujer portuguesa que deportada por cierto delito en una isla desierta, galanteada y oprimida de un simio el mayor de muchos, que al verla la rodearon, parió dos hijos de él monstruosos, continuando por no morir (¡o infame aprecio de la vida!) en aquel nefando consorcio hasta que casualmente llegando a hacer aguada allí un bajel de aquella nación, fue libertada.[H] No menos raro es lo que escribe Pedro de Cieza en la primera parte de la Historia Peruana *Cap. 95* de los indios de la montaña en estos Andes, que mezclados a los simios ordinariamente procrean monstruos con la cabeza y partes de la generación humanas y lo demás semejante a aquellos animales, como también de cierta india que parió de un perro tres monstruos. Otros casos se pueden ver en Jacobo Rueso *De muliebr. Lib. 5, Cap. 10,* en Weinrich, *De ortu monstr. Cap. 15* y 16, en Liceto *Lib. 2, De caus. monstr. Cap. 68,* en Torreblanca *Demonolog. Lib. 2, Cap. 32,* Polidoro Virg. *De prodig. Lib. 3,* en Schenkio *In onservat.,* en Gaspar de los Reyes *en Elysio incundar. quæst Campo Quæst. 45,* en Riolano el hijo *de Monstro Parisijs nato,* en Obsecuente *De prodig.* en Pareo, y Aldrovando en los lugares citados, y en el padre Gaspar Schotto *De mirabil lib, 3, Cap. 5,* donde afirma la factibilidad de la permixtión de las especies, la de los hipocentauros y otros.

Sin embargo se debe advertir que por más que se haya comprobado la posibilidad de la conmixtión de las especies, no por eso se debe afirmar, antes se niega, que por la unión de la simiente humana, aunque se produzcan miembros correspondientes a ella puede haber capacidad de ánima racional en tales monstruos, [✠ 36] porque el ánima pide por sí informar solo aquella materia, aquellos miembros y órganos que tienen disposición para admitirla por razón de la creación de su especie; tanto que aun la materia misma de la simiente humana, si no está suficientemente dispuesta, no la recibe, como se ve en la mola y en los animales en que suele degenerar, produciéndose las concepciones que nacen en figuras de serpientes, ranas, liebres y otras, que todas pertenecen al género de la mola viviente. Y se confirma, porque Dios no dio al hombre cualquiera organización y forma de cuerpo sino aquella que pedía el ánima que había de habitarle y sin la cual no pudiera absolutamente estar: óigase la elegancia de Casidoro *De anima Cap. 16, ibi: Sed cum membra singula diversa corpori præbere videantur officia, aliudque nobis sublime, aliud mediocre, aliud sit in ultimo constitutum in tantam complexionis gratiam convenerunt, ut omnia sibi necessaria, omnia probentur acommoda,* &infra. *Debuit enim consilio summo fieri quod videbatur rationali animæ esse conjungendum: O summi Opificis creatura mirabilis, qui sic humani corporis lineamenta disposuit, ut si primi hominis non esset peccatis gravantibus onerata, magnis muneribus non fuisset exuta. Qualia enim meruit tunc habere libera, quæ nunc tot bona noscitur retinere damnata?* Y prosiguiendo sobre los privilegios de la carne humana y de la gloria en la resurrección dice: *Ipsa tamen est quæ cœleste Psalterium canit, quæ gloriosos Martyres facit, quæ Conditorem suum visitata promeruit, quæ ipsam quoque vitalem Crucem Sancti Redemptoris accepit: merito jam spiritalis futura creditur, quando & hic mortalis tanto manere perfuncta gloriatur.*

A que se llega que si fuera capaz de alma racional tal monstruo, se siguiera que el hombre o mujer sola pudieran engendrar el hombre, lo cual es imposible por ser ambos los que deben concurrir, como se ha dicho, de suerte que cada uno por sí no puede generar cosa alguna; luego no es dable la racionalidad humana en dichos monstruos. Se prueba la secuela porque a tales monstruos concurre solo el hombre o sola la mujer como se supone, uno u otro con la simiente propria. Luego si de tal concurso pudiera producirse sujeto capaz de alma racional, se siguiera bien, que solo el hombre o la mujer sola pudieran engendrar el hombre, que no es otra cosa que animal racional. Se confirma porque la simiente que en lugar de la humana se junta a cualquiera de las referidas es de bruto; y como quiera que esta pide animarse con el alma material, que se ha de educir de la materia, de la cual pende *infieri, & conservari* según la común y verdadera sentencia de todos los filósofos, generándose la unión y la forma substancial, a diferencia de la racional, que se infunde y produce por Dios en la materia dispuesta. Se sigue que pidiendo por su parte la forma de su especie, esto es de aquel animal cuya es la simiente, está incapaz de recibir una forma inmaterial cual lo es el alma racional. Con que no se halla camino por donde presumirla en tales monstruos. Y aunque resulta de aquí la dificultad de saber qué alma será la que tendrá tal monstruo, no pudiendo ser la racional por lo que se ha dicho ni la del animal que concurrió, por no poder una simiente sola generar ni la de otro alguno, por no poder el alma de uno informar en la simiente de otro, se dice que entonces sacará el monstruo [✠ 37] una ánima material conveniente a aquel mixto, porque aunque pida la simiente del bruto animarse con su forma, es parcial y no totalmente, y del modo que así no es bastante para generar, no lo es para resistir otra forma material. Por lo cual la simiente parcial de animal, puede admitir una tercera y neutra conveniente al tercero y neutro compuesto material que se produce; y aun esto no es admitir forma ajena sino antes conservar la parcial, que traía *in potentia,* mezclada a la extraña y de esta mezcla resultar una tercera. Porque lo que repugna es que el alma total de un animal informe el cuerpo de otro, no que resulte una tercer alma de la mezcla de dos especies, como se ve en el mulo, que no tiene el alma total del caballo, ni la total del asno, sino una tercera que resulta de la parcialidad de ambas. Porque la naturaleza en tal producción no intenta conservar las especies sino el género de animal y para este fin le basta cualquiera animación conveniente a aquel individuo que produce, como sucede en los animales en que suele degenerar la misma simiente humana, como se ha dicho. Sin que tampoco haya de parte de esta repugnancia para que resulte tal alma tercera, por no ir animada y tener aquella disposición para mantener el género de animal por su parte, que es la materia con la facultad formatriz parcial o espíritu proprio generativo y material, semejante y aun mucho más noble que el alma material de los animales. Y así se debe concluir con Zachias *d. Quæst. 3. in fine,* Delrío *d. Quæst* 14, el padre Andrés Mendo *Epitome opin. mor. in Appendice casuum valde notab. de Baptism. Num. 3,* Nieremberg. *Lib. 3, curi. philos. Cap. 25, y Lib. 5, Hist. natur. Cap. 6,* Villalpando *Lib. 2, De magia Cap. 31,* y el padre Gaspar Schotto *De mirabilib. nat. & artis Lib. 3, Cap. 5, & in Appendic. ad Lib. 5, Cap. 4, in corolla rijs.* Que de hombre y bestia no puede producirse animal racional según la opinión común, [✠ 38] no solo cuando el parto nace con miembros de ambas especies sino aun lo que es más, cuando saliese todo con forma humana, lo cual puede acaecer; porque puede nacer hombre aparente en la figura externa sin las disposiciones internas por haber prevalecido la simiente viril humana y si acaso nace racional, no puede ser parto de la bestia, no obstante haberse visto nacer de ella, porque esto puede acontecer, haciendo el Demonio parecer preñada a la bestia con inflación del vientre y suponiendo, al tiempo de fingir el parto, otro verdadero, como juzga Martín Delrío *d. Quæst.* 14, sucedería al infante que se vio nacer de una vaca en Flandes, el cual en su tiempo vivía adulto y haciendo penitencia por el delito del padre, negando poder ser de otra manera. Al contrario puede bien acontecer que nazca sin magia alguna el parto todo humano en la apariencia de madre bruta por la razón que arriba apuntamos de la superioridad de la simiente masculina del hombre, como también *e converso* todo bruto de madre humana por la fuerza de la simiente masculina del bruto, como lo defiende y prueba Gaspar de los Reyes *en Campo Elys. Quæst. 45. a Num. 33.* No porque deje de concurrir igualmente la simiente femínea y tener muchas veces mayor fuerza, según dijimos arriba, sino porque ordinariamente la tiene mayor en acto la masculina, a cual llegándose a la mayor perfección que por el sexo tiene, hace que atraiga a sí la femínea para que siga y reciba su naturaleza y temperamento, reduciéndose a acto su actividad por la masculina que la suscita y da el movimiento como más poderosa, por lo cual no es de admirar que algunas veces la venza y la haga llegarse a temperamento, aunque extraño, porque la acción es siempre del agente más poderoso, que son razones del precitado autor *ubi supra Num. 32.*

Mas no por esto el parto todo humano nacido así de bruto se dirá racional, aunque dicho autor es de parecer en el número 39, que si la facultad formatriz de tal manera dispusiese la materia de la simiente femínea del animal, que pudiese formar la organización y efigie interior y exterior perfectamente, tendría con eso el concepto disposición suficiente para recibir el alma racional, con lo cual no mereciera tal parto el nombre de monstruo por no hallarse nada errado en él por la naturaleza sino ya respecto del origen; no *per se* sino por razón de su causa. Lo cual como quiera que sea debajo de supuesto que no prueba y que es todo el punto que se niega, por el imposible de poder disponerse la organización interior para la racionalidad, según lo que queda dicho, no contiene cosa que nos pueda apartar de la común sentencia de los teólogos. Puede también el Demonio hacer que el parto de hombre y bruto nazca todo en la apariencia humano, disponiendo las simientes en similitud del generante humano, permitiéndolo así Dios en castigo del nefario delito, como lo tienen los autores arriba referidos, explicando el modo con que el Demonio puede hacerlo.

Y así se deben entender haber nacido de los modos que quedan asignados o de otro que se ignore (o tenerlos por fabulosos) los partos todos humanos [✠ 40] producidos de varios animales, como fueron antiguamente la niña nacida de Aristónimo Efesio y de una asnilla, que por eso llamaron *onoscelide,* y la que nació bastantemente hermosa de Publio Stella y de una yegua, a quien por eso así mismo llamaron *hippona,* según refiere Plutarco *in Parallel. 29,* los dos infantes Agreio y Oreio nacidos de Polifontes, hija de Hipón Tribalo y de cierto oso que trae Bauhino *De hermaphrod. dict. Lib. Cap. 10,* los dos mellizos varón y hembra que refiere Jacobo Franco haber nacido de una vaca el año de 1597 en cierto lugar de España con toda rectitud en la formación, los cuales habiendo causado notable terror a todos, no fueron admitidos a la sagrada fuente del bautismo por el obispo del lugar, cuya *Historia* también refiere Georgio Schenkio *De monst. brutor. observ. 75,* y fuera del caso ya referido del infante nacido en Flandes de una vaca que trae por cierto Delrío, el que dice Riolano *Cap. 6. De monstro risijs nato* haber en su tiempo nacido en Alemania de otra, cuyo caso refiere así: *Ex vacca quidam nebulo in Germania genuit filium formosum, qui viuit omnino addictus pietati ad expiationem fui ortus: verum stupet iut animus, & belluinum quiddam redolet,* el cual por ventura es el mismo de que hace mención Juan Reynardo *Lib. De peregrin gentium sermonibus,* según Gaspar de los Reyes *d. Quæst. 45, Num. 31,* los dos mellizos también nacidos en Ascherlebio que refiere Henrico Hofnero en Gregorio Horstio *Lib. 1, Epist. Sect. 4,* donde dice así: *Fama apud nos exorta est de nativitate duorum puerorum ex equa a viro quodam Ascherlebii fœta: infantes dicuntur esse plane non monstrosi, sed reliquis si-*

millimi infantibus nisi quod magnitudine, & artuum robore anniculum referant. Y sobre todos el caso que refiere Gaspar de los Reyes *d. Quæst. & num,* por testificación ocular de persona sumamente fidedigna que así aseguró haberlo visto pocos días antes. Esto es, haber habido un hombre nefario en Portugal en el lugar de Trancoso, que habiéndose mezclado a una yegua que tenía la reconoció preñada y viendo no podía ser de otra causa, por haberla tenido siempre sola, y sin que a ella hubiese llegado bruto de su especie, esperó con gran cuidado el parto, velándola de noche hasta que llegando a parir una mañana vio nacer de ella una niña con forma del todo humana, sin nota alguna de bestia, de que extremamente asombrado huyó, de suerte que no volvió a ser visto más. Fue criada la niña, creció y vivía como las demás, sin otra señal que arguyese su origen, que gran copia de vello por la espina desde el celebro y la risa no del todo humana sino muy semejante a la voz bruta del caballo. A que le añade el caso sucedido en esta ciudad de la mujer nacida en una perra con quien se había mezclado nefariamente cierto hombre, la cual dicen tenía una lista del pelo de aquel animal por todo el cuerpo y habiéndola casado el padre repugnaba la unión conyugal en el tiempo en que los perros no se juntan, admitiéndola, y aun solicitándola en aquel en que estos se desean. El caso es notorio aquí por tradición y le refiere el P. Calancha en su *Historia*. No obstante lo cual debe seguirse lo que queda dicho.

Capítulo 5.
De las causas eficientes de la generación de los monstruos.

SUMARIO.

1. *Se excusa el autor en el asunto.*
2. *Primera división de las causas de los monstruos en superiores e inferiores y subdivisión de las primeras.*
3. *Los monstruos nacen algunas veces por divina disposición y ¿cómo?*
4. *La Iglesia nunca ha observado expiar los nacimientos monstruosos, como lo hicieron los étnicos.*
5. *¿Por qué se expían los terremotos y no los cometas ni monstruos?*
6. *Demonios íncubos numerados por algunos entre las causas de los monstruos y la factibilidad del modo.*
7. *Dos géneros de íncubos, uno natural y médico y otro demoníaco.*
8. *Razones que conducen a la negativa en cuanto a los íncubos.*
9. *¿Los astros cómo pueden ser causa de los monstruos según algunos?*
10. *Se hace verosímil serlo en algún modo.*
11. *Los vientos causas de los monstruos según Aristóteles.*
12. *La depravada conformación del útero en cuanto a su estrechez y amplitud entre las causas de los monstruos, reprobada.*
13. *Esta misma en cuanto a la tortuosidad y desigualdad, admitida.*

Habiendo asignado las especies en que hemos dividido al monstruo y defendido una de las más principales, que como impugnada de tan graves autores ha pedido algún sudor en la defensa con campo competente a la contienda, pasaremos a beber en la fuente de las causas lo que se puede hallar líquido de su conocimiento, siendo punto este tan obscuro que una parte de él sola obligó con su dificultad a que la colocase Séneca *Lib. 7, De benef. Cap. 1*, entre los imposibles de la ciencia. *Quid sit quod geminorum conceptum separet, partum iungat. Utrum unus concubitus spargatur in duos, an toti omnes concepissent, involuta veritas in alto latet.* Quedando en lo que se ocultare a nuestra vista, aun dirigida de autorizadas perspicacias, excusados, [✠ 1] a favor de S. Ambrosio: *Lib. 3, Hexaem Cap. 15, Inexplicabile est singularum rerum reconsere velle proprietates, & vel diversitates earum manifesta testificatione distinguere, vel latentes ocultasque causas indeficientibus aperire documentis. Una nempe atque eadem aqua in diversas se mutat species, &c.* prosiguiendo Casiodoro con S. Agustín[1]: *Melius est enim in tam occultis causis confiteri ignorantiam; quam periculosam assumere fortasis audaciam, cum dicat Apostolus: quis enim cognouit sensum Domini, aut quis consiliarius eius fuit? & iterum: ex parte enim scimus, & ex parte prophetamus.* No necesitando de inferior salva en cuanto a los términos a que nos precisa la naturaleza del asunto, difícil sendero donde pueden parecer culpa del pie los abrojos inexcusables del camino, por lo cual será necesario, cuanto fuere posible, poner a la explicación muchas veces los grillos de la decencia, defiéndame Agustín *Lib. 14, Cap. 26, De Ciuitate Dei: Necesse est vt nostra disputatio magis frenetur ea quæ nos revocat verecundia, quam eloquentia quæ nobis parum subpetit, adiuuetur; &* infra *hinc est quod impedit loquentem pudor, & si non deficiat ratio cogitantem.* Y en lo demás donde quedare inevitable el incurrir disculpará la necesidad del entender. Y aunque hablando de la materia principal de la generación dijo Tirelmanno *Lib. 8, Physicor. Cap. 11, Fœdissima, & vix nominanda substantia, quam absque abominatione nemo conspicit;* no obstante es atribuir a la porción más noble de la humanidad, al instrumento de su conservación la culpa, que en las demás semillas es inocencia y de que solo debe ser imputada nuestra corrupción. *Quid enim* (dice Casiodoro)[2] *illo pretiosius esset, si inde humanum genus sine culpa des-*

---

1 Lib. De anima, Cap. 14.
2 Loco supra citato, Cap. 16.

cenderet? Sic omnia præconialia creata sunt, si peccatis pollentibus non redderentur obscena.

Se dividen, pues, las causas eficientes de los monstruos primeramente [✠ 2] en superiores e inferiores, según Bauhino *De hermaphrod. Lib. 1, Cap. 7:* las superiores se subdividen en divinas y celestes, esto es, que unos monstruos nacen por especial y justa disposición del Sumo Autor y otros a la fuerza de los aspectos e influjos de los astros.

Los que pertenecen a la disposición divina suceden unas veces en castigo, [✠ 3] y merecida vindicta de la impiedad de los padres o por exceso cometido en la unión, que puede acontecer de tan varias suertes, cuantas puede inventarse el malicioso desenfrenamiento, principalmente cuando no se repara en las personas, en los lugares y los tiempos, ni aun en los que la naturaleza reserva en las mujeres, según lo del profeta Esdras *Lib. 4, Cap. 5, Vers. 8, mulieres menstruatæ parient monstra.* De este sentir, fuera de Bauhino son Delrío *Lib. 2, Disquij. Mag. Quæst. 14,* Pareo *Lib. 24, Cap. 1,* Jacobo Rueffo *Lib. 5, De conceptu Cap. 3,* Gaspar Peucero *Lib. 15, De divination generibus* Carranza *De partu Cap. 1, § 1 Num. ult* Maiolo *Dier. Canicular. Colloq. 2,* donde se pueden ver singulares sucesos, desde donde comienza: *Prodigia hæc accidunt Deo disponente in detestationem alicuis criminis.* El grande arzobispo de Ravena S. Pedro Damiano *Lib. De miraculis* donde trae el parto monstruoso que al rey de Francia parió su mujer con la cabeza y cuello de ánsar: *Robertus Gallorum Rex propinquam sibi copulauit uxorem, ex qua susepit silium anserinum per omnia collum, & caput habentem.* Es también singular lo que refiere Cornelio Kempio, dockumense, *Lib. 2, De orig. phrisior. Cap. 21,* de la monstruosidad con que Dios castigó a las familias descendientes de los frisios dockumenses, que mataron a su obispo San Bonifacio y sus compañeros, las cuales sacaban todas desde el celebro ciertas crines a modo de cauda de bruto. *Nam horum Sanctorum indignam mortem* (dice este autor) *in filios filiorum Deus vindicavit: ut passim ex eorum familiis (quorum maiores tam nefarium scelus perpetrarunt) in hunc diem videantur in occipite grossos crines subalbi coloris in modum caudæ cuiusdam bruti:*

Sentit adhuc proles quod commisere parentes.

Igual infame insignia consiguieron a sus posteros los del pueblo de Strod en Inglaterra según refiere Polidoro Virgilio en su *Historia Lib. 13* por haber burlado a Santo Tomás Cantuariense y cortado la cola del caballo en que iba, saliendo todos con semejante extremidad. Cuya gente ya extinguida acertó a ser feliz, solo cuando acertó a acabarse. *Nam postea nutu Dei ita accidit, ut omnes ex eo hominum genere, qui id facinus fecissent, sint instar brutorum animalium caudati. Sed ea infamiæ nota iampridem cum gente illa deleta est.* Otro caso trae seriamente Tomás Cantipratense *Lib. 2, De apibus* de cierto caballero, a quien por profanar los días de fiesta ocupándolos solo en el empleo de la caza, parió su mujer un hijo con orejas de braco y otros modos de canes venatorios.

Otras monstruosidades acaecen en predicción y aviso de futura venganza y males graves, como han precedido en varias ocasiones a sangrientas guerras, cismas y herejías, en cuyos ejemplos no immoro, bastando entre todos el de los monstruos nacidos en varias partes de Europa los años precedentes a las herejías de Lutero y guerras de Alemania, que trae el Arcediano de Verdún en su *Antiguedades de la Galia Bélgica desde Carlos Séptimo hasta Francisco Primero de Francia*, de cuya opinión es el mismo Bauhino, Rueffo, Peucero y otros que se han citado y Guillermo de Paris *in Lib. de universo* en estas palabras. *Creator & Stellas in cœlo, & Cometas & gladios igneos & dracones creat & apparere facit in sublimi, similiter & portenta in terra & mari monstra in hominibus etiam nasci, ut infantules multorum capitum, propter quod & monstra dicuntur, non solum quod propter admirationem novitatis homines sibi monstrant, sed quoniam iram Dei monstrant imminere hominbus.* De este mismo sentir es Lorino *in Cap. 8, Sap. Vers. 8*, sobre aquellas palabras del Texto Sagrado: *Signa & monstra scit antequam fiant,* donde después de haberlas entendido con Vázquez y Cantacuzeno (como también lo sienten Cornelio a Lápide en este lugar, y Pineda *de reb. Salom. Lib. 3, Cap. 18, Num. 3)* de los eclipses y meteoros celestes, prosigue diciendo: *Item de Monstris, sive portentis in terra, vt anguibus ingentibus, & vario alio genere Monstrorum. Ex his namque sapiens præsagit mira quædam, & grauia eventura, quæ ad copiam, vel ad gloriam aliquam referantur,* y más abajo: *Licet quandoque de industria immittantur a Deo ad mala præsignificanda.* Aun más expreso está de los Santos Padres antiguos San Isidoro *Lib. 11, Origen. Cap. 3,* donde tratando así mismo de los partos monstruosos dice: *Quædam autem portentorum creationes in significationibus futuris constitutæ videntur. Vult enim Deus interdum ventura significare per aliqua nascentium noxia, sicut & per somnos & per oracula, quibus præmoneat & significet quibusdam vel gentibus vel hominibus futuram cladem.* Empero es de advertir no deberse entender esto indistintamente, porque si siempre que nace cualquier monstruo hubiésemos de recurrir a esta causa y a este fin, las desiertas arenas del África, que ordinariamente los suelen producir, debiéramos decir que serían capaces de avisos celestes o cuando se hallasen pobladas, que el Cielo solo manifiesta allí al mundo con repetido anuncio las desgracias contra lo que aun afirmó de su Júpiter, hablando de aquellas partes un étnico.[3]

Steriles nec legit arenas
Ut caneret paucis.

Y así según los mismos, y Zachias *d. Lib. 7, Tit. 1, Quæst. 2, Num. 5,* Martín Weinrich *De ort. monst,* Liceto *Lib. 1, De caus. monst. Cap. 1,* Polidoro Virgil *Lib. 3. De prodig,* tanto error sería negar algunas veces este modo de castigo o aviso a la deidad, como atribuírsele en todas, sino es permisivamente. Y parece que la diferencia debe ser semejante a la que se da en los milagros, en los cuales aquellos se atribuyen perentoriamente a la mano divina, que exceden todo el poder de la naturaleza o por los menos la superan en gran parte, por lo cual aquellos monstruos que nacieren, como se han visto algunos con miembros de especies imposibles a la conmixtión y con señales totalmente prodigiosas de letras, cruces, imágenes o voces, no hay duda que excediendo toda la naturaleza dependen solo de disposición divina, como sucedió en el monstruo celebre de Ravena, nacido el año de 1512, tiempo en que Julio Segundo movió toda la Italia y gran parte de la Europa contra Luis XII de Francia, a que se siguió la terrible batalla de Ravena, en que fue desbaratado el ejército pontificio, cuya efigie trae Pareo *Dict. Lib. 24, Cap. 1,* con un cuerno en la cabeza, dos alas y dos senos, y un pie solo

---

3   Lucan. Lib. 9. bell. ciu.

de bestia de rapiña, en el que se vio dentro de un huevo, el cual solo era una cabeza humana rodeada de culebras con tres que le salían de la barba en la ciudad de Augustoduno y casas de cierto abogado Bancheron, llevado después a Carlos IX de Francia a Metz, que también trae Pareo, en el monstruo de Cracovia dado a luz el año de 1593, horrendo en la forma, lo cual se comprobó con haber pronunciado apenas nació las siguientes palabras: *Vigilate, Dominus, Deus vester adventat,* cosa tan verdadera como asegurada por Jacobo Rueffo, Cardano, Sebastiano Munstero en Gaspar de los Reyes *en Campo Elysio Quæst. 45, Num. 44,* y ahora nuevamente por el padre Gaspar Schott (que ya hemos citado en esta obra, matemático ilustre de estos tiempos y compañero del padre Atanasio) en su *Physica curiosa Lib. 5, Cap. 25,* y el del año de 1577, producido a 12 de febrero a las orillas del Danubio cerca de Buda, *Tetrachyron,* o de cuatro manos con rostro humano, orejas de asno, del vientre a los pies buey, cubierto por allí de plumas y con disformes alas en el principio de los muslos, el cual apareció tirando piedras a los habitadores, que juntos en tropa le mataron y el que junto al Nilo se vio de tres cabezas, de vulpeja, dragón y águila, un brazo de la especie de esta ave y otro humano, cauda y cuerpo escamoso, como sierpe, dos piernas con cuatro pies, dos humanos y los otros dos, leonino uno y otro de ánsar, devorados de cuanto hallaba. Y otros más raros, que pueden verse en dicho Gaspar Schott, *dict. Cap.*

Al contrario aquellos que tienen en la naturaleza suficientes motivos de haberse producido, como son todos los que tratamos, por la mayor parte nacen sin este carácter, partos meramente dispuestos por las causas físicas o interiores, bien que de estos puede también servirse Dios para dichos efectos, juicio a que solo podrá llegarse con suficientes premisas. Y aun San Isidoro *loc citato* presume ser una de las señales de ello la de morir súbitamente, después de nacidos tales monstruos, como que solo venían a aparecerse a los mortales: *Sed monstra quæ in signicationibus dantur, non diu vivunt, sed continuo ut mata fuerint, occidunt.*

Lo cual se confirma lo que dice el padre Schott *dicto Lib. 5, Cap. 29, §1,* donde refiere a la causa final de los monstruos la predicción de futuras calamidades, como también la vindicta del numen con Stengelio *De monstris* y otros, en cuya comprobación trae el nacimiento del monstruo, que producido en tiempo de Mauricio, emperador de Constantinopla, prenunció la horrible secta de Mahoma, el del año de 1314, que previno las herejías de los antropomorfitas y maniqueos, el del año de 1255, que nacido con tres cabezas predijo los tres competidores del imperio en aquel tiempo, el del año de 1393, que presagió la ruina de Constantinopla, el del año de 1389, precedente al cisma de Benedicto XIII, alias Pedro de Luna, fuera de otros más antiguos que en tiempo de los romanos trae haber nacido con este carácter como los que referimos en el Capítulo 1, Num. [sic] que anunciaron la ruina de Xerxes y muerte de Alejandro. En lo cual no obstante lo referido, se debe estar a la distinción, que se ha dado, no debiéndose entender absolutamente todos los que preceden a algún suceso fatal haber venido en predicción suya, mientras son indiferentes y tienen causa material, accidental y física. Si bien por la fuerza que puede tener la observación en aquellos que nacen en figura simbólica o jeroglífica del suceso siguiente, como en el monstruo de tres cabezas y otros de los referidos (como se puede ver en dicho Gaspar Schott, Stengelio, Pareo, Aldrovando y otros) que en sus formas traían alguna significación, puede hacerse algún aprecio. Por lo cual, si se hubiese de estar a esta razón, el monstruo nacido a 30 de noviembre del año próximo, pasado de 94, en Lima no hay duda estaba tan lejos de ser fatal, cuanto su jeroglífico es feliz, siendo el salir abrazados los gemelos señal de unión, paz y amor, y el abrazo símbolo en todas naciones de amistad. De que no incongruamente pudiera, cuando ya no hubiésemos experimentado sin predicciones esta dicha, atribuirse a la singular unión a que con el feliz gobierno del excelentísimo señor conde de la Monclova se restituyeron las jurisdicciones y al afecto sagrado con que su Excelencia venera la Iglesia, pero donde tenemos los sucesos, no necesitamos los anuncios sino es ya que muden el estilo los monstruos y en vez de avisos hablen como memorias, sirviendo el presente de lámina que a la posteridad muestre nuestra fortuna y pida las duraciones con su ejemplo. A esta causa de disposición divina, fuera de los fines referidos de castigo y aviso se suelen asignar otros motivos, entre quienes es muy congruo el decir nacen tales los partos monstruosos para que restituidos después a su debida forma, resplandezca más prodigiosa la omnipotencia, como sucedió en el ciego a que dio vista Cristo, de cuyo defecto arguyendo los apóstoles delito en los padres en cuyo castigo hubiese así nacido, respondió el Señor no ser pecado proprio, ni de sus padres la causa de él sino la del fin de la gloria y honor de la majestad de Dios. Véanse dichos motivos en la agudeza de San Agustín *De Civitate Dei Lib. 11, Cap. 22, & Lib. 16, Cap. 8,* (en la palabras que explica Adam Contzen *Lib. 1, Polit. Cap. 13, §. 17)* donde dice, hablando de los monstruos particulares y de los nacionales, pertenecer también a la hermosura y variedad de la naturaleza, como a la incomprensible ciencia del autor estas deformidades, como las asperezas de los montes, los desgreños de las malezas y las arenas de los despoblados, asombrándose el que no puede ver el todo, de ver la parte, que por sí sola parece descompuesta y dentro del todo se halla conformada. *Deus enim creator est omnium, qui ubi, & quando creari quid oporteat, uel oportuerit, ipse nouit, sciens uniuersitatis pulchritudinem quarum partium uel similitudine uel diuersitate contexat, sed qui totum inspicere non potest, tamquam deformitate partis offenditur, quoniam cui congruat, & quo referatur ignorat.*

A que puede añadirse el fin de la singular estimación que perdí a quizá por la frecuencia suscita en los humanos la comparación de tales fealdades, tinieblas vivientes que hacen hermosos los resplandores racionales, borrones de carne que hacen salir las líneas de la forma en la grande pintura de esta imagen de Dios y últimamente el sumo reconocimiento de la malicia de su abuso y sobre todo el indicio aunque leve de aquella fealdad incomparable por donde el pecado hace a los hombres monstruos interiores, más terribles que los mismos monstruos, dependiendo estos del accidente y aquellos de las costumbres, Senec. *in Hyppolit. Act. 1:*

... Maius est monstro nefas,
Nam monstra fato, moribus scelera imputes.

Y concluyentemente San Alberto Magno *Tom. 5, De motib. animal. Lib. 1, Tract. 2, Cap. 5: infine. Ubicumque aliquod elementalium exorbitaverit, egreditur Monstrum, aut ex defectu aut ex superfluitate, aut ex inordinatione figuræ causatum. Similiter autem fit in motibus continentiæ. Unde sapiens fuit dictum Platonis, quando dixit quod Monstra morum fiunt sicut Monstra naturæ.* Dígalo el monstruo inicuo de malicia que encubierto con la hermosa máscara de la virtud en ilusión y daño de este reino nos descubrió al presente en el campo de la religión el Argos de la Fe el Tribunal Sagrado de nuestra Inquisición en el célebre auto en que salió condenada cierta mujer llamada Ángela Carranza: monstruo hipócrita de dos rostros y de dos corazones. *Vana locuti sunt, sabia dolosa, in corde & corde locuti sunt*[4]: monstruo aun en la infancia temido por sus mismos padres:

Hoc monstrum timuit genitor.[5]

Venerada en sus reliquias como santa, en sus revelaciones y escritos como santa y maestra. Pasaron aquellos de 7,500 hojas y los millares de sus letras quedaron a deber a los de sus errores. Fue el monte de ofensión del 4 de los Reyes 23.13. *Mons offensionis, Mons corrumpens, Mons perditor,* según otras versiones en Pineda *de reb. Salom. Lib. 7, Cap. 11, Num. 9,* donde se puede ver (como el otro de Semiramis) cortado en algún modo éste al talle de aquella mujer. Permítaseme esta digresión, porque dé gracias al Cielo que nos dio un Josías contra la perdición de ese monte, que nos dio al muy ilustre señor doctor don Francisco Valera, inquisidor apostólico de estos reinos, en cuyo tiempo están cabiendo siglos de negocios porque su espíritu no cabe en su tiempo, de quien para poder decir era menester que la elocuencia hubiese aprendido a no embarazarse de su celo, pero con todo librará esto en Claudiano[6],

Quæ sub te uel causa grauis, uel dogmatis error?
Nec legitur dubijs quis litibus addere finem
Iustior, & mersum latebris educere verum,
Quæ pietas, quantusque vigor!

Se advierte no haber jamás la Iglesia, ni la religión católica expiado, [✠ (4)][1] como indistintamente lo hacían los étnicos, los nacimientos de los monstruos dejando a las causas naturales o a la inescrutable

---

4   Psalm. 11
5   Lucan. Lib. 3
6   De houorij Consul.

providencia del Autor el poder y cuidado de su producción o de su fin porque, como siente Lorino *in Cap. 8, Sapient. Vers. 8,* es vano semejante modo de predicción o vaticinio y aunque como se ha dicho, algunas veces los envíe Dios el mismo entender o conocer, esto no es del fuero humano. *Vana ex his* (dice hablando de los partos monstruosos) *auguratio, & vaticinatio Gentilium: licet quandoque de industria immittantur a Deo, ad mald præsignificanda. Sed hoc ipsum intelligere, non humanum, sed diunum censetur.* Por lo cual solo fue propria del gentilismo la *Teratos copia* o divinación por los monstruos, según el mismo intérprete *in Cap. 2, Actuum Apost. Vers. 19.* Y así se hallan tan lejos de admitirse en nuestra fe estas cosas, que no tiene señalada virtud o carácter, de influir o amonestar por la naturaleza o por relevación divina cuanto están cerca de ser supersticiones ominosas semejantes a los agüeros que a la gentilidad ministraban los rayos de las nubes, los vuelos de las aves, las entrañas de los animales y otras muchas impertinencias de estas, que pueden verse en Paganino Gaudencio *De prodigij, signific.* en Julio Obsecuente y César Bulengero *De prodigij* sobre que puede reconocerse a Santo Thomas *Opusc. 25, Cap. 4 & 5,* y sobre que tenemos el precepto de Dios en Jeremías *Cap. 10 juxta vias gentium nolite discedere, & a signis cœli nolite metuere quæ timent gentes, quia leges Populorum vanæ sunt.* Sin que lo que suele hacerse en los terremotos, [✠ (5)] así con los sonidos de precautorios de las campanas, como con las demonstraciones de penitencia tenga igual sentido, porque aunque proceden de causas naturales, son calamidad ya presente como las tempestades, pestes, hambres, etc. y es necesario recurrir al Autor de la Naturaleza para que la enfrene o para que si se ha valido de ella para castigo deponga la sagrada ira su misericordia (dejando a un lado el otro efecto que también producían en los antiguos los temblores, que era el agüero grande que les resultaba del movimiento de la tierra, como presagio de futuro mal). Demás de que de este medio sabemos se vale Dios para castigarnos como también se sirvió de él para demostrar el sentimiento actual de la muerte de Nuestro Redentor, no menos que del eclipse solar miraculoso. Lo mismo se debe decir de estas defecciones de los luminares, de los cometas y otros meteoros como el halo, la corona, la paraselene, el parhelio y otros, los cuales pueden ser signos naturales de efectos también naturales, de tempestades, terremotos, hambre, esterilidad y peste con esta distinción, que a los eclipses, como más frecuentes y regulares, ha observado la recta astrología regularmente estos y otros malévolos influjos, no así a los cometas, porque aunque si son elementares, pueden ser signos de mala disposición en el aire por las exhalaciones de que se componen; si son sidéreos, no se les ha hallado virtud influente natural según el padre Riccioli *Lib. 8, Almagesti novi Cap. 5, Sect. 1, Num. 11*, quien trató esta materia novísimamente así en las cuestiones y observaciones astronómicas como en los sucesos históricos, de que hace catálogo con delicadeza incomparable. Aunque por opinión del mundo defendida con la antigüedad del consentimiento de las gentes han sido siempre terribles.

> *Crimenque timendi*
> *Sideris, & terris mutantem regna Cometen.*[7]

No solo por anteojo de los étnicos, sino aun por sufragio de algunos padres de la iglesia. Son entre todos expresos estos lugares, el uno de San Juan Damaceno *Lib. 2. Ortodoxæ fidei Cap. 7* en estas palabras: *Agignuntur autem, & frequenter Cometæ, signa quædam interitus Regum, qui quidem non sunt ex ijs Astris quæ a rerum initio facta sunt, sed jusso Divino certis temporibus constantur ac rursus dissolvuntur,* y el otro de Tertuliano *Ad Scapulam Cap. 3: Omnia hæc* (dice) *signa sunt imminentis iræ Dei, quam necesse est quoquo modo possumus, ut & annunciemus, & prædicemus, & deprecemur interim localem esse. Universalem enim & supremam suo tempore sentient, qui exempla eius aliter interpretantur.* Por lo cual del que apareció en su tiempo se valió San Juan de Capistrano para predicarla ira celeste a los mortales. No obstante está todavía en compromiso su fatalidad, habiéndose visto algunos, que al tiempo que han sido infaustos para unos, han aparecido felices para otros en revoluciones de reinos y monarquías: vea el que quisiere al referido Riccoli *vbi supra* donde lo que más prudentemente se dice puede juzgar de estos meteoros es ser enviados por Dios como porción y muestra de aquellas señales que dice el Sagrado Evangelio aparecerán horribles precursoras del día del Señor: *erunt signa in Sole, Luna, &*

---

7   Lucan Lib. 1 Belli Ciu.

Stellis. Y en este sentirse pueden llamar los cometas, y aun los eclipses, y otros meteoros, monstruos, como se entiende comúnmente el lugar citado: *Signa & monstra scit antequam fiant (Prodigia dicuntur monstra, quod futura præmonstrent* dice Cornelio con Cantacuzeno) como todos otros cualesquier prodigios o amenazas divinas y monstruos no naturales, cuales fueron los de las plagas de Faraón: *aliquando monstrorum exagitabuntur timore*.[8] Y así debajo de estos nombres de signos, prodigios y monstruos comprehenden todo género de señales celestes y terrestres, *& dabo prodigia in Cælo sursum, & signa in terra deorsum*[9] en que se entienden los monstruos según Lorino en dichos lugares y en esta acepción serán entonces presagios divinos, no así ordinariamente porque solo en caso que se les halle por donde sean signos naturales de naturales calamidades como de esterilidad, pestilencia y otras, se podrán temer en cuanto a ellas y no más, como dice dicho expositor *d. Cap. 8. Sap. Vers. 8, Sunt ista commode accipienda de probabili tantum conjectura si eventa quæ presagiuntur libera sunt. Nam ne Deus quidem aliud cognoscit ex vi talium signorum, & portentorum, monstrorumve, quam naturales quosdam effectus. Et hæc quidem presignicatio redigi potest in ordinem effectorum naturalium ut sterilitatis &c. Horum tamen quoque haud certa semper prænotio.*

Algunos quieren añadir entre las causas metafísicas de los monstruos a los ángeles malos [✠ 6] que por divina permisión puedan causar semejantes monstruosidades en el género humano, de la propagación de cuya imagen es enemigo siempre indeficiente o ya para el terror y aflicción de los que los engendran y los ven.

Se duda del modo con que pueden hacerlo. Dicen algunos, que por el arte con que se hacen íncubos y súcubos, pero Zachias acierta en no tenerle por bastante porque a la verdad esto no es más que recibir como súcubo el Demonio la materia que como íncubo lleva luego a la verdadera mujer que la ha de concebir, y en esta magia no pone de su parte otra cosa que la recepción e introducción, la cual dejando en su ser la materia, no puede obrar monstruosidad alguna si ya no viene ella en disposición tal y esta no procediera ya del arte del espíritu

---

8   Sap. 17.14.
9   Ex Cap. 2. Act. Apost. v. 9.

sino de la misma causa que puede asignarse en otros monstruos. Y si se dice que puede viciar la materia al tiempo de llevarla, disminuyéndola, confundiéndola o depravando su temperamento, se responde que pudiendo hacer lo mismo con la celeridad y eficacia del arte al tiempo de la unión verdadera de los padres, no tenía para que embarazase en tal rodeo. Sino es ya que como autor del vicio quiera usar del engaño, abusar de los hombres y facilitándose más el modo de viciar la materia, castigar a los mismos que le agradan, con semejantes concepciones y partos monstruosos correspondientes a su horribilidad. Lo admite Delrío *d. Quest. 14, Lib. 2,* donde solo trata de este punto. Bien que aun en controvertido por algunos, si hay tales Efialtes e Hifialte (esto es íncubos y súcubos) sobre que se puede reconocer a Bauhino *d. Lib. 1, De hermaphrod.* desde el Capítulo 19 hasta el 29 donde trata plenísimamente varias cuestiones pertenecientes a este punto, de las cuales concluye haber dos géneros de íncubos: [✠ 7] uno natural y médico [esto es una ilusión o fantasma de la imaginativa, de vapores crasos por crápula (o plenitud) y embriaguez o de jugos melancólicos] el otro verdaderamente demoniaco según común sentencia de teólogos con San Agustín, Santo Thomas y otros muchos que cita.

Discurre en contrario Paulo Zachias *Lib. 7, Tit. 1, Quæst 7,* [✠ 8] que nunca la celeridad diabólica puede igualar, cuando lleva la materia, a la brevedad con que se desvanece su tenuísimo, aunque noble, espíritu, el cual no puede durar un momento fuera del seno materno. Que no es creíble, que siendo el mismo Demonio el que es súcubo en una parte e íncubo en otra, pueda conservar la materia todo el intervalo que precisamente necesita para la perfección del congreso, en que ha de conservarla y si puede por aquel espacio, y aun por cualquier momento, no hay duda podrá hacerlo por un año y aun en la opinión de los que niegan la necesidad de la materia femínea, pudiera mantener la masculina con buscarle alimento congruo y consecuentemente hacer sin concurso femíneo un hombre, siendo esto último más fácil que conservar vigorosa la materia. Y que en cuanto a las confesiones de las hechiceras que han dicho haber concebido así, se atribuyen a ilusiones diabólicas en la suposición de la preñez y el parto o en hacerlas creer que lo que han concebido de otros hombres sea de ellos.

Se sigue proponer las causas celestes de influjos astronómicos: las defienden Ptolomeo *de Astror. judic. Lib. 3, Cap. 8, Text. 20*, Levino Lemnio *De occult. naturæ mirac. Lib. 4, Cap. 7,* Liebault *Lib. 3, Muliebr. Cap. 12,* Cardano *in Ptolomeu loco citato,* y de los poetas antiguos Marco Manilio en el lugar que queda insinuado *Cap. 4, Num. 3.*

Astra nouant formas cælumque interserit ora.

Dicen [✠ 9] contribuir los astros sus fuerzas, principalmente la luna en tiempo medio y sobre todo en la cuarta menguante, en cuya sazón suele quitar a las mujeres lo que les sobra la naturaleza, causa porqué nacen monstruosos los partos, deformes, torpes y necios. Y aun sucede según Lemnio *Lib. 1, Cap. 8* en las mujeres bélgicas abortar frecuentemente por esto algunos que llaman vulgarmente lunares por concebirse en dicha cuarta. Señalan fuera de esto los eclipses solares y el aspecto y conjunción de Saturno y Marte que suelen hacer las concepciones deformes, monstruosas e infelices. Ptolomeo dice consistir el nacimiento de los monstruos en tres cosas. La primera que los luminares caigan de los ángulos sin familiaridad en el horóscopo, esto es en el duodécimo o sexto lugar, a que añade Cardano el octavo y el tercero. La segunda que los infortunios estén en los ángulos y principalmente en el ascendente y zénit. La tercera que el Señor del lugar de la conjunción u oposición precedente al nacimiento no se junte al ascendente, al lugar de la luna, ni al Señor de la genitura. Alchabicio según Ronseo *De humanæ vitæ primord. Cap. 11* da algunos grados en que si estuviere la luna al tiempo de la concepción, se seguirá el parto monstruoso, los cuales señala en los signos de tauro, cáncer, león, sagitario, capricornio y acuario.

Lo refuta todo Martín Weinrich *De ortu monstror,* a quien sigue Paulo Zachias *d. Lib. 7, Tit. 1, Quæst. 2, Num. 10,* de cuyo parecer también Delrío *Disquis magicar. Lib. 2, Quæst. 14* y Gaspar de los Reyes en su *Campo Elysio jucundar. Quæst 4, Num.* 12 donde se ríen de los caldeos, egipcios, árabes y griegos que atribuyeron semejantes efectos al poder de los astros, como de los que los siguieron, como Heródoto, Julio Materno, Fabio Stapulense y los que ya se han referido, de los que a sus influencias entregaron el cetro del humano albedrío debajo del nombre de hado, llamado comúnmente estoico, por ser este el principio de los de esta secta, entre los cuales se numeran Manilio, Séneca en Hipólito en el acto primero ya traído, aunque a otro intento.

Nam monstra fato, moribus scelera imputes.

Y el jurisconsulto Domicio Ulpiano *in lege quæret aliquis ff. de verbor. signific. ibi: Neque id quod fataliter accessit matri injungere damnum debet.* Bauhino con Ronseo en los lugares que se han dicho concede la posibilidad pero niega poder suceder sin especialísima providencia de Dios o grave ofensa suya, siendo verosímil no permitirá sin justa superior causa tanta metamorfosis en la conformación de una criatura que ennobleció con su imagen. La razón que más punza es la facilidad con que se darían tales monstruos por la frecuencia de tales influjos, aspectos, conjunciones, oposiciones, eclipses e interlunios y la multiplicidad que a un tiempo se seguiría de ellos en todo el mundo, siendo tantos los que se engendrarían debajo de una misma posición. Sobre que es elegante el lugar de San Agustín *Lib. 5, De Ciuit. Dei Cap. 7,* donde hablando del poder de los astros en las concepciones dice: *considerent quam innumerabilia sub uno temporis puncto uel nascantur, uel oriantur, vel inchoent, & tam diversos exitus habeant* (y puede añadirse) *& formas.*

Sin embargo es cierto que los astros alteran [✠ 10] eficazmente lo sublunar, que la luz, cualidad activa con que obran, no está ociosa sino que del modo que en el sol como en su fuente es el instrumento universal de las producciones de la naturaleza, así en los astros mutuada conforme más o menos la participan, según en las conjunciones se le impiden entre sí y en los aspectos se la reflecten, imprime las primeras cualidades, introduce en el aire otras ocultas, origen de las enfermedades pestilenciales y populares, de las esterilidades y otros efectos por la mayor parte. Y aun llega a introducir por la alteración de los humores muchas veces la de los ánimos. Que la luna impera poderosamente en las concepciones y preñeces, casi del modo hasta ahora nunca bien averiguado con que manda en las enfermedades y sus crisis. Que el ingenio limitado de los mortales niega de ordinario todo aquello que no descubre en su razón y aun hasta hoy negará muchas cosas que solo por haberlas palpado las confiesa. Con que parece no será temerario el afirmar que mediatamente pueden los astros ser causa algunas veces de los monstruos por los modos ocultos de sus altercaciones, causándolas en el temperamento que sigila las partes y simulacros en la simiente, ocasionando revolución y desorden en ella, de que nacen los partos monstruosos, lo cual se confirma del mismo Agustino *d. Lib. 5, Cap. 6, Cum igitur non usquequaque absurde dici possit ad solas corporum differentias affiatus quosdam valere sideros, sicut in solaribus accessibus & decessibus videmus etiam ipsius anni tempora variari, & lunaribus incrementis atque decrementis augeri, & minui quædam genera rerum,* y prosiguiendo dice haber desacreditado los mismos astros las influencias naturales con las que suponen los contingentes libres. Lo mismo sigue Santo Thomas *Opusc. 26*. Se llega a esto lo que se refiere de Seth el cual fue insigne en el conocimiento de las estrellas, y por esto sus hijos redujeron a principios la astrología, por lo cual fue llamado Dios según Suidas en Leonardo Coqueo *in Lib. 15, Cap. 23, De Ciuit. Dei*. De los libros que escribió hacen mención San Epifanio *in primero Panavij* y Joseph *Lib. 1, antiq*. cuya ciencia derivada hasta Enoc fue causa de que escribiese también algunos en que entre otras cosas se contenían el número y virtudes ocultas de los astros de que hacen memoria San Agustín, San Gerónimo, Tertuliano, Orígenes, Procopio y otros que pueden verse en dicho Coqueo *ubi supra*, y en el grande Atanasio Kircherio de Arca Noe *Lib. 3, Cap. 5*, y aun cita en estos libros a Enoc San Judas en su epistolario la canónica, bien que algunos dicen contener mucho apócrifo. Pero ninguno duda que este conocimiento astronómico pasó, reservado en las columnas que erigieron para ello antes del Diluvio, hasta Cham, el cual habiéndose entregado más que otro alguno de los demás hijos de Noé a la ciencia astrológica, fue por esto llamado astro viviente, o Zoroastro, que significa lo mismo, aunque viciándole con arte depravado, fue no solo el príncipe de esta profesión a los egipcios sino de la magia diabólica. De estas columnas hizo canto especial el insigne Saluste de Bartas en su *Poema sacro* 2, Semana, Día 2, Parte 4, describiendo las cuales, dice.

> *Seth disciple d'Adam grand disciple de Dieu.*
> *(Comence adons Heber) ayant appris le lieu*
> *Aspect, cours & grandeur de tant d'esparses flames.*

Qui dorent le se jour des bien heureuses ames.
L'apprend a ses enfans, enfans d'autrepart
Escoliers studieux cultiuent cebel art.
Mais sçachant bien que Dieu rauageroit le monde
Vne fois par la flamme, vne autre fois par l'onde
(Cabale hereditaitre) ils surhaussent massons,
La superbe grandeur de ces Piliers bessons
Puis dans la pierre dure, & la rougeur des briques
Grauent pour leurs enfans les loix Mathematiques, &c.

Y sobre todo es cierto el sinfonismo del microcosmo con el megacosmo y la harmonía del mundo simpática, principalmente en la música, y consonancia que formen los astros con el hombre y sus partes, según lo puede reconocer quien lo tuviere por meramente metafórico, en el insigne ya referido y nunca suficientemente admirado Kircherio en el segundo tomo de su Musurgia *Lib. 10,* en el Registro 3 y 4, donde trata de la medicina harmónica en el Canon 4, Botánico, y en el 5, Médico, allí se verá cuanto obren las consonancias de los planetas y sus choros, en las partes humanas, en su generación y su salud, como en las plantas y medicamentos, como estos aprovechen por proporción cónsona, como de los dísonos en virtud de la sincopación y liga dura diestra se haga una harmonía, como las enfermedades sean meteoros del microcosmo, donde equipara los dolores nefríticos y podágricos, esto es de riñones, y gota a los partos monstruosos ibi: *quid aliud dolores nephritici, podagrici, quam partus monstruosi, & res in locis visæ non suis, sed toto genere præter naturam?* De que se sigue que dichos monstruos son verdaderamente unas disonancias en cuanto a las partes que no consuenan con los planetas que las predominan. ¿Quién negará el unísono del sol y del corazón, fuentes ambos de toda la vida y así que dos cuerpos con uno solo es disonancia monstruosa, que no colocado en su lugar es el mismo desorden que sería en el sol la dislocación de su sistema? ¿Quién dudará, si atiende a sus propriedades, el del celebro y cabeza con la luna, el del hígado conjove, y así el de las demás partes? Con que por lo menos en cuanto a la alteración que pueden causar mediatamente en las partes sigiladas no es temerario afirmar los astros por causa de la monstruosidad en algunos casos en que las materias estén dispuestas. Sin que obste todo lo que dice en contrario Martín Weinrich *De ortu monstr. dict. Cap. 12,* y en el Cap. 28, porque se entiende en cuanto a ser causas inmediatas de la mudanza de las figuras, lo cual no es lo que aquí se dice, es verdad que solo su calor y las cualidades impresas en el aire no pueden por sí mudar la figura en el seno al embrión pero ¿puede negarse que lo que hace el mal alimento, la destemplanza de la materia, la falta de espíritus, la crasitud y otras cosas que pueden causar indubitablemente, según después se dirá, las monstruosidades, no puedan hacerlo los astros mediatamente cuando pueden alterar y causar todo esto en el temperamento de los padres, puede un hombre por malos jugos (como sucedió al que curó Mercado en la consultación 20) engendrar monstruos y pudiendo los astros depravar estos jugos o alterarlos, como sucede en las epidemias, no podrán por este medio causar las monstruosidades? Lo más fuerte que se dice es la multiplicidad de monstruos, que se seguiría de un mismo influjo. Y se responde que las alteraciones de los astros tienen respecto a las materias, cuerpos y regiones en que se reciben, y así necesitan del modo del paso, como lo dice Figueroa en el Opúsculo 6, Cap. 1, que es la causa de que en esta América una misma constelación en distancias cortas cause diversos lugares efectos, por la variedad de los temples de diversos lugares, que estando en una misma latitud y longitud sin diferencia sensible en un mismo tiempo, en unos es invierno y en otros verano, en que se conoce que del concurso de las causas superiores con las inferiores proceden las generaciones y corrupciones, y que unas sin otras no tienen potencia ni aptitud para engendrar o producir, que son palabra de este autor. Que razón se hallará para que en ciertos tiempos se produzcan varios monstruos, como en los de Henrico IIII de Alemania, en que se vieron muchos partos monstruosos en hombres y ganados, en tiempo de Cómodo según Herodiano, y en otros según Livio, para que el año de 1594 en Hungría hubiese cierta peste en que nacían de los cuerpos ciertas víboras y lagartillos y para que en esta ciudad desde que nació el monstruo bicípite a 30 de noviembre del año pasado se hayan visto otros, como el parto de la oveja que se vio con las orejas en el lugar de los ojos y la boca en la garganta. Y en el polluelo de gallina que salió en casa de Don Juan de Palomares y tengo vivo en la mía con tres piernas de las cuales una le nace del lugar de la colilla y aunque no le sirve al movimiento, tiene vegetación y sentido y ¿no les podamos discurrir causa común como a las epidemias, la cual no puede ser otra que los astros y sus alteraciones? Es de este parecer más que otro alguno San Alberto Magno *Tom. 6, De animal. Lib. 18, Tract. 1, Cap. 6,* donde trata especialmente de la generación de los monstruos, a quienes solo asigna dos causas, que son los astros y la materia, reconózcase allí y a donde se remite y novísimamente el padre Gaspar Schotto, *De mirabilil. nat. & artis Lib. 5, Cap. 28, §. 6.* El primero del mancebo de Hal, en el Tirol llamado Bonaquisto, cuya cabeza se guía los movimientos de la luna, en cuya creciente le crecía en forma de toro no sin señales de sus armas, de suerte que aun atada no podía contenerse, encerrándose en su casa mientras duraba la deformidad, decreciendo al contrario en la menguante. Y el segundo de otro mancebo de Ingolstad, a quien sucedía lo mismo en una mejilla creciendo y menguando con la luna. De que infiere no ser inconsecuente pueda obrar esta (y los de más astros) las mismas, o semejantes monstruosidades, que puede causar en los nacidos, también en los embriones o en su concepción, a que añado, ser en éstos mayor la facilidad, por citar en el tiempo de la formación y con mayor debilidad.

Pasemos ya las causas físicas e inferiores, que son las que más pertenecen al médico como las que inmediatamente concurren, y dejando algunas que se han pensado menos pertinentemente como son la que dieron los que numeraron entre las causas de los monstruos [✠ 11] a los vientos. Bien que Aristóteles señale el Austral diciendo ser este en la Apulia, África y otros lugares meridionales causa de que las mujeres engendren muchos, de donde también quieren saliese el proverbio ya referido, de que el África daba siempre algo nuevo. Y la que discurrieron muchos otros atribuyendo a la depravada [✠ 12] conformación del útero por su estrechez o amplitud la monstruosidad de los partos de cuyo sentir fueron Levino *De occult. nat. mirac. Lib. 1, Cap* [sic], Parco *Lib. 24, Cap. 8,* Bauhino *De hermaphr. d. Lib. 1, Cap. 9,* Carranza *De partud. Cap. 17, Num. 19,* con los antiguos filósofos Empédocles y Dífilo, el cual confirman con Hipócrates *in Lib. de genit. ad finem* donde escribió nacer los partos defectuosos y débiles por la viciosa conformación del útero, como cuando es estrecho de suerte que no permita augmentarse completamente el parto, fundándose también en la sentencia de los físicos, de que el lugar es forma de lo que en él está. *Locus est forma locati,* y en el ejemplo de las frutas, que encerrándose al producirse en el árbol dentro de vaso donde crezcan, sucede si es estrecho salir diminutos.

Pero a la verdad reprueba bien esta opinión Zachias *d. Quæst. 2, Num. 13.* Porque en cuanto a la amplitud del seno, se dice que este recoge como orbicularmente la materia sin dejar entre sí y ella vacuo alguno, coartándose en proporción de su copia por evitar la corrupción que se seguiría en ella de lo contrario. Y en cuanto a la estrechez es cierto que el efecto que podía producir no es la monstruosidad de número o de colocación sino solamente la de magnitud haciendo que nazcan los hijos sumamente pequeños como los enanos, mas no defectuosos en la proporción de los miembros. Ni esto tampoco podía suceder porque teniendo la materia suficiente sigilación para formar un cuerpo en la magnitud debida, la facultad formatriz tratará hacerlo y augmentarlo proporcionalmente, aunque el seno lo resista, y lo que podría obrar la repugnancia de este sería no impedir al augmento sino causar el aborto no pudiendo retener la criatura según sucede y lo afirma Hipócrates *Lib. De natura pueri.* Sin que obste el ejemplo de las frutas dentro de los vasos, porque jamás se pondrán estos tan estrechos que se intente notable diminución en la fruta, porque entonces, siendo posible, rompería esta fácilmente el vaso. Lo mismo podrá decirse de los partos, en quienes nunca podría conseguirse notable desmedro cual el de los enanos, que es el monstruoso y se confirma en los nacidos, a quienes estrechando artificiosamente las partes del cuerpo, como pies y cinturas, se les impide el augmento mediana, no excesivamente, según Weinrich *Cap. 15.*

Lo que sí se admite es la tortuosidad [✠ 13] y desigualdad del seno por alguna dureza o por cirrosidad del bazo, donde inclinada la criatura, si es mujer, choque como en escollo y revuelva la parte que había de extenderse por allí a crecer tortuosamente por otro lugar, bien que apruebo menos esto último por haber conocido mujeres que han padecido manifiestamente de tales durezas o cirrosis en el bazo y han parido mujeres muy perfectas. Sino es en algún especial caso en que por la suma plenitud de la madre se hallase impedida la criatura de colocarse bien por otra parte y se viese precisada a cargar sobre la del bazo, y así sería el caso que refiere Lemnio en el lugar citado de la niña que vio con la mano monstruosa por haberse torcido la articulación para dentro. La tortuosidad pues y desigualdad del útero puede sí ser causa de monstruosidad, a que hace bien el ejemplo celebrado de Empédocles y Dífilo, que es el de las obras de fundición, donde se manifiesta el axioma *locus est causa locati,* siguiendo los defectos del molde toda la obra, el cual si está tortuoso, con rima o prominencia alguna, la hace salir con mil deformidades e indebidas figuras, como también el de las frutas en los vasos y el de las raíces de los árboles, que cuando encuentran peña viva revuelven deformemente sobre sí. A que no obsta lo que dice Zachias en cuanto a que el útero se recoge orbicularmente sin dejar vacuo sobre la materia, inconveniente en que incurriría si se supusiesen los defectos de tortuosidad y desigualdad en él, como que el hueco que causasen hubiese de quedar precisamente vacío, que fue antojo de Zachias, no reparando que siendo la simiente materia fluida y no solida, no había impedimento para que llenase cualquier hueco, extendiéndose por una parte cuando se prohibiese por otra, como se ve en las fundiciones y en los vasos de beber.

Se reducen pues las causas físicas o inferiores a la subdivisión siguiente. Porque o son internas o externas, despleguemos ahora el mapa de las primeras.

Capítulo 6.
Donde se trata de las causas físicas inferiores de los monstruos.

SUMARIO.

1. *División de las causas naturales de los monstruos.*
2. *La causa universal de las degeneraciones monstruosas consiste en la disimilitud del génito al generante.*
3. *¿En qué consista la similitud genéricamente?*
4. *¿Cuál sea la similitud en las individuales propriedades?*
5. *Sigilación de partes que sea y ¿cómo se haga?*
6. *¿Qué cosa sea la facultad formatriz y su dificultad remisiva?*
7. *Primera causa de monstruos la indocilidad de la materia a la facultad formatriz y defecto de esta por depravado temperamento.*
8. *De ella nacen los monstruos que de padres humanos degeneran a otra especie por similitud en el todo, en cuyo caso no son racionales.*
9. *Al contrario pueden serlo los que de estos nacen con la cabeza humana perfectamente organizada.*
10. *Segunda causa la desigualdad de la materia y ¿qué monstruos nazcan de ella?*
11. *Tercera causa el desorden y confusión, y sus monstruos.*
12. *Cuarta causa las copia sola de la materia.*
13. *Parto multíplice cual no es en el hombre monstruoso y cual lo es.*
14. *Los monstruos de esta cuarta causa son los gigantes, y la diferencia entre su formación y la de los gemelos.*

15. *Causas de los gemelos asignadas por varios, y cual sea la verdadera.*
16. *Ejemplos de monstruos gigantes.*
17. *Ha habido familias y naciones giganteas.*
18. *Los gigantes del capítulo sexto del Génesis procreados de los hijos de Dios y de las hijas de los hombres como se entiendan por algunos.*
19. *Quinta causa de monstruos, el defecto solo de la materia.*
20. *Si ha habido nación de pigmeos remisiva.*
21. *Sexta causa de monstruos, la copia de la materia con desigualdad y confusión.*
22. *Pertenecen a ella los monstruos bicorpóreos y bicípites.*

La primera causa [✠ 1] es la indocilidad de la materia a la facultad formatriz por el depravado temperamento, o la falta de la misma facultad. La segunda, la desigualdad de la materia o espíritus. La tercera, el desorden. La cuarta, la copia. La quinta, el defecto. La sexta, la copia con desigualdad o confusión. La séptima, el defecto de la materia con lo mismo. La octava, el vicio del útero. La novena, la mala conformación de este en la tortuosidad o desigualdad. La décima y última, mezcla de simientes diversas en especie. De estas dos últimas, queda ya dicho lo suficiente: trataremos de las demás, para cuya perfecta inteligencia sirve de senda real la siguiente doctrina, según Don Luis Mercado así en el libro tercero *De mulier. affect. Cap. 7*, como en el libro único de las consultaciones en la 20, hecha sobre el caso de cierta mujer noble que habiendo vivido estéril por 15 años parió después tres veces varias molas, y a la cuarta un monstruo horrendo con los ojos desmedidos, sin narices, con la boca y labios a modo de pico de águila y en lo restante mil monstruosas figuras, de cuyas causas curó de suerte a ambos padres que últimamente consiguieron engendrar un hijo muy perfecto, singular victoria del conocimiento.

Toda la causa de las degeneraciones de la materia consiste [✠ 2] en la mayor o menor disimilitud del génito al generante, por lo cual es necesario inquirir qué origen tenga la similitud y de qué modos pueda perderse, de dónde nacen los grados de la desemejanza y de estos los de los monstruos.

Toda la similitud genéricamente consiste [✠ 3] en la materia y en la forma, y siendo esta lo más noble de la naturaleza y atendiéndose en ella la semejanza según la conveniencia o comunicación en la forma. Unas cosas se dicen semejantes según la misma razón y modo y estas no solo se dicen semejantes sino iguales, como dos igualmente blancos. Otros según la misma razón, mas no el mismo modo, como lo más o menos blanco. Y otros no según la misma razón, como sucede en los agentes no unívocos. Y como todo agente en cuanto tal haga su semejante según su forma, precisamente ha de estar su similitud en el efecto. Y si el agente está contenido en la misma especie con su efecto, será la similitud entre ellos en la forma según la misma razón de la especie. Pero si al contrario no está contenido, saldrá la similitud pero no según la misma razón de la especie. En el primer caso, en que el agente está contenido dentro de una especie con el efecto según la definición de la generación. Se dan tres especies de similitud de hijos a padres. La primera en la especie. La segunda en el sexo. La tercera en las individuales propriedades.

Pero porque nuestro instituto no es explicar la generación en común, dejando las dos primeras especies, pasaremos a indagar la tercera por ser la que pertenece inmediatamente a las causas de los monstruos.

La semejanza pues en las individuales propriedades consiste en lo siguiente. [✠ 4] Ministra primeramente el hígado la sangre y espíritus naturales para alimento de todo el cuerpo y como se hacen para este fin, es preciso que vayan no solo con un temperamento general y específico que pudiera convenir a otro animal o hombre sino con uno que solo convenga a aquel individuo en número tal para quien se destina. Demás: este temperamento, aunque es universal de todo el cuerpo no es uno solo sino diverso según las diversas partes a que ha de ir, esto es las partes de sangre y espíritus que han de ir al alimento de los brazos han de ser del mismo temperamento que ellos y no de otro, y así en los demás miembros. Y este llevar tal temperamento: es lo que llaman sigilación de partes, [✠ 5] lineamentos, simulacros o filamentos Santo Tomás *Part. 1, Quæst. 119, Art. 2*. Y otros muchos. Sucede esto porque el hígado como parte príncipe contiene para en cuanto a la vegetación y primera formación de la sangre y sus espíritus el temperamento universal de todo el cuerpo. De aquí esta misma sangre y espíritus naturales suben por la vena cava al corazón en cuyos ventrículos diestro y siniestro se fermentan y purifican nuevamente de suerte que se engendra la sangre arterial y espíritus vitales. Los cuales así mismo, como se han de difundir por todo el cuerpo para fomentar el calor de cada parte (que es lo que se dice cálido influente) y son el principal instrumento de las acciones del corazón, en quien así mismo reside virtualmente y con mayor nobleza que en el hígado el temperamento de todas las partes vitales, se sigue que deben sacar también ellos el proprio e individual de cada miembro a que han de influir.

Separándose pues de esa misma sangre así venosa como arterial y de eso espíritus naturales y vitales contenidos en una y otra (que gozan del temperamento común y universal de todas las partes y cada una de ellas) la porción que se destina para los vasos preparantes y de allí para las partes de cuya substancia se labra la simiente en hombre y mujer, no hay duda que esta misma gozará de ese temperamento de la misma manera que la que está destinada al alimento universal. Y como esta por contener tales temperamentos, esto es, tales partes selladas con aquella misma naturaleza que tiene cada miembro de los que han de alimentar, contiene en sí la similitud de dichos miembros (la cual no es otra cosa que las dichas partes sigiladas) pues de otra suerte sucediera que partes que no fuesen semejantes al brazo pudiesen augmentar o conservar el brazo, se sigue que así mismo la porción convertida en simiente, que es de la misma naturaleza, contenga la misma similitud individual del todo y cada miembro de por sí.

De que se sigue deberse considerar primeramente todo el cuerpo de simiente que es lo que llaman los griegos *oncos spermaticos, id est moles seminis,* y después en ella dos partes de quienes es la una la substancia crasa, que tiene la razón material y la otra es *pneumática o* espirituosa, que tiene la razón formal de la simiente y no es otra cosa que aquellos espíritus que con la sangre venosa y arterial se comunican a los vasos spermáticos preparantes. Esta materia y estos espíritus en quienes se contiene el temperamento de cada parte del cuerpo, puestos en obra en la generación dentro del útero, es preciso que del modo que las partes sigiladas en ellos antes de llegar a los vasos seminales estaban aptos para alimentar con similitud todas las partes del cuerpo del generante así después de reducidos a simiente, ya espíritus generativos, tienen la misma potencia de componer otras tales partes como las del generante en el génito, por ser de la naturaleza y temperamento de aquellas mismas, o mejor, ser ellas mismas con diferente destinación y cocimiento que les da mayor eficacia y pureza.

Que cosa sea la facultad formatriz [✠ 6] y el principio de la conformación es secreto máximo y no bien atinado. Unos la atribuyen a las inteligencias e influjos celestes y al ánima que soñaron del mundo. Otros a la virtud generativa de los padres. Otros al seno materno. Otros a las simientes viril y fémínea según el concurso que las da la común de los médicos o a la viril sola, según los peripatéticos. Otros al alma que lleva consigo la simiente como fueron Sennerto y Scaligero, que defienden la animación de esta (sentencia errónea y que como herética refuta Zachias *Lib. 9, Tit. 1, Quæst. 3*). Y últimamente otros al alma racional que infundiéndose al instante de la concepción obra la formación de su domicilio. Todas tienen dificultades insuperables, de cuya fuerza y de la variedad incierta de los juicios en estas sentencias oprimido llega a recurrir en el labirinto que halla al hilo de luz de la omnipotencia y sabiduría del Criador. Schotto *in 2, Sentent. sistinct. 18, infine*, a quien sigue Carranza *De partu Cap. 1, § 1* (donde pueden verse recogidas las opiniones) con Platón *in convivio sapient.* Tertuliano *De anima Cap. 37, Omnes homines in utero serendi, struendi fingendi paraturam aliqua utique Potestas Divinæ voluntatis ministra modulatur.* Y el profeta en el Salmo 148, *Vers. 14, et seqq.* Galeno *in libello an omnes partes fiant simul. & in lib. Met.* donde confiesa ignorarlo y pide a los demás filósofos que hallaren en su enseñanza. Y aun Aristóteles *in lib. De fætus formatione Cap. 6*, si no recurre a Dios, a lo menos confiesa que ignora la verdad. Véanse sin embargo a Mercado *d. Lib. 3, De mul. affect. Cap. 7*, a Andrés Laur. 18, *De Hist. anat. Quæst. 2 & 12*, a Fernelio *Lib. 6, Physiolog. Cap. 4, 6 y 9*, a Gerónimo Mercurial *lib. De homin. procreat. Cap. 6*, a Valles *Lib. 2, Contron. Cap.*, a Santa Cruz *De Hippocrat philos. super text. 43, Discurs. 5*, y a Martín Weinrich, *De ortu monstror. Cap. 14*, donde trata ampliamente este punto, los cuales todos siguen la más celebre sentencia entre los médicos que atribuyen a la simiente, esto es, al espíritu que en ella reside el principio activo y la fuerza plástica o formatriz impresa por los vasos donde se labra según virtud dada por el Criador, la cual obra como órgano e instrumento del alma del generante, cuya facultad vegetativa se le comunica o va en dicho espíritu por impresión. Pero esto tiene igual dificultad que lo demás porque las facultades son inseparables del alma y donde ellas están allí está esta preferente de que se seguiría que el alma del padre estuviese en la simiente dentro del útero según dice Zachias *Lib. 9, Tit. 1, Quæst. Ult. Num.* Por lo cual Weinrich, en el lugar citado recurre también a la virtud divina. *Quod si hoc addatur informantem hanc virtutem rationis per se expertem a Deo & primo motore dirigi nihil potest desiderari aut dici amplius.* Lo cual si se entiende como primer causa es principio por sí manifiesto, mas se hace difícil no haya causa segunda y principio inmediato. Últimamente cualquier cosa que sea, es cierto que lo que instrumentalmente obra en la formación es el espíritu o espíritus seminales que están dentro de la misma materia, por lo cual entenderemos por estos la facultad formatriz cuando hablaremos de ella, por haber así hablado todos los médicos. Advirtiendo a sí mismo, que lo que dijéremos de la materia en cuanto a su copia, falta o de igualdad, no sea de entender solo de lo craso de ella sino también de lo espirituoso pudiendo pecar no solo en lo primero, sino también en lo segundo.

De todo lo dicho resulta que en cuantos modos pudiere acontecer viciarse o impedirse el orden referido de similitud del génito al generante, podrán suceder varias desemejanzas, no enormes como es frecuente y de que no tratamos, y más o menos enormes que causan los monstruos. De aquí es que la primera causa interna, [✠ 7]ᴶ que asignamos que es la indocilidad de la materia a la facultad formatriz por el depravado temperamento, sucede cuando por el vicio, impuridad y heces de la sangre se entorpece y confunde la sigilación, de suerte que no toma la sangre la que debe con el temperamento requerido y proprio de las partes a que a de ir, por estar viciada la parte príncipe que la ministra y por consecuencia depravado allí el temperamento universal y particular, como conoció Mercado haber sucedido en el monstruo, que refiere en la consultación citada, de donde nace no poder superarse de la facultad formatriz la materia rebelde, aunque este defecto atribuyen Bauhino *d. Lib. 1, Cap. 9,* y el mismo Mercado *ubi supra,* a la misma facultad en que debe haber distinción, porque unas veces puede venir el vicio en la materia, que es lo craso, y otras en el espíritu por falta de la copia y sigilación del requerida y de una y otra manera pueden suceder los monstruos, que pertenecen a esta causa. De aquí pues nacen [✱ 8] todos los monstruos que degeneran de la especie humana, (y así en cada otra cual quiera) porque siendo enorme la depravación del temperamento y sigilación, en lugar de ser esta la que debía ser, así del individuo como de la especie, bastardea de suerte que imita otro temperamento y sigilación extraña de uno y otro, encontrando con la similitud del temperamento de algún bruto, como sucede en la sigilación o impresión de los colores, que no estando perfectamente dispuestos o mezclados, en lugar de producir la tintura que debían, degeneran e imitan otra. De aquí es poder nacer de padre y madre humanos, partos en parte o en todo brutos, por lo menos en la apariencia y similitud. Los cuales, no hay duda, carecen de alma racional al contrario de lo que piensa Zachias, pues como dice bien Mercado, y es doctrina de filósofos y teólogos no puede el alma humana estar con la organización de bruto. *Siquidem & partium numerum, varietatem, figuram, temperamentum & situm fabrefecit natura non eodem modo, numero, figura, temperie & situ in omnibus animalibus, sed in vnaquaque specie peculiari & specialiori modo iuxta respectum futuræ speciei ita vt nil horum mutariposit sine corruptione substantiæ, & mutatione speciei ac formæ* (& infra) *videtur cuique formæ datas esse configurationes corporis pro indigentia & ratione suæ formæ. Præterquam quod cum anima rationalis sit tota in toto, & in qualibet parte ridiculum esset arbitrari manus leonis aut alterius bruti informari in homine anima rationali: vel teneris concedere partes illas deformes informari alia forma diversa a rationali quod non esset minus absurdum quia totum informaretur duplici anima. Quo profecto satius erit concedere deficiente figura humana in toto aut in parte adueniente alicuius bruti anima rationalem non posse consistere.* Bien que como el monstruo sea como se supone de padres humanos [✱ 9] y tenga la cabeza perfectamente organizada no es muy cierta esta doctrina en cuanto a que por la similitud aparente en los demás miembros a algún animal haya de excluirse el alma racional, respecto de que no impide este vicio aparente en dichos miembros la capacidad del alma, la cual aunque está toda en ellos como en la cabeza, no necesita de la organización que en esta, siéndole suficiente la que basta para ejercer lo vegetativo y sensitivo, esto es, la augmentación, la vitalidad, el movimiento y el sentido, todo lo cual puede obrar en miembros deformados, configuraciones extrañas, porque aun cuando, totalmente faltasen, bastaría la cabeza con la vitalidad del corazón para mantener toda el alma, por lo cual seguimos a Mercado cuando el monstruo esté totalmente extrañado de la similitud de la especie, ahora imite, o no en cabeza y tronco a algún animal, como los partos parecidos a liebres, simias ranas y otras figuras que pertenecen a la mola viviente en que la naturaleza obra lo que puede, conservando lo universal y a que no puede lo especial e individuo, y a Zachias cuando por lo menos tiene la cabeza perfectamente organizada en forma humana.

En cuanto a la segunda causa de la monstruosidad, que dijimos ser [✠ 10] la desigualdad de la materia, sucede cuando no vienen las partes sigiladas iguales en la cantidad o proporción que debían, como si las partes que habían de venir sigiladas como ciento para un brazo en igualdad del otro y en proporción de todo el cuerpo vengan como cincuenta o al contrario como doscientos, de donde nace salir algunos partos con algunos miembros desiguales en exceso o diminución, lo cual puede suceder por defecto intrínseco de la misma materia o por accidente extrínseco, de suerte que haya alguno para que o no llegue o habiendo llegado se pierda alguna porción de ella del modo que acontece en cualquier metal fundido que por dejar de llegar alguna parte de él que caiga fuera del molde a alguno de los cóncavos de él que deje de llenar, saldrá la figura deforme con desigualdad por aquella parte, v.g. saliendo en una estatua una pierna menor que otra o otra cualquiera parte (aunque en esta paridad del metal no la hay total porque este solo se sigila en el molde y la materia seminal viene ya sigilada). San Ambrosio comprehendió en breve las dos causas que dejamos explicadas, la primera de depravación de temperamento en la materia y esta segunda de desigualdad en el Capítulo 10 del Libro 3 del Hexameron o obra de seis días. *Quomodo* (dice) *secundum genus terra profert semina, cum plerumque semina iacta degenerent? Sed hoc, si quando accidit, non ad translationem generis, sed ad ægritudinem quamdam, & inæqualitatem seminis, videtur esse referendum.* Bien que esta causa es especie de la sexta o de la séptima en cuanto a la copia o defecto con desigualdad.

La tercera causa asignada [✠ 11] es el desorden de la misma materia. Esta acaece, porque al tiempo de moverse aquella para separar la potencia ministra segregante las ideas, simulacros o partes sigiladas, causase precisa revolución en la cual hasta llegar al término, se hallan las partes como en el camino todavía confusas y desordenadas. Entonces si no alcanza el cálido innato y fuerza del espíritu, o se introduce frigidez considerable de parte del útero, paran las partes en el camino, descaecen y no pudiendo llegar al término se quedan en aquel estado de revolución y desorden en que les cogió la falta del calor o espíritus y allí asidas ligadas y augmentándolas donde las halla. Del modo que sucede con las viandas cuajadas de cualquier mixto, en las cuales si el fuego no alcanza o falta al tiempo de mezclarse y cuajar debidamente, quedan las partes de los simples desordenadas y no colocadas en la mixtión que deben.

Martín Weinrich *De ortu monstror, C. 25,* dice causarse este desorden por ímpetu y movimiento violento de la materia a lugares indebidos, o porque el espíritu o virtud plástica se distribuya y mueva desordenadamente. Este es el que más se explicó y con todo no dijo lo bastante, lo primero porque aunque propone el desorden de los espíritus no dice su causa, lo segundo porque la materia no puede moverse violentamente sin el calor, esto es el de los mismos espíritus o del útero, y este antes es el que se requiere para la perfecta colocación. Con que del modo que se debe seguir este autor en el exceso de dicho calor, que causando más movimiento y efervescencia de lo necesario impela las partes sigiladas a indebidos lugares, como sucede en la suma ebullición de que sale, que la frigidez o el sumo calor puedan causar esta monstruosidad. De aquí nace salir los partos con los ojos en el pecho, las orejas en los hombros, como puede verse en el monstruo que trae Pareo *d. Lib. 24, Cap. 6,* y en el que aunque no humano, se vio en esta ciudad el mes de diciembre del año próximo pasado de 1694, el cual era un cabritillo con las orejas en el lugar de los ojos y la boca en la garganta. A esta causa pertenecen, si los ha habido, los monóculos o de solo un ojo en la frente sino son ya los ciclopes fabulosos como describió su en *Polifemo* nuestro Góngora.

De un ojo ilustra el orbe de su frente
Émulo casi del mayor lucero.

Y los que tienen los ojos en los hombros, de que hace mención San Agustín *Lib. 16, De Ciuit. Dei Cap. 8,* lo que los tienen en los pechos según afirma el mismo santo haberlos visto en Etiopia *Serm. 37, ad fratres*, y los que se hallan con los pies convertidos hacia la parte posterior, de que puede verse ejemplo en dicho Pareo y en el padre Gaspar Schotto *De mirab. nat. lib. dict. Cap.* Monstruosidad que sirve de símbolo a la que se causa en el error de las vocaciones y de que habla el célebre lugar de Ezequiel *Cap. 37,* sobre el vaticinio que le mandó Dios hacer a un campo de huesos: *ossa arida audite Verbum Domini*, en cuya ejecución se formó una multitud perfecta de hombres por haberse colocado cada hueso según su coyuntura: *& accesserunt ossa ad ossa, unumquodque ad juncturam suam.*

La cuarta causa de monstruos [✠ 12] es la copia de la materia, entendiendo por ella la abundancia enorme y excesiva. Esta es la que causa la pluralidad de las concepciones de dos o más gemelos, y las de los gigantes o partos desmedidos solo en la magnitud (no hablando aquí más que del exceso en la cantidad, no en otra cosa alguna). Lo primero sucede aunque de la misma causa que lo segundo, que es la copia, no del mismo modo, y puede ser monstruoso y no monstruoso. Porque el parto de dos gemelos [✠ 13] jamás se ha tenido por tal, respecto de su frecuencia y facilidad, como ni el de 3, 4, ni 5, que dicen puede parir una mujer. Como se ha visto en varios lugares y principalmente en Egipto más fecundo que otras partes del orbe por su Nilo a cuyas aguas atribuyen esta virtud, según se prueba del derecho en que hubo variedad entre los jurisconsultos Paulo y Juliano en la ley *Antiqui 3. ff. si pars heredit. pet. & in leg. sed. & si 28, § fin. de judic. & leg. si pater 36, ff. de solution.* Los cuales siguieron la posibilidad del parto de tres para la reserva de las partes hereditarias y aun asientan la de 4 y 5 y Ulpiano Pomponio y Gayo en la ley *vtrum ff. de reb. dub & in lg. 1, § fin. si pars hered. pet. & in leg. cum quidam 30. §. suum heredem de adquir. hered.* Los cuales tuvieron por lo ordinario y regular el parto único. Sobre que puede reconocerse Carranza *De partu Cap. 18, a Num. 6,* donde trata copiosamente del parto *multíplice:* reconózcase así mismo a Bauhino *De hermaphrod. Lib. 1, Cap. 8,* donde se hallaran varios casos de partos numerosos. En que es de advertir cuanto se alucinaron infinitos antiguos y modernos en creer la división de senos o células del útero, suponiendo tener siete y aun el jurisconsulto Juliano en dicha ley *si pater 36, de solution,* donde pone y atribuye esta suposición a Aristóteles, que no juzgó tal según consta del *Lib. 4 De generat. animal Cap. 4,* siendo así que como los mejores anatómicos han hallado no hay más de un seno, como en el estómago una cavidad sola con dos lados diestro y siniestro los cuales no divide septo alguno, como en las ovejas, sino una sola línea mental que Aristóteles llama *Dicros,* esto es raya o línea de medianía, según Gorreo *in comment. adlibeillem Hippocr. de natura pueri* Andrés Vessalio *Lib. 5, De corpor. hum. Fabrica Cap. 15,* insigne anatómico, como también Andrés Laurencio, Ambrosio Pareo, Laurencio Operario y otros que omito.

Al contrario es monstruoso el parto que excede de cinco mellizos sobre cuyos ejemplos no immoro, pudiendo hallarse en dicho Bauhino *ubi supra,* en Solino *De mirabilib.,* en Plinio *Nat. hist. Lib. 7, Cap. 11* y en Carranza *dicto loco.* Entre quienes es tan admirable como cierto el de la condesa Margarita, mujer del conde Hertmanno de Henneberg, hija de Florencio conde de Holanda, que parió 365 hijos, cuya historia es celebre y puede verse en los autores referidos y en el padre Delrío *Disqu. mag. Lib. 2, Quæst. 14,* de que se hizo mármol auténtico, que comienza así.

En tibi monstrosum nimis & memorabile factum
Quale nec a mundi conditione datum

Bien que los mismos hijos no se deban numerar entre los monstruos, siendo diversísima cosa la fecundidad y los hijos, aquella puede ser monstruosa y estos perfectos. Donde se advierte cuan erróneamente quiso persuadir a los jurisperitos Federico Bonaventura *De octimesti partu Lib. 9, Cap. 23* ser monstruosos los partos que exceden el número quinario no solo en cuanto a la fecundidad sino aun en cuanto a la capacidad de las sucesiones, siendo cierto ser solo de los que en derecho se juzgan ostentosos, los cuales nadie ha pensado ser incapaces de suceder, según enseñan lo contrario los juristas con la ley *uxoris abortu 2, ley quod certatum 3, Cod. de posthum. heredibus instituendis,* y los regnícolas con la ley 13 de Toro donde indistintamente admite a la sucesión como naturales cualesquier hijos que hubieren vivido 24 horas y fueren bautizados. La razón porque los partos de cinco solo se juzgan en cuanto a la fecundidad naturales es la capacidad natural del útero y la mayor frecuencia respecto de los de mayor número, sobre que puede verse a Pedro García *De locis affectis Disput. 72, Cap. 3, Num. 11*, y a dicho Bonaventura *ubi supra*. Bien que por esta razón es muy posible nazcan los hijos en el parto que excede de cinco defectuosos en todo o en parte, caso que sucediendo defecto hará que no solo la fertilidad sino ellos mismos se digan monstruosos, como lo fueron los 365 hijos de la condesa referida, siendo tan pequeños que ha haber vivido hubieran sin duda sido pigmeos y este defecto es la causa de que jamás o rara vez sean vitales semejantes partos, al contrario de los menos numerosos como se vio en los tres famosos Horacios tergeminos o mellizos de un nacimiento de que hace mención a la dicha ley *Antiqui 3, si pars heredit. petatur,* y Livio *Decade 1*, como en los Curiacios según Plinio *Lib, 7, Natur. histor. Cap. 3*. Pero respecto de que caso que salgan monstruosos pertenecen a alguna de las causas que explicamos y de que cuando no nazcan tales no tocan a nuestro asunto, remitimos al lector para la indagación de los primeros a cualquiera de dichas causas, principalmente a la del defecto de materia y sobre las de los segundos y sus ejemplos a los autores referidos y fuera de ellos a Aulo Gellio *Noctium attic. Lib. 10, Cap. 20,* Capitolino in Antonino, Celio Rhodiginio *Lib. 4, Lection. Cap. 23,* Sperón de Speronio en su Diálogo *De partu,* Antonio Guiberto *in Polyhistor. Cap. 10 y 11,* Gaguino en la vida de Boleslao V, Andrés Laurencio *Lib. 8, De hist. anatom. Cap. 26,* Bulengero *Lib. 11, Hist. sui temporis,* Lemmnio *De occult. naturæ miral. Lib. 4, Cap. 23,* Jouberto *De errorib. popularib. Lib. 3, Cap. 1* y latamente Schenkio *Lib. 4, Obseru. Tit. De partu observat. 3*. Y para los efectos de las instituciones y herencias los doctores juristas sobre las leyes referidas en cuyas citas no immoro siendo suficiente remitirnos a Carranza *De partu d. Cap. 18,* donde trata lo tocante a esta materia con claridad y difusión.

En cuanto pues a los monstruos que se engendran solo de la copia de la materia dijimos ser estos los partos de disforme grandeza, [✠ 14] como los gigantes más o menos excesivos como pasen de la medida regular de la simetría y estatura humana. En que parece se ofrece desde luego la duda de la razón porque la copia de que nace el gigante produjo solo un cuerpo desmesurado y no dos o más regulares. A que se satisface, advirtiendo que la causa de la generación de los gemelos [✠ 15] es la división igual de la materia, esto es la inmisión repetida en una misma unión. Lo explicó Hipócrates *Lib. 1. De Diæta, Sic necesse est dispergi semen in utrumque uterum similter.* Sobre que prosigue Andrés Laurencio: *Sæpe enim in coitu totum semen uno nixu & impetu non eiaculatur sed per vices: ac non semel (inquit Præceptor) genitura procedit, sed bis & ter effervescit, ac eiaculatur. Portio igitur seminis^K altera in hanc uteri partem, alter a in illam fertur, unde duplex partus.* En que vuelve a reconocerse el error de los que soñaron diversos senos en el útero para esta producción. Otros dijeron proceder de repetida concepción o superfetación, lo cual si se entiende después de considerable intervalo niegan algunos por la imposibilidad de estar patente en lo interior el seno materno, que precisamente se ha de hallar concluso para la concepción y eformación, bien que lo afirmen otros defendidos de los ejemplos de haber nacido mellizos de diversos padres según se ha conocido, y en esta ciudad se ha visto nacer de una mulata dos gemelos, el uno negro y el otro del color de la madre, como también de haber quedado después del parto preñadas muchas que han vuelto a parir dentro de uno o dos meses indicio de la superfetación. Y aun después de esto escrito, habiendo sido llamado para una mujer recién parida en la platería de esta ciudad que después de tres días del parto se hallaba en peligro evidente de la vida con graves dolores y supresión de orina y elevación de vientre, de que presumía alguna grave inflamación, reconocida la saqué contra la opinión de todos y de la comadre una criatura muerta de cinco a seis meses de más de tercia en la estatura, conque quedó la madre sana. De que se evidencia la superfetación. Otros los atribuyen a posiciones celestes de los astros, como Ptolomeo. Otros mejor que todos a la copia de la materia, si se le añade la división, no si sola se asigna por causa como dijo Empédocles. Otros como Asclepíades a la excelencia de la simiente, esto es a su fecundidad y fertilidad, de que ponen por ejemplo las producciones que suelen verse de dos y tres espigas de un solo grano, y aun puede añadirse el de las cincuenta que en Egipto brotaron de uno solo. Y otros a los movimientos del seno, como Avicena. Lo más cierto y frecuente es la división de la materia en una unión según se ha dicho, que es la más común. Que se engendren los mellizos de un congreso es inconcuso según Hipócrates *d. lib.*

Diæta Num. 25 y lib. De nat. puerinum 44 y toda la escuela médica de más de Andrés Laurencia *ubi supra,* lo prueba eficazmente Zachias *Lib. 9, Tit. 12, Quæst. 3, Num. 2* y en el Consejo 42, *Num. 14.* Fuera de lo cual tenemos el lugar expreso de sacra página en el Capítulo 38 del Génesis Vers. 18, donde refiriendo en caso de Judás, y Tamar dice: *ad unum igitur coitum mulier concepit, &* Vers. *27: instante iam partu apparuerunt gemini in utero.* Y aunque como arriba insinuamos pone Séneca por sumamente oculta la verdad de esta causa: *an vnus concubitus spargatur in duos;* no obstante, el lugar referido saca de duda y San Agustín *Lib. 5. De Citat. Dei Cap. 2 y 5.* A que se llega el lugar de S. Pablo en la Epístola ad Romanos *Cap. 9, Vers. 10,* ibi: *Sed & Rebecca ex uno concubitu habens.* Sobre otras cuestiones acerca de esta materia me remito a los ya citados, con otros innumerables en que no me detengo.

De aquí nace, que habiendo copia excesiva de materia, si esta no se divide, se sigue precisamente la concepción con partes sigiladas duplicadas o en mayor proporción formándose de las que podían componer dos cabezas una sola y así los demás miembros, de que resulta que llegándose la augmentación proporcional que necesita resultan más o menos giganteos los partos. Y aunque algunos como Carranza *d. Cap. 17, Num. 49* y otros no quisieron se llamasen monstruos porque todas las veces que se guarda la debida proporción de partes no hay cosa monstruosa; no obstante, sería esta buena razón sino hubiese más monstruosidad que el defecto en la proporción, de que se siguiera que el tener en lugar de cinco dedos seis, si estos en la magnitud fuesen proporcionales, aunque no lo fuesen en el número, no fuese monstruoso. ¿Y qué razón de diferencia legítima dará Carranza para que la cantidad discreta que es el número pueda con su exceso causar monstruos y la continua que es la magnitud, no? Y que fuese monstruo un hombre de seis dedos en una mano y no lo fuese otro de veinte varas como fuese de buena simetría, el cual en su sentir no lo sería, porque él que afirma que los gigantes no son monstruos no pone tasa a sus estaturas ni en esto, como se suponga el exceso enorme de lo regular, lo más o menos no mudan la especie. Sino es que en el gigante que suponemos, señale por razón lo insólito, pero se convenciera consigo mismo porque tan insólito. Son respecto del género humano y su estatura los gigantes que se han visto menores, como lo serían respecto de estos otros mayores.

Y últimamente ser monstruos se convence del *Cap. 30. infine* de los números ibi: *Populus quem aspeximus proceræ staturæ est,* ibi: *Vidimus monstra quædam filiorum Enac de genere giganteo, quibus comparati quasi locustæ videbamur.* Por tales los tienen todos los médicos Mercado *dicto capite séptimo,* Gaspar Bauhino *De hermaphroditis Lib. 1, Dict. Cap. 8,* Paulo Zachias *Quæst. Medico legalium dicto libro septimo Tit. 1, Quæst. 1 a Num. 54,* Gaspar de los Reyes en *Campo Elysio Iucundarum quæstionum, quæstione 45,* Martín Weinrich *De ortu monstrorum capite vigesimo primo,* donde trata difusamente de sus causas.

Como es posible que dejen de ser monstruosos hombres de veinte y tres y veinte y cuatro codos como refiere [✠ 16] Eumacho *in Periegesi* haber habido dos de esta medida en Cartago y otro en el Bósforo Cimerio Teopompo *in lib. De terræmotu,* Orontes de once, Asterio y Canges rey de Etiopía, que mató Alejandro de 10. Hartibeno sueco, de nueve. Orestes y Eynamo rey de Scocia en tiempo de Eugenio II, de siete, según Pausanias *in Arcad. & in Atticis* Suidas Saxon Grammatico *Lib. 7, Cap. 2 y 16,* Boetio *Lib. 7.* El gigante Tirano de aquel castillo en Brabante que hoy augmentado es Antuerpia llamada así, por la crueldad de cortar a cualquiera que pasando por el scalde no le pagaba tributo las manos, que arrojaba luego al rio significando esto en la voz *hant worp,* esto es arrojamiento de mano, el cual era de 17 codos V. 8 b. y media cuyas muelas, espaldas, una pierna y un brazo se conservan hasta hoy en dicha ciudad como es notorio. Y los que se mencionan en la sacra historia entre los moabitas llamados Emim Deuteronomio *Cap. 2, Vers. 10: Emim primi fuerunt habitatores eius: populus magnus, & validus, & tam excelsus, ut de Enacim stirpe quasi Gigantes crederentur, & essent similes filiorum Enacim denique Moabitæ appellant eos Emim.* Semejantes a los enacinos de la estirpe de Anac, descendientes de Arba Máximo Gigante de quien se habla allí. Y en el Capítulo 13, ya referido de los números *vers 34.* ibi: *Vidimus Monstra quædam filiorum Enac de genere Giganteo.* Y los que entre los amonitas se llamaban zomzommim, por lo cual su país se llamó la tierra de los gigantes Deuteronom. *dicto Cap. 2, Vers. 20: Terra Gigantum reputata est. Et in ipsa olim habitaverunt Gigantes, quos Ammonitæ vocant Zomzommim.* El superbo Goliat de 3 varas y cuarta *Lib. 1 Regum Cap. 17, altitudinis sex cubitorum & Palmi.* El gigante Geteo, hermano del primero, de 24 dedos *primero Paralipom Cap. 20.* Y sobre todos excesivo el que refiere Boccacio *de Deorum Genealog.* haber habido en Sicilia de 200 codos o 100 varas según la proporción del muslo que se halló en su tiempo, y otros desmesurados que se han hallado en tiempos modernos en varias cuevas y entierros de la misma Sicilia, cuyos cuerpos habiéndose conservado enteros en la apariencia, se han deshecho en polvo al primer toque, como se puede reconocer en varios autores que refiere Gaspar Schotto *De mirabilibus nat. & Art. Lib. 3, Cap.* De que se infiere haber sido Sicilia más que otra parte alguna tan fecunda de gigantes como Mieses, y no estar tan sin fundamento las fábulas de los Polifemos, Tifeos, Encelados y otros gigantes a que se atribuyeron tantos delirios.

Puede ofrecerse aquí la duda, si ha habido nación, o casta de ellos en el mundo como la de los pigmeos. A que se responde [✠ 17] haber habido algunas familias como consta de los enacinos y zomzomines referidos en la sacra página, y es verosímil poderla haber habido en otras partes, principalmente en las regiones septentrionales o meridionales fuera de los trópicos, donde se crían hombres ordinariamente agigantados o de mayor estatura que la de los demás por la frigidez de los climas, que causa, constipando los poros, mayor copia de espíritus y materia y más fuerte vegetación como se ve en los septentrionales, alemanes, suecos y otras naciones. Y en nuestras Indias, en los naturales de Chile, Tucumán (y aun en las bestias) cuya estatura excede la ordinaria de los que están debajo de la Zona Tórrida como son los de nuestro Perú. Por lo cual en la región o tierra de los Patagones halló Magallanes dos gigantes como consta de Pigafetta en Rhamusio Vol. 1, de las navegaciones y otros entre los caníbales, según de unos y otros también refiere Oviedo en su *Historia de las Indias* y los de más historiadores de estas partes. Dejo los fabulosos titanes.

Cælumque suo servire tonanti
Non nisi særvorum potuit post bella Gigantum.[1*]

A que aludió nuestro Góngora, Soledad 1.

---

1 *Luc. lib. Belli 18. *Belli ciu.*

> *Bates los Montes que de nieve armados*
> *Gigantes de cristal los teme el Cielo.*

Y su *Poética* descripción del Polifemo.

> *Era un Monte de miembros eminente*
> *Este que de Neptuno hijo fiero, &c.*

Y en otra parte.

> *Que en el Cielo desde esta roca puedo*
> *Escribir mis desdichas con el dedo.*

Al desmedido Tifeo a cuyo sepulcro no bastó el Lilibeo.

> *Bóveda de las fraguas de Vulcano*
> *O tumba de los huesos de Tifeo.*

Se pudiera también traer aquí la reñida y aun no bien decidida cuestión [✠ 18] de los gigantes de que hace mención el Génesis *Cap. 6, Vers. 2,* ibi: *Gigantes erant super terram in diebus illis: Postquam ingressi sunt filii Dei ad filias hominum illæque genuerunt; isti sunt potentes a sæculo viri famosi.* Unos dijeron entenderse por los hijos de Dios los demonios íncubos que como espíritus solo creados de su mano suelen llamarse así en otros lugares, y que estos eligiendo en aquella corrupción de la carne que precedió al Diluvio las materias seminales más copiosas y cálidas engendraron a que los hombres desmedidos. Pero se refuta, con que el Texto dice que enamorados procedieron a esto, ibi: *Videntes filii Dei filias hominum quod essent pulchræ, acceperunt sibi uxores, &c.* de cuya pasión no podían ser capaces los demonios. Demás de que como queda dicho *Cap. 5, Num. 8,* se niega con mucho fundamento por algunos haber tales íncubos. Lo otro porque sin ellos como es cierto, no podían obrar con simiente propria y se valían de las de los hombres, ¿qué razón había para que juntándose estos con otras mujeres como sucedería, no engendrasen gigantes siendo su simiente la misma y que con ella los produjesen los demonios? Otros dicen ser los hijos de Dios los hijos de Seth, y las hijas de los hombres las de Caín pero ¿qué virtud tenía más esta unión que las de otras cualesquier mujeres para que con ellas engendrasen gigantes y con las otras no, siendo la causa única la copia de la materia la cual debía ser la misma en cualquier unión? Otros suponen haber sido gigantes los hijos de Seth y que así engendraron sus semejantes pero es vano porque no consta tal, antes de la Escritura se infiere no haberlos habido antes que se engendrasen estos. Demás de que por esta razón siendo todos los hombres del mundo procreados de Noé y sus hijos descendientes de Seth, debían haber sido también gigantes. Otras interpretaciones se dan a dicho lugar, que traen Bauhino *De herm. 1, Cap. 26,* donde trata latamente de ellos, y Zachias *Lib. 7, Tit. 1, Quæst. 7, a 9,* me remito a ellos por la brevedad y sobre todo a los teólogos y expositores a quienes pertenece la materia. Véanse los autores que allí se citan. San Ambrosio supone en dicho capítulo del Génesis haber sido ángeles malos, como se ha dicho San Agustín, los hijos de Seth con las hijas de Caín en el *Lib. 5, De Ciuit. Dei Cap. 25,* y responde a la dificultad que se ha opuesto, diciendo que Dios quiso que no todos fuesen gigantes sino aquellos, por manifestar cuan poco se debían apreciar por el sabio no solo la hermosura sino aun la grandeza y fortaleza del cuerpo respecto de los bienes espirituales e inmortales. *Neque enim omnes Gigantes. Quos propterea creare placuit creatori, ut etiam hinc ostenderetur non solum pulchritudines, verum etiam, & magnitudines, & fortitudines corporum non magni pendendas esse sapienti, qui spiritalibus atque immortalibus longe melioribus atque firmioribus, & bonorum propriis non bonorum malorumque communibus beatificatur bonis. Quam rem alius Propheta commendans ait. ibi fuerunt gigantes illi nominati, qui ab initio fuerunt staturosi, scientes prælium. Non hos elegit Dominus, nec viam scientiæ dedit illis: sed interierunt; & quia non habuerunt sapientiam, perierunt propter inconsiderantam.* Sobre cuyo capítulo y lugar pueden reconocerse Luis Vivis y más profundamente Leonardo Coqueo donde hacen con el Santo mención de los libros de Enoc en que se trata del nacimiento de estos gigantes por la mezcla de los ángeles con las mujeres, cosa que no se cree por de Enoc respecto de sus fábulas.

La quinta causa de los monstruos es [✠ 19] el defecto de la materia y por ser esta la contradictoria de la antecedente, volviéndola al sentido contrario está bastantemente explicada, entendiendo en ella solo el defecto enorme sin otra circunstancia, del cual como de la copia nacen los gigantes, nacen de su falta enorme los enanos y pigmeos dichos tales, por ser su estatura de un codo, el cual es *pygme* en griego. Hablo solo de los que accidentalmente suelen nacer entre los demás hombres. Omito aquí la cuestión [✠ 20] sobre la verdad de la nación de los pigmeos. Aristóteles lo afirmó *Lib. 8, De hist. anim., Cap. 12, Plinio Lib. 2, Cap. 3,* Eliano *Lib. 15, De anim. Cap. ult.* y Strabón. Geograph, *Lib. 2, in princ.* Bernardo Hordonio *in Prognost. Part. 2, Cap. 7,* donde testifica haber visto algunos no mayores que la palma de la mano. Los niega Carranza *De partud. Cap. 17, Num. 59,* a quien por la voluntariedad con que lo dice riéndose de Aristóteles y Plinio, nota agriamente Zachias *d. Lib. 7, Tit. 1, Quæst. 1, Num. 34,* con mayor modestia lo niega Torreblanca *Lib. 2, Demonol. Cap. 31, Num. 22 & sequentibus.* San Agustín no resiste como se ha dicho en otro lugar su posibilidad en el *Cap. 8 del Lib. 16, De Ciuit. Dei* ibi: *Alios statura esse cubitales, quos Pygmæos a cubito Græci vocant.* Sobre que se pueden ver Luis Vives y Leonardo Coqueo sus comentadores. Paulo Zachias sigue lo mismo *vbi supra.* Véanse a Weinrich *De ortu monst. Cap. 21,* a Nancelio *in Analogia Microcosmi Lib. 7, Part. 2, Col. 9* y *49,* y a Bauhino *d. Lib. 1, Cap. 8.* Aludió a ellos Juvenal Sátira 13 y a su combate con las grullas.

> *Ad subitas Thracum volucres; nubemque sonoram*
> *Pigmæus parvis currit bellator in armis. & c.*

La sexta causa es la copia [✠ 21] con desigualdad o confusión. Porque o la copia es de partes igualmente superabundantes para el todo o desigualmente para unos miembros solamente y para otros no. De la primera tratamos ya, que es la de los cuerpos giganteos. La segunda, que la presente es, sucede cuando no solo es abundante la materia, sino que abunda desigualmente, esto es, cuando no solo en ella hay redundancia de partes sigiladas generalmente sino que las sigiladas v.g. para los dedos, van no solo las suficientes para cinco sino para seis o siete. Las partes de los brazos, para tres o cuatro, lo cual puede suceder no solo con desigualdad en el número, dividiéndose las partes superabundantes de que nace formarse tres o cuatro brazos, sino con desigualdad en la proporción quedando unidas de que salen no con tres ni más brazos sino con solos dos, empleándose en solo ellos la cantidad que era capaz de formar tres o cuatro, de donde se seguirá salir el parto con dichos miembros mayores que lo que pedía la proporción a los demás; de estos ha habido varios ejemplos como el que refiere haber visto Zachias *d. Lib. 7, Tit. 1, Quæst. ult., Num. 4,* nacido en Roma año de 1624, el cual tenía piernas y brazos excesivamente mayores de lo conveniente, de suerte que los brazos se extendían pasando no poco de la rodilla. Y el que también vio nacido el año de 28, con la lengua tan enorme que cuando aun la tenía recogida salía tres dedos fuera de la boca alargándose maravillosamente cuando la extendía. Otro monstruo trae efigiado de estos Bauhino al fin de su tratado *De hermaphr.* en la figura quinta, que es una doncella inglesa con ambas piernas de disforme exceso pero sobre manera la derecha como la de un elefante y con seis dedos. Pero sobre todos es admirable el que trae en la figura sexta nacido en Prusia del territorio de Dantzic el año de 1613 a 27 de febrero: era una cabeza disforme sin más que los huecos señalados de los ojos colocada sobre el pecho, de donde le salían tres brazos menores unos que otros, el pecho una masa informe que remataba en una bolsa a modo de vientre, sin otra cosa más en el cual concurrieron casi todas las causas referidas de copia, desigualdad, desorden e indocilidad de la materia.

De los primeros con desigualdad en el número se han visto muchos, como el que trae Pareo *di. Lib. 24, Cap. 2,* haber nacido en Alemania año de 1519 a 9 de enero con cuatro brazos y otras tantas piernas según Jovio Pontano, y otro semejante que trae en el Cap. 4 con el que refiere haber visto Jacobo Rueso, de la misma figura con más la duplicación del sexo. Sobre todos es horrible el que refiere Ammiano Marcellino *Lib. 19, infine,* haber nacido en el burgo de Dafnes de la ciudad de Antioquía, con dos bocas, dos dientes con barbas, y cuatro ojos, ibi: *Visu relatuque horrendum natum est Monstrum infans ore gemino cum dentibus binis, & barba, quatuorque oculis, & brevissimis duabus auriculis: qui partus ita distortus* (ve aquí la desigualdad) *præmonebat rem publicam in statum verti deformem. Nascuntar huiuscemodi sæpe portenta indicantia rerum variarum eventus: qui quoniam non expiantur, ut apud veteres publice in audita, prætereunt, & incognita.* (Sobre esto último se ha apuntado ya lo bastante en el Cap. 5, Num. 4.) Y dejando otros muchos excesivos en varios miembros, pertenecen a esta causa principalísimamente [✠ 22] los que nacen bicípites o bicorpóreos en todo, o en parte, de dos cabezas solo o de dos cabezas y dos pechos, con dos o cuatro brazos y siendo el que de esta clase nació ahora mes y medio en esta ciudad a 30 de noviembre del año próximo pasado de 1694 el motivo y fin de toda esta obra, haremos de esto capítulo distinto.

Capítulo 7.
De los monstruos bicorpóreos y bicípites y la causa próxima de su formación.

Se forman los infantes bicorpóreos de la copia de la materia, pero diversamente unos nacen perfectamente tales, esto es con dos cuerpos todos perfectos solo tienen la monstruosidad en salir unidos por alguna parte como nacieron el año de 1475 dos niños en Verona asidas por las espaldas. Otras de la cabeza el año de 1495 en Bristanto, aldea no distante de Worms, como las vio Sebastián Munstero y las trae Cardano *De rer. variet. Lib. 18,* y Pareo *d. Lib. 24, Cap. 2,* de que asignan por causa haber otra mujer repentinamente asido la cabeza de la madre estando preñada y la impelió de la frente contra la de otra mujer, de cuyo golpe y susto notablemente alteradas las mellizas en el vientre siguieron el impulso y movimiento impreso, colidiendo entre sí por el mismo lugar y rotas las membranas—si estaban dentro de dos, o si dentro de una, rotas las tiernas teces a la fuerza del choque, quedaron conglutinadas de la frente. Otras que nacieron el año de 1572 unidas por los pechos y vientre. Otras cerca de Heidelberg, el año de 1486, unidas por un lado, las cuales pueden verse en Pareo *d. Lib. 24, Cap. 2.* Y otras que refiere Oviedo *Lib. 6* de la *Historia general de las Indias* nacidas en la Española el año de 1533, unidas por la parte anterior del pecho. Estos y otros semejantes se causan al principio *per se* del modo que cualesquier otros mellizos de la copia dividida de la materia. Porque estos, o se contienen dentro de una misma membrana o segunda, o no. Si se envuelven en una, lo cual sucede, si son de un sexo (como dice Hipócrates *Libro de superfetatione*) suelen quedar unidos, o al tiempo de la concepción con aglutinándose por alguna parte las simientes por movimiento enorme del útero, (o por otra de las causas que abajo diremos y entonces no nacen solamente asidos sino mezclados y consecuentemente no pertenecen a esta clase sino a la de los que después explicaremos). O en otro tiempo posterior, rompiéndose las pieles entonces sumamente delicadas, como ya queda dicho, por causa de la colisión por movimiento o por corrosión y ulceración causada de acrimonia de humor, uniéndose así por la parte por donde se hallan más inmediatos, como dice Gaspar de los Reyes en su *Campo Elysio d. Quæst. 45, Num. 40*. Si se contienen dentro de dos segundas, como sucede en los gemelos de diverso sexo (según el mismo Hipócrates *ubi supra*), resulta que por romperse estas al ímpetu de la alteración y movimiento, o a la corrosión de humores que se ha dicho (principalmente si es el seno de estrechez notable donde puede suceder más fácilmente) se unen por las partes más inmediatas.

Empero los que no nacen perfectamente bicorpóreos sino que les faltan alguno o algunos miembros para su perfección, como sucedió en el monstruo que trae Zachias nacido el año 1617 en Génova, a quien después vio el de 23 en Roma, el cual era un niño muy hermoso y perfecto a quien nacía otro cerca del estómago o debajo del diafragma y cartílago, mucronada del pecho (hasta aquí del todo semejante al que vimos en Lima y se describirá después aunque con la diferencia de tener el segundo una pierna menor que las del primero, de suerte que no alcanzaba al suelo.) Y en el que de diversos sexos nació el año de 1610 en Cosiñano de Toscana, gemelos unidos también por el epigastrio, perfectos desde el medio del vientre para arriba, faltando a cada uno una pierna según el mismo Zachias. Y otros que también ofrece Pareo de que no hago excusión, por no importar el número, cuando es una misma la causa. Estos no se hacen ya de la colisión o choque, ni de la corrosión como los demás, porque estas solo pueden ser causas de la unión, mas no de la desigualdad e imperfección sino de dos distintos orígenes. El primero y común a todo mellizo, que es la copia y división de la materia, y el segundo la individual de su monstruosidad, que es el accidente de volverse a unir las simientes en porción más o menos considerable, confundiéndose y mezclándose las partes sigiladas de la una con la otra por la porción que cogió la conglutinación, de que se sigue que si esta fue de todo el medio cuerpo inferior del uno que darán mezcladas sus partes sigiladas con las del otro con quien harán un solo medio cuerpo mayor. Del modo que si no se hubiesen dividido las simientes o se hubiesen vuelto a mezclar inmediatamente todas con perfecta unión, compusieran solo un cuerpo duplicadamente mayor, que es la causa de la generación gigantea. Y dicha mezcla puede suceder o por movimiento competente o por defecto de calor que impida la segregación de las porciones seminales, y por consiguiente las permita unirse donde hay menos cálido y espíritus o por defecto del temperamento de la materia, que siendo menos crasa y más tenue y flexible en unas que en otras partes se esparza hasta tocar en la otra y se une, incorpora e incrasa con ella, quedando el resto en quien no se hallan estos defectos, libre de dicha conglutinación, por tener más bien templada, crasa y espirituosa la materia. Y por lo consiguiente con más calor y fuerza segregante, lo cual se manifiesta en el monstruo de Lima. Otros quieren que solo se causen estos monstruos por la ruptura de las membranas o secundas, pero en este género no puede ser porque cuando puede llegar a este estado ya la simiente es preciso que esté coagulada y con principios delineamientos, en cuyo caso no puede hacerse la mezcla, la cual requiere la materia fluida y casi en el estado de simiente, explicación que ninguno da con esta individuación a la causa de estos monstruos. Pudiendo también causarse de la copia con desigualdad, esto es, como hemos dicho de superabundancia de simulacros o lineamentos para unos miembros solamente y para otros no, como si haya para formar desigualmente no dos cuerpos sino solo uno perfecto y más otra cabeza del modo que sucede en los brazos y demás miembros, pero entonces los restantes, porque no participan de la copia, quedarán en su perfección. No así cuando habiendo copia para dos mellizos se mezclaren las simientes en parte, porque entonces las partes mezcladas o confusas harán mayores los miembros restantes donde hay tal mezcla, demás de la duplicación separada de los otros, como sucedió en el monstruo de Lima, donde demás de la duplicación de las cabezas y cavidades vitales separadas, eran mayores de lo conveniente a uno, las partes restantes de la cavidad natural. Y la causa de que dar unidos cuando se hacen los bicípites por copia desigual es porque la materia va toda unida por no haberse dividido en la inmisión o dentro del útero a distintas partes. Se puede ofrecer aquí una duda, y es: ¿por qué de las partes duplicadas para cabeza hace unas veces la naturaleza una sola excesiva en el duplo y otras las divide formando dos distintas? Que puede hacerlo se manifiesta, pues vemos que la copia que engendra los mellizos, si no se dividiese, formará como se ha dicho un cuerpo duplo agigantado. Con la augmentación competente de la vegetativa. Lo prueba entre otros Weinrich, *Cap. 24,* ibi: *Sed abundantiam non satis est dicere, nisi distinctio adijciatur: nam ex abundante potest magnus fieri fœtus.* La razón de diferencia es que es más perfección en la naturaleza formar dos proporcionadas que una excesiva, porque lo uno es multiplicar y lo otro confundir y augmentar, mejores son dos cabezas perfectas que una disforme. Porque aquellas no son monstruosas cada una por sí sino por el número y esta lo es por sí desde luego. Y esta perfección mayor consiste en haber mayor cálido innato y más calor del útero para separar y colocar las partes cuando se forman dos cabezas y menor cuando se forma sola una, quedándose por esto mezcladas las ideas.

Esto supuesto, queda ya asignada la causa de haberse formado el infante bicorpóreo que nació en esta ciudad en el día referido. Y para que mejor se entienda la aplicación se pondrá la historia de su parto con la de su anatomía en el capítulo siguiente.

Capítulo 8.
Anatomía del monstruo o parto preternatural,

que salió a luz el día de San Andrés
a 30 de noviembre del año pasado de 1694.

HABIENDO PRECEDIDO DESDE EL día antecedente preludios de gravísimos accidentes a la madre, confesada por el peligro evidente de su vida, después de recios y difíciles dolores a las cuatro de la mañana salió fuera una pierna con movimiento que sensiblemente distinguió la madre no obstante la confusión de su fatiga. Le echó el agua la comadre y procuró inclinar el parto a mejor figura y situación, cosa que no pudo conseguir porque apenas recibido el sacro baño del bautismo (como que solo esta dicha había pretendido) dejó de moverse el pie y la pierna saliendo la otra en igual existencia, falta absolutamente de todo movimiento, lo cual fue costeado de notables fatigas, punto en que la comadre, prendiendo de un lazo entrambas piernas después de algunas unturas que para facilitar el éxito hizo, y sobre todo de la devota aplicación de una estampa del Siervo de Dios Fr. Juan Masías, tiró con eficacia y parió luego, teniéndose la felicidad por milagrosa. Pero apenas salió a no gozar la luz el combatido parto cuando pasando a asombros los afanes vieron muerto un agregado prodigioso de un bicorpóreo infante en las cavidades vitales y animales; esto es, cada uno entero del pecho para arriba, rematando en una sola cavidad natural de que eran accesión consecuente dos muslos y dos piernas con que solo salieron estos dos unidos y monstruosos mellizos. Eran hijos de Salvador de Olmedo y de doña Teresa Girón su mujer, primeriza y moza de diez y nueve años, de mediana estatura e inferior robustez a quien el impulso y magnitud del compuesto dilaceraron las partes internas y externas del vaso anterior y sus últimos términos, de suerte que empodreciéndose, amenazaron una futura mortificación por la insigne corrupción a que las hizo pasar, así la violencia referida, como la tardanza en permitirse a la vista, que resistió tres días su demasiada honestidad. En cuya consideración, aplicado el cuidado con toda vigilancia a su remedio a favor de los medicamentos y mundificaciones preservantes, se condujo la curación a la pretendida sanidad, aunque por escollos de varios accidentes y calentura continua sobre mal aparto de la enferma y natural resistencia de las partes que defendidas con su humedad y excreciones remoraban el suceso. Quedó a Dios gracias sana, debiendo sobre todo esta felicidad a la inexhausta piedad de su Exc. que habiendo consolado el sentimiento y pobreza de sus padres con socorro presente, el mismo día, y con el continuado de medicinas y alimentos extendido a todo el tiempo de la curación, sin otros socorros particulares, se sirvió del medio de mi insuficiencia para conseguirla, suceso no poco considerable en el aprieto y destitución de esperanzas a que estuvo reducida la vida de aquella enferma, combatida no solo de los accidentes, que ya se han referido, sino también de supresión de orina; y cuando aun el parto de mellizos se tiene por peligroso, ¿cuánto lo sería el de agregado semejante extraído con la dificultad que ya se ha dicho? Si bien no dejó de ayudar la destreza de la comadre.

En este día por la tarde, recibí orden de su Excelencia en que me mandaba hiciese anatomía de este parto prodigioso en casa del Lic. don Juan Calderón y Loaysa, en presencia del doctor don Francisco Bermejo, médico de cámara de su Exc., catedrático de prima y protomédico general de estos reinos, la cual es la siguiente.

Se puso sobre una mesa el cuerpo dicho y se dividieron las cavidades, empezando de la natural hasta llegar a las partes contenidas y se halló un hígado que nacía del hipocondrio derecho; y llegaba al izquierdo cubriendo el estómago, el cual era muy grande con los intestinos delgados y grandes mayores de lo que pedía el génito, con dos riñones, vasos preparantes y testes, con las demás partes que componen la cavidad natural. Pasé a la vital y hallé una división cartilaginosa debajo del hueso esternón que dividía cada cavidad hasta las vertebras o espóndiles del espinazo.

Esta división cartilaginosa era suplemento de las costillas por esos lados con su hueso esternón en cada cavidad, dividiendo estas dos cavidades vitales de la natural, un diafragma o septo transverso con igualdad y apartando cada hueso externo y levantándolos hasta las clavículas, quedaron las cavidades patentes y separadas, y en cada una de ellas estaban las partes contenidas de corazón pericardio pulmones, tráquea o áspera arteria y vena cava ascendente que subía del hígado para llevar sangre venal al corazón al efecto de hacer espíritus vitales en el izquierdo ventrículo de él. A cada una de las cavidades correspondían sus vertebras o espóndiles por donde baja la facultad de sentir y mover de ambos celebros. Nacían del hueso sacro donde comenzaba la identificación común de la cavidad natural y partes inferiores adonde se continuaban ambos, separándose estos dos como he dicho en las cavidades vitales en cuanto a la existencia, aunque unidos en cuanto a la contigüidad. Los brazos y cabeza del uno que parecía el recto eran más débiles: al contrario los mismos miembros en el otro que estaba al lado siniestro del primero, de mayor perfección y robustez. En estos no solo admiré el portento sino la fábrica y compostura de los cuerpos humanos, la coligación y organización maravillosa que las partes entre sí tienen, y los provechos y utilidades para la vida humana, unas en convertir el alimento en quilo, otras el quilo en sangre, otras en engendrar sangre arterial y espíritus vitales, y otras en dar la sensación y movimiento sin otro número de partes que omito, de facultades y temperamentos diferentes regidos por solo un calor natural.

Supuesta la anatomía referida, se debe concluir que dicho infante se causó en una unión de la copia de la materia con confusión de ella en las partes sigiladas para el medio cuerpo inferior desde el principio de la cavidad natural hasta los pies, lo cual se ha de entender haber sucedido al principio, del modo que acontece la generación de los mellizos habiendo precedido división de la materia en la inmisión e inmediata conglutinación y mezcla que se volvió a hacer, o por movimiento de la madre o por suma inmediación de una inmisión a otra o otra causa semejante poderosa a causar dicha mezcla, la cual se hizo por las partes sigiladas de la cavidad vital, donde por mayor actuación del innato y de la facultad formatriz ministra respecto de ser aquella parte el asiento de la vitalidad y el corazón, hubo menos confusión y mezcla, separándose en lo bastante para distinguir los sitios de los corazones y uniéndose por los lados, donde en lugar de las costillas de uno y otro quedaron ciertas partes sigiladas cartilaginosas que compusieron un septo o un cuerpo cartilagíneo integérrimo o de medianía que dividiese igualmente entrambas cavidades vitales, prosiguiendo la inmixtión más fuerte y total, desde el ventrículo o estómago hasta los pies, donde mezcladas todas por todas las partes sigiladas; del modo que si las de todas los cuerpos se hubieran unido o no se hubiera dividido la materia, se formara un cuerpo mayor, así se formó una cavidad natural con hígado, vientre, intestinos y demás partes mayores de lo conveniente a uno solo, como se hace patente por la anatomía. Pudo también suceder del modo que asignamos formarse por copia con desigualdad en un cuerpo cuatro brazos y cuatro piernas y así otros miembros, sin que fuese necesaria la división precedente de la materia habiendo más espíritus y por consiguiente más cálido innato sigilados para la cavidad vital y animal, donde hubo por éste más separación y menos para la natural donde por esto sucedió la mezcla. Pero lo primero es más congruo porque es cierto hubo copia para haberse formado dos mellizos—cosa que manifiesta la magnitud de la cavidad natural y sus partes participando de la causa de la producción gigantea y de la de mellizos, siendo en la cavidad natural casi un gigante y en la vital y animal dos mellizos. Por lo cual es preciso hubiese división de materia y unión de materia, aquella se hizo en la inmisión por no poder ser en otro tiempo y esta en la concepción por no haber tampoco podido ser en otro espacio.

Se siguen que resolver sobre este parto dos principalísimas cuestiones. La primera, si tuvo dos almas racionales. La segunda, qué efecto pudo tener el bautismo que se hizo en la pierna que salió al principio viva. De la primera hablaremos en el capítulo siguiente.

Capítulo 9.
Sobre si en el infante

bicorpóreo que nació en Lima hubo una o dos almas racionales y si cualquiera otro monstruo bicípite se dirá tenerlas y ¿cuándo?

SUMARIO.

1. *El corazón es el asiento del alma[L] según Aristóteles.*
2. *Lo confirma la sacra página.*
3. *Según esta opinión donde hay dos corazones, hay dos almas y donde uno, una sola.*
4. *Razones que comprueban que el corazón es asiento del alma.*
5. *El celebro asiento del alma según los platónicos, galenos y los médicos.*
6. *Fundamentos de esta opinión.*
7. *Se satisface a los argumentos de la opinión contraria.*
8. *Se infiere ser la cabeza el trono del alma, como el fuego entre los elementos.*
9. *Ella sola es todo el hombre abreviado según doctrina de S. Ambrosio.*
10. *Favorecen las leyes a la cabeza en la división de los sepulcros.*
11. *Al delincuente que solo entra la cabeza en el templo le leva el sagrado.*
12. *Donde hubiere dos cabezas habrá dos almas y donde una, una sola, aunque estén duplicadas las demás partes.*
13. *No obsta que haya habido animales de dos cabezas con una sola alma sensitiva.*
14. *Se refutan los animales de dos corazones como fabulosos.*
15. *Animales con dos cabezas y una alma se tienen por fabulosos.*

16. *No dos cabezas piden dos corazones.*
17. *Otros dan al hígado el principado del alma*^M.
18. *Es falsa esta doctrina.*
19. *Se confirma la doctrina que da a la duplicidad de cabezas, la de las almas, con las diversas sensaciones en varios monstruos que se señalan.*

D EPENDE LA RESOLUCIÓN DE este punto, de averiguar al alma racional su principal estancia: ¿qué miembro del cuerpo tenga la fortuna de ser su trono, ya que todo el es su palacio? Hay dos sentencias sumas. La primera acaudilla Aristóteles en el libro de *Respirat.* y en el tercero *De part animal. Cap. 3,* dando el voto al corazón el cual como fuente de la vitalidad, [✠ 1] es preciso que en cualquier parte que se halle, cause toda una vida y por lo consiguiente un alma racional sin la cual como forma substancial no puede estar lo sensitivo que es facultad suya. ¿Quién no ha atribuido al corazón todo el poder del alma? [✠ 2] La sacra página lo enseña: *Ducam eam in solitudinem & ibi loquar ad cor. Confitebor tibi in directione cordis. Inclina cor meum in testimonia tua.* A él se atribuye el más noble efecto del alma. *Cor contritum & humiliatum.* Como al contrario toda la culpa del vicio; *cor autem eorum non erat rectum cum eo. Corde & corde locuti sunt.* Dejo cuanto le atribuyen a él solo los oradores y poetas, y solo referiré la costumbre de los sibaritas que en señal de dar el principado al corazón, en lugar de coronar la cabeza ceñían el pecho, coronando así aquel príncipe de la vida, según refiere Rho en su *Exameron* en la oración de las flores de donde debe nacer que en esta sentencia donde no hay más que un corazón no puede [✠ 3] haber más que una vida y sola un alma, aunque haya dos cabezas, y al contrario dos donde hay dos corazones aunque haya sola una cabeza. Siguen esta opinión los peripatéticos y estoicos, y entre todos Crisipo. De los teólogos Santo Tomás *in posteriorbus ibi: Monstra siduo capita habeant, vel duo alia membra utrum sint unum animal; an plura, patet ex hoc: sicor unum habent, sunt unum animal: si plura, plura.*

De los jurisconsultos Scaligero *Lib. 1. De plantis,* y entre los médicos Henrico de Gandavo según Gaspar de los Reyes *en Campo Elysio d. Quæst. 45, 41,* y Sennerto que con notable agudeza la defiende *Epitomæ physicæ Lib. 6, Cap. 1,* hace en suma estos argumentos. [✠ 4] Primero que aquel es miembro principal no en quien como instrumento próximo se ejercita la más noble acción sino de quien dependen las de todas las partes, universalmente sean nobles o ignobles, que aunque el cerebro es de donde nacen las operaciones animales el sentido y el movimiento, la razón, el juicio y la memoria. Sin embargo sucede esto por ser el instrumento próximo de estas operaciones, que es la razón por donde ofendido este miembro cesen estas funciones como sin el cincel instrumento próximo de la escultura no obra el escultor sin que por eso resida en él el arte porque el agente no puede obrar sin los instrumentos de la acción. Lo segundo que no siempre el que es próximo principio de esta es el más principal, porque una cosa es ser el primero y principal principio y otra ser principio próximo e instrumento secundario. A que se llega que si por el fin se hubiera de decir ser el asiento del alma el celebro siendo para donde se forman espíritus vitales en el corazón, que suben a purificarse allí, de la misma suerte en las plantas se dijera ser el asiento del ánima vegetable la copa y no la raíz, porque de ésta sube el humor y vegetabilidad a aquella, donde se perfecciona en la hermosura de las hojas y en la abundancia de los frutos para cuyo fin se hizo la raíz. Y como aquí fuera absurdo negar el asiento del ánima a la raíz, siendo cierto que en los sujetos naturales no se procede para asignar el asiento de las almas por el fin ni la mayor nobleza sino por la radicación y universalidad, consistiendo la nobleza de ser asiento, no en la misma nobleza sino en la utilidad, providencia, comunicación y dependencia. Debe decirse lo mismo en el alma racional. Bien puede ser el fruto más noble en razón de la delicadeza, color y sabor, que son el fin, pero no consiste en eso la nobleza del ánima vegetable de la planta. Se dice más, que a las tres partes príncipes hígado, corazón y celebro corresponden tres cualidades: origen, necesidad y dignidad. El origen al hígado de donde comienzan los primeros espíritus y formación de sangre y nutrición universal. La necesidad al corazón de quien depende toda la vitalidad y todas las acciones del viviente; la dignidad, al celebro donde se purifican los espíritus para hacerse animales. De que sale que siendo la necesidad la que debe dar el principado, ha de pertenecer sin duda al corazón.

La segunda y más cierta opinión es [✠ 5] la de los que sufragan por el celebro. Fueron los primeros los platónicos, a quienes sucedieron Galeno y los médicos por la mayor parte, aquél en el *Lib. 6. De usu partium Cap. 17*, y de éstos entre los modernos fuera de otros. Andrés Laurencio *Lib. 1, Hist. anatom. Quæst. 4*, Emilio Parisano *De subtilit. microcosm. Lib. 8, Exercit. 1, Cap. 4*, Paulo Zachias *d. Lib. 7, Tit. 1, Quæst. 5*, Gaspar de los Reyes *d. Quæst. 45 a Num. 43*. [✠ 6] Los fundamentos se reducen a que aquel debe ser el asiento principal del alma racional, donde ejercita sus más nobles funciones. Que el entender, el discurrir, el juzgar y el acordarse, es evidente son las más nobles acciones del alma: estas residen solo en el celebro. Luego aquel es el asiento principal de ella. Que allí se debe entender esta en su trono donde consigue ponerse en el estado que le pertenece, que es estar menos asida a la materia, propriedad con que su esencia se distingue de las demás almas, lo cual solo goza en el celebro cuando ejercita la razón operación en que se halla pura e inmaterial como es en sí, a cuyo estado llega solo por medio de los órganos del celebro, donde aunque usa de su corporeidad, es en cuanto a la disposición precedente, no en la misma operación del raciocinio. Que aquel es el principal asiento de cualquier cosa, a donde para que ella resida se ministran como para fin las disposiciones necesarias, lo cual sucediendo en el celebro, para quien como para fin se ministran los espíritus por el corazón, es preciso que sea el principal asiento del alma. De que nace que el corazón se hizo para el celebro y no al contrario.

Sin que obste la diferencia de Sennerto entre principio primero y principal y principio próximo e instrumento secundario, y afirmar que el ser principal asiento no está en lo más noble sino en lo más necesario, no serlo aquel miembro donde se hacen las más nobles y bajas. Porque se niega el supuesto de que el alma racional no tenga más necesidad del celebro que del corazón. Porque ella más pide por sí la razón que la vitalidad, más necesidad tiene de los órganos por donde ejercita lo racional en cuanto tal que de los que le ministran lo viviente, en que comunica con los brutos y las plantas. Cornel. Gemma *Lib. 1. Cosmocrit. Cap. 6. Mihi quidem formæ humanæ dignitas ex rationis domicilio potius æstimanda censebitur, quamquam in corde sit font caloris vitalis, ac facultatum animalium, & naturalium præcipuus nodus: hoc enim ad vitam, & totam animalis compositionem potius quam ad differentiam spectat. &c.* Y el ser el celebro el instrumento próximo de las acciones más nobles es ser el asiento principal, porque también el corazón es instrumento próximo al alma para las acciones de la vitalidad y no obstante, en sentencia de los de la contraria, por esto es el asiento principal de ella.

A la paridad de la planta, se responde lo primero [✠ 7] que se niega que lo más noble del alma racional no se radique en el celebro y en sus espíritus animales, con que este es la raíz de la raciocinación memoria y voluntad, facultades príncipes del alma, como del sentido, y movimiento facultades no príncipes. Lo segundo, que dado que el alma se radique en el corazón, no por esto será su asiento como la raíz del alma de la planta, porque la radicación da el principado solo en aquellos cuerpos donde en su raíz está toda la fuerza de aquella forma o alma del tal cuerpo como en la planta, sin que obste tener esta lo más noble en la copa y sin embargo no estar allí su asiento. Porque es distinta el alma vegetable de la racional, aquella como material, del modo que la sensitiva en los brutos tiene el asiento donde la materia prende su fuerza y vida. En esta como inmaterial, no, sino donde está más como tal que es el celebro, el cual a su modo podrá decirse la raíz de la razón.

Últimamente en cuanto a la universalidad del corazón, se responde ser esta propriedad de parte príncipe en cuanto a lo que le pertenece, que es la vitalidad pero esto no quita que también la tenga el celebro para lo que le toca que es la raciocinación, como aun el hígado para la vegetación y del modo que la universalidad por sí no da prelación en ellos sino por la calidad de las operaciones, en que es tal universalidad, por lo cual el corazón tiene universalidad más noble que el hígado, así también el celebro la tiene más noble que el corazón y así, por la misma razón que a éste se le quiere atribuir el principado, se le debe al celebro, de quien, como del corazón dependen todas las operaciones nobles y bajas del viviente, dependen todas las operaciones nobles y bajas del racional. Demás de que su universalidad es mucho mayor que la del corazón no solo en lo quiditativo sino en lo extensivo, aquel produce el cálido influente de cuyas fuerzas es indicio la pulsación. El celebro, el movimiento, la sensación, reside en él—el entendimiento, la memoria y la voluntad—y por ellas goza el alma de la extensión y universalidad que le dio el filósofo de ser todas las cosas. De donde nace que la cabeza es [✠ 8] verdaderamente el trono del alma, superior a todos los miembros, como el fuego a los elementos, el empíreo a los cielos. Es el alcázar de la sabiduría, el depósito de las ciencias, el farol de los artes. Pero donde puede hablar un Ambrosio cese todo. *Si quidem vt cælum eminet aeri, Terris maria, quæ velut quædam membra sunt mundi : ita etiam caput supra reliquos artus nostri corporis cernimus eminere, præstantissimumque esse omnium tanquam inter elementa cœlum, tanquam arcem inter reliqua vrbis mœnia. In arce autem hac quandem habitare sapientiam secundum propheticum dictum. Quia oculi sapientis in capite eius: hanc esse cæteris tutiorem & ex omnibus membris vigorem, providentiamque deferri. Quid enim robur & validitas lacertorum proficiat, quid velocitas pedum, nisi capitis velut principis sut imperialis quædam adminiculetur potestas? Ex hoc enim destituuntur universa, aut omnia fulciuntur.* Y prosigue en la ponderación de sus partes. De aquí es que sea ella sola todo [✠ 9] el hombre abreviado, que por ella sola se conozca, que de ella sola se saque su imagen, lo diga allí mismo Ambrosio. *Quid sine capite est homo, cum totus in capite sit? Cum caput videris hominem agnoscis. Si caput desit nulla agnitio esse potest, iacet truncus ignobilis, sine honore, sine nomine. Sola ære fusa principum capita, & ducti vultus de ære vel de marmore ab hominibus adorantur. Non immerito igitur huic quasi consultori suo cætera membra famulantur, & circumferunt illud servili gestamine, sicut numen, atque in sublime locatum vehunt.* Toda el alma se ve hablar en el rostro, *Imago quædam animi loquitur in vultu.* Es la basa, la lámina de la Fe, en que se burila con los sacramentos el nombre del Señor. *Fidei basis in qua quotidie Domini nomen inscribitur, & tenetur.* De aquí es que cuando se dividen los sepulcros [✠ 10] enterrando en uno la cabeza y en otro el tronco, siendo individual la sepultura por no poder tener más que una el hombre, determinan las leyes a favor de la cabeza, *text. in leg. cum in diversis 44 ff. de relig. & sumptib. funer.* ibi: *Mihi autem videtur illum esse religiosum (scilicet locum) ubi quod est principale conditum est, id est caput, cujus imago sit. & inde cognoscimur,* a que concuerda la *Ley 13, Tit. 28 parida 3.* ibi, o a lo menos la cabeza, y allí Gregorio López. Cujacio *in d. leg. cum indiversis,* y los antiguos en ella Plinio *Lib. 37, Cap. 2* hablando de la imagen de Pompeyo, *Juvenal sátira.*

at tu
Nil nisi Cecropides, truncoque similimus Hermæ
Nullo quippe alio vincis discrimine quam quod
Illi marmoreum caput est, tua vivit imago.

Y aun en términos de inmunidad de templos [✠ 11] es doctrina de algunos juristas gozar de ella cualquier delincuente que solo hubiere entrado la cabeza dentro del lugar sacro: véase Ximenes *in concord. add. leg. cum in diversis*. Véase también al padre Cerda sobre Judith *super illud videns corpus absque capite Holofernis*. A que se llega una decisión de esta Real Audiencia en el caso singular del litigio movido entre los curas de Huacho y Huaura, sobre cierta capellanía y legado para un altar dejado por Domingo de la Cartera, este para la iglesia donde fuese enterrado y aquella para su Cura, en que habiéndose controvertido la verdadera sepultura del susodicho, por el accidente, de que (degollado este por el pirata Eduardo David en la invasión y saco, que hizo del pueblo de Huacho) fue sepultado el cuerpo en la parroquial de este y la cabeza en la de Huara, y obtenido el primero dos sentencias a su favor por la última de revista se decidió por el segundo, en fuerza de hallarse sepultada en su iglesia la cabeza conforme a los principios insinuados y otras autoridades que se omiten, y se alegaron copiosamente por el doctor don Bartolomé Romero, catedrático de vísperas de leyes en esta Real Universidad y abogado de dicha Real Audiencia donde es sin hipérbole la elocuencia visible y la jurisprudencia animada de estos tiempos, y de que tiene recogida decisión especial.

Resulta de lo dicho que todas las veces [✠ 12] que se hallare duplicado este miembro superior del hombre se hallarán regularmente dos almas aunque en lo demás no haya más que un cuerpo, y al contrario donde solo se hallare una cabeza habrá solo un alma, no obstante, que en lo restante haya dos cuerpos y dos corazones, como sucedió en el monstruo que describe Valleriola *Lib. 1. loc. comm. Cap. 18*, desde la cerviz abajo todo bicorpóreo y en el que trae Pareo *d. Lib. 24. Cap. 2*, nacido en Tours el año de 1569. Véase de este género de monstruos al padre Gaspar Schotto *De mirab. nat. & artis. Lib. 4. Cap. 15. 18*, donde solo trata de ellos. Con que haya o no dos corazones, [✠ 13] habiendo dos cabezas ha de haber dos almas, sin que obste decir se hallan algunos animales de dos cabezas con sola una alma sensitiva pero al contrario ninguno con dos corazones, porque entonces en un mismo cuerpo hubiera dos almas. (Negándose como fabulosos [✠ 14] los animales que se suponen con duplicado corazón como refiere Eliano *Lib. 14, De animal. Cap. 5,* de los elefantes, que tienen dos, y Aulo Gellio *noct. Attic. Lib. 16, Cap. 15,* Plin *Lib. 11, Nat. hist. Cap. 37,* Maiolo *dier. Canicul. Part. 1, Colloq. 7,* y otros de las perdices de Paflagonia, no con menos verdad que lo que dijo con Teopompo el mismo Gellio *Lib. 7, Cap. 27,* de las liebres de Bisalcia que afirmaron tener dos hígados.)

Porque se niegan igualmente por fabulosos [✠ 15] los animales de dos cabezas con un alma, sino que sean monstruosos como los que tratamos en la especie humana, los cuales (si también se les asigna por asiento del alma sensitiva la cabeza en que no immoro) tendrán dos como los monstruos humanos bicípites. Y en cuanto a lo que se dice de la amfisibena que ya dijimos referirse por algunos tener dos cabezas, y de otro animal que Diodoro Siculo *Lib. 2,* y con el Maiolo *ubi supra* refiere tener cuatro, como de ciertos cangrejos que hay bicípites según el mismo Maiolo *Part. 1, Colloq. 9,* dice lo mismo Zachias que o son falsos o monstruosos. Pero no es necesario que sean uno ni otro, siendo posible que los haya por orden de su especie sin que entrambas cabezas tengan distinta animación pudiendo ser una de ellas miembro inútil, con sola la augmentación y nutrición, como puede suceder alguna vez, y de hecho es de parecer Zachias, lo fue la segunda cabeza del monstruo nació el año de 1617 en Génova la cual estaba ciega y sin otro sentido que el del tacto porque solo herida se encogía, no recibía alimento ni pronunciaba sonido, con la boca siempre espumante al continuo movimiento en que la traía, por lo cual habiendo bautizado duda del acierto en esta resolución en *d. Lib. 7, Tit. 1, Quæst. 4, Num. 17.* Lo cual no se contradice con lo que se ha asentado de la animación distinta de cada cabeza, porque se debe entender regularmente y donde se halla en la perfección que como a miembro principal le compete no donde está tan defectuosa como la que se ha referido, de la amfisibena aun duda Avicena *6, 4. Tract. 3, Cap. 41,* y San Alberto Magno crédulo en otras cosas *Lib. 25. De animal.*

Martín Weinrich *De monstris Cap. 49,* quiere que [✠ 16] dos cabezas pidan siempre dos corazones, lo cual desagrada bien a Zachias *d.*

Quæst. 5, Num. 8, convenciéndole con la experiencia confirmada con los siguientes casos. Primero el del monstruo, que trae Pareo *dict. Lib. 24. Cap. 2,* nacido en Paris año de 1546 con dos cabezas de que habiendo él mismo hecho la anatomía halló solo un corazón (bien que afirma sin acierto no podía tener dos almas). Segundo el que refiere Fortunato Fidele *Lib. 3. Cap. ult.,* nacido en Palermo con dos cabezas y los restos de ambos cuerpos tan conglutinados que parecían uno solo y con un corazón en el espacio que formaban ambos pechos unidos. Tercero otro que se halla en dicho Pareo del año de 1572 de dos mellizas unidas por las partes anteriores con solo un corazón y el hígado dividido en cuatro lugares. Cuarto, la niña bicípite nacida el año 1544 que trae Cardano *Lib. 14. De rer. variet. Cap. 77.* Quinto, las mellizas unidas por el esternón y vientre nacidas el año de 1065 en Paris que refiere Riolano el hijo de *monstro parisijs nato*. Sexto, el infante bicípite nacido en Heidelberg año de 1544 que propone Liceto *Lib. 2, De monst.,* de dos másculos unidos por el vientre con dos cabezas y dos pies semejante al de nuestro asunto. Séptimo, el que trae Celio Rhodiginio *Lect. antiq Lib. 24, Cap. 3,* con la cabeza, el hígado y el baso duplicados. En todos los cuales se halló solo un corazón.

No faltaron algunos que apartándose de las dos [✠ 17] sentencias referidas, quisieron dar al hígado la potestad de dirimir la duda de la animación duplicada por ser el principio de la sangre, en la cual, según los físicos y Empédocles, reside el alma. Pero es tan falsa esta opinión [✠ 18] que casi no necesita de impugnación, y aun se han hallado cuerpos humanos en quienes la anatomía ha manifestado no haber tenido hígado alguno según de uno refiere Schenkio en Gaspar de los Reyes *d. Quæst. 45, Num. 42,* y de otro Alfonso Rodríguez de Guevara *Lib. 3, Disput. anatom. adversus vesalium Cap. 5,* donde dice haber en Valladolid en tiempo de Carlos V anatomizado un cuerpo donde no halló hígado, cosa verdaderamente maravillosa. Sin embargo no podían estos dejar de tener cocción equivalente a la que hace el hígado o por lo menos principio tal de la vena cava que llevase el humor al corazón, por lo menos para la augmentación y funciones de la vida porque en cuanto a la misma vida, ella por sí hay opinión fundada, que es del señor de la Violeta, médico de cámara del rey de Francia, en su *Pourtraict de la santé,* o *Retrato de la salud, Sectio 2, Cap. 4,* donde habiendo visto una niña vivir sin alimento por un año, teniendo la cavidad natural toda convertida en escirro o piedra, afirma poder vivir aunque sin función ni movimiento con solo el corazón que por sí no necesita de la sangre, la cual solo es para la solidación y augmentación de las partes, bastándole el aire y su propria constitución, como al celebro los olores. En otro al contrario se ha hallado duplicado el hígado como refiere Reyes *ubi supra*.

De todo lo cual parece queda concluida generalmente para cualesquier monstruos bicípites la doctrina *a priori* de la duplicada animación dependiente solo de la duplicidad de las cabezas. Resta verificar la *a posteriori*, escudando con ejemplos los razones.

En todos los monstruos regularmente en [✠ 19] que se ha hallado duplicidad de cabezas perfectas y perfectamente distintas se han conocido diferentes sensaciones y operaciones muchas veces a un mismo tiempo contrarias, como sucedió en el monstruo de Inglaterra nacido no lejos de Oxonia el año de 1552, según refiere Riolano el hijo, libro *De monstro Paris nato Cap. 6*, y con él Gaspar de los Reyes *ubi supra Num. 45*, con dos cabezas cuatro manos y en lo demás desde el vientre a las partes inferiores uno solo, en todo semejante al de nuestro asunto, en el cual se vio, que mientras el dueño de la una cabeza dormía, el otro velaba, mientras el uno reía o estaba alegre, el otro se monstraba triste, de quienes se podía decir lo que de otros mellizos cantó el Petrarca *Tractatu 6, De rer mem. Cap. 21*.

Non vero nobis unus somnusque cibusque
Nec risus nobis fletus, & unus erat.
Unus membra dabat somno, ridebat, & alter
Surgebatque unus, flens quoque & alter erat.

Vivieron éstos quince días, sobreviviendo el uno al otro un día. Sobre todas es memorable la historia que trae Hector Boetho *Lib. 2. Hist. scoticæ* y Jorge Buchanano en la misma *Historia Lib. 13*, los cuales refieren haber nacido un monstruo en Northumbria con dos cabezas también y cuatro manos pero con las partes inferiores comunes como el nuestro; a este mandó criar y educar diligentemente el rey y puesto en edad capaz hizo instruir en varios artes, principalmente en la música, en que fue singular, y en varias lenguas. Se veían en cada una de las cabezas distintas y discordes voluntades litigando sobre ellas algunas veces; otras se conocía consultaban entre sí y lo que es más admirable, herida cualquiera de las partes inferiores, sentían el dolor comúnmente ambos. Lo cual no sucedía así en las superiores donde estaban distintos. Llegaron a vivir 28 años, sobreviviendo el uno al otro, muchos días hasta que por la corrupción del difunto llegó a morir después. Otro trae semejante Henrico de Gandavo, en el cual se veía la misma diversidad de voluntades riñendo mutuamente y lo que es más, siendo el uno devoto y piadoso mientras el otro era vicioso, pensando éste en los lupanares mientras aquél en los templos, de suerte que cuando quería el uno orar trataba de distraerse. Y de más antiguos tiempos, según Paulo Diácono en tiempo de Teodosio otro en nada desigual a los referidos, del cual hacen mención también Joan Schenkio *Observationem n. edic. Part. 1, Obs. 10,* Sennerto *tom. 1. Epit. physicæ Lib. 6, Cap. 2* y Gaspar de los Reyes *ubi supra* como también se debe suponer sería el que menciona San Agustín *Lib. 16. De Ciuitate Dei Cap. 8,* duplicado en las partes superiores, simple en las inferiores, con dos pechos, dos cabezas, cuatro manos, un vientre y dos pies, el cual vivió tanto que trajo su fama la curiosidad de muchos a admirarle.

De que se manifiesta que así en todos los demás que nacieren semejantes a estos, parece no será necesario para juzgar en ellos duplicadas almas, recurrir a la experiencia posterior de sus operaciones y sensación, esperando a decidir el punto hasta su prueba sin que obste el haberse visto. Lo primero, algunos en quienes se ha hallado inútil una de las cabezas, como en el monstruo del año de 27 en Génova que vio el de 23 en Roma Zachias, según ya se ha dicho.[N] Y en el que (personas que le vieron me han referido) se conoció en España en los últimos años del reinado del señor Felipe Cuarto el Grande, en el cual se dudó sumamente si habría dos almas. Y lo segundo, otros en quienes se ha conocido uniformidad de sensación, voluntades y operaciones como en el que nació el año de 1531 que refieren Schenkio y Senneto *ubi supra*. Con tan mutua similitud en los rostros que no los distinguía la vista sino el número tan iguales en lo demás que los ocupaba un mismo sueño, un mismo desvelo, un mismo apetito, un mismo amor a la mujer que tenían como uno, pronunciando con una misma voz. Y en el que refiere Lycosthenes, el cual era una doncella bicípite en quien según refieren parece quiso duplicarse Venus, con unos mismos apetitos y afectos. Porque en cuanto a los que pertenecen a la primera especie, queda ya respondido a Num. [sic]. Suponiendo para la duplicada animación la perfección requerida de órganos en una y otra cabeza. Y en cuanto a los de la segunda se dice, que (si han sucedido) de las pruebas que se traen ninguna concluye con evidencia la simplicidad de la animación porque para esta debiera traerse la uniformidad en las operaciones del entendimiento más libres, no la de las inclinaciones y apetitos que pertenecen a lo sensual y vegetable porque estas pueden hallarse conformes en distintas almas, como sean de sujetos extremamente símbolos y simpáticos como ha sucedido en muchos mellizos y es lo más natural, procediendo de una misma simiente, distinta solo al engendrarlos en la división y conforme en la cualidad, gozando un mismo punto en la concepción y no muy diferente en el nacimiento según el influjo que en las inclinaciones naturales y de parte de la complexión pueden causar los astros, y aun sin ellos la misma complexión y principalmente en las cosas necesarias y no meramente libres del hombre, como son el comer, dormir y otras funciones semejantes, habiéndose visto mellizos de distintos y separados individuos tan uniformes en todo lo que se ha dicho y aun en algunas cosas más, que a no ser dos sujetos pudiera decirse con mayor razón que en los referidos haber tenido una alma sola.

Fueron celebres las dos doncellas mellizas, hijas de cierto sastre de Irún, que vivían ya adultas en el año de 1659, según las vio persona de suma verdad y de suficiente autoridad para el crédito, pasando en la familia de uno de los plenipotenciarios de las paces de los Pirineos quien me lo ha referido. Las cuales eran tan de un rostro, cuerpo, voz y aire que aun sus mismos padres no las distinguían, de que es buen argumento, el que no comunicando con otros regularmente las traían señaladas con divisa especial que las diferenciase. Se hallaban en ellas unas mismas inclinaciones: si una dormía, deseaba comer o se alegraba, la otra hacía lo mismo. Y lo que es más, fuera de otras funciones naturales comunicaban hasta en las enfermedades. Otras dos demás moderno tiempo refiere haber visto el señor cardenal Aguirre en su libro de la defensa de la Cátedra de San Pedro donde refiere haber visto en Madrid enterrar dos mellizas, que habiendo sido conformes en la vida lo fueron hasta en la muerte cortando con la tijera de un accidente, la parca entrambos hilos.

Lo segundo se responde que dado que fuese una misma el alma en entrambas cabezas, es caso irregular y fuera del orden más frecuente y así comparado con los ejemplos contrarios superiores en razón y en número, no pueden llevarles la palma ni fundar regla contra ellos, teniendo estos (como dicen los juristas) su intención fundada, para que siempre que hubiere duplicidad de cabezas perfectas se deba presumir duplicidad de almas distintas, lo cual aunque puede reconocer después por las experiencias según las reglas que pone Gaspar de los Reyes *ubi supra*. Que se reducen a las que hemos dicho de sensación y pensamientos diversos o contrarios, no se debe esperar a esto para la determinación del bautismo, no solo en caso de necesidad sino aun fuera de ella cuando la edad del monstruo lo requiera, como se ha hecho con algunos bautizándolos *subconditione*, según el padre Andrés Mendo en el Apéndice de los casos notables a sus *Epitome* de opiniones morales en los primeros casos de bautismo Num. 4, donde dice deberse principalmente atender a la perfección de las cabezas ibi: *Igitur inspiciendum est an duo dentur capita distincta, quod signum maius est duplicis vitæ ac Animæ: nam cerebrum est potissima sedes Animæ rationabilis, ibi enim spiritus nobiliores resident, & sensus suum locum habent, & in corporibus humanis, quoad subiecti individuationem, ad rationis sedem præcipuè confugiendum est.* Y el decir luego que se podrán hacer las experiencias referidas es para mayor seguridad, y como dicen *admelius*.

Quien deseare reconocer paralelos singulares del monstruo bicípite de Lima, demás de los referidos, registre a Cardano *Lib. 14, De varietate Cap. 77*, donde trae la anatomía que hizo Gabriel Cuneo noble artífice de la niña bicorpórea en las partes superiores nacida el año de 1544, a Lycosthenes *De prodigijs* donde refiere 13 de uno y otro sexo varones y hembras nacidos en diversos tiempos, donde es de notar lo que dice de la mujer de dos cabezas de edad de 26 años nacida el de 1541 en Baviera, la cual fue expelida del estado por el peligro de la imaginativa de las preñadas. A Cornelio Gemma *d. Lib. 1, Cosmocrit. Cap. 6,* y al padre Gaspar Schotto *d. Tract. de mirabilibus naturæ, & artis. Lib. 5, Cap. 2*, en los cuales se hallará comprobada esta opinión y verificada la duplicidad de las almas. Al contrario el que solicitare ejemplos de la animación simple en muchas no perfectas vea a Gaspar de los Reyes en *Campo Elysio iucundar. Quæst. d Quæst. 45, Num. 44*, donde hace mención del monstruo de siete cabezas nacido en Cracovia con sola una perfecta, y a Deusingio in historia *Fœtus mussipontani extra vterum Sect. 1, Num. 17*, y al padre Schotto *in Appenditibus ad Lib. 5, dicto tract. Cap. 5,* §. 2, que refiere el que también de otras siete fue hallado por las tropas de su Alteza el Señor don Juan de Austria no lejos de Cataluña y llevado a Madrid entre todas las cuales era una sola que se ofrecía en medio, la que parecía perfecta aunque con un ojo en la frente careciendo las demás de vista, aunque con figuración de ojos tenía aquella las orejas hircinas o de cabra y era la que sola comía, con el mismo número de brazos que de cabezas humano hasta el estómago, caprino y piloso en lo inferior, horrendo y feroz aun dentro de la jaula en que fue conducido.

Capítulo 10.
Donde se trata del bautismo

de los monstruos en general y particularmente del que se hizo en el infante bicípite de Lima según sentir teólogos.

SUMARIO.

1. *Monstruos de hombre y bruto son capaces de bautismo, y ¿por qué?*
2. *Monstruos en la apariencia del todo humanos nacidos de bruto pueden suceder pero irracionales por defecto de la organización interna.*
3. *No pueden estos bautizarse.*
4. *Caso que haya probabilidad suficiente de ser racionales se podrán bautizar fuera de necesidad, pero si hay necesidad basta cualquiera probabilidad.*
5. *Se comprueba con el caso del parto de una asnilla que se bautizó.*
6. *Monstruos nacidos de madres brutas con toda la figura humana se deben bautizar condicionalmente en caso de necesidad y si no la hay, se ha de aguardar al septenio.*
7. *Monstruos nacidos de padres racionales con cabeza humana deben ser bautizados* sub conditione.
8. *Todos los hombres de naciones monstruosas si descienden de Adán son capaces de bautismo.*
9. *Monstruos bicorpóreos con dos cabezas perfectamente organizadas se pueden bautizar desde luego.*
10. *Monstruos de dos o más cabezas imperfectamente organizadas no deben bautizarse sino en la cabeza que estuviera perfecta.*

11. *Monstruos bicípites distintos en lo superior y mezclados en lo inferior con solo los pies comunes, cualquiera pie que se bautice, hace que ambas almas lo queden.*
12. *Satisface a la primera opinión que lo niega.*
13. *Se refuta la segunda opinión que afirma lo mismo.*
14. *Tercera opinión de que ninguno quedó bautizado siendo comunes los pies.*
15. *Se lo afirma contrario con la razón de la continuidad.*
16. *Primer fundamento de esta opinión.*
17. *Segundo fundamento.*
18. *No repugnan dos almas en las partes inferiores de los monstruos bicípites.*
19. *Los dos infantes que nacieron en Lima participaron del baño bautismal.*
20. *Se explican las intenciones necesarias al bautismo.*
21. *La comadre tuvo verdadera intención de bautizar, como se bautiza en la iglesia.*
22. *Se duda si esta es exclusiva de otra alma.*
23. *Hay dos bautismos: uno exclusivo y otro no. En el exclusivo si hay dos almas, ninguna queda bautizada. En el bautismo no exclusivo, quedan las dos.*
24. *La intención que tuvo la comadre no fue exclusiva.*

E STE PUNTO, AUNQUE EN su resolución última es teológico, no obstante es en su origen y como los juristas dicen en el facto médico y anatómico, dependiendo en cuanto a la determinación de la persona necesaria en el bautismo del conocimiento de la animación sin la cual no hay persona, ni puede haber bautismo según lo que se ha tratado en el capítulo precedente y en otros de los superiores. Si bien en cuanto a lo que pertenece al que se hizo del infante bicípite de Lima, ha parecido (no obstante ser más teológico que los demás) no dejar de poner aquí alguna parte de los fundamentos que han hallado para resolverle teólogos de primera nota y canonistas en lo cual procederemos para mayor brevedad por algunas conclusiones.

Sea la primera: los monstruos nacidos de conmixtión de especies, [✠ 1] parte de la humana y parte de la de varios animales, no son capaces de bautismo. Se funda en la incapacidad que tienen de alma racional de cualquier suerte que nacen aunque sea con la cabeza humana. Lo primero porque generaría una simiente sola un individuo humano y racional que repugna en sentir común y verdadero de médicos y anatómicos a quienes sigue hoy la mayor parte de los teólogos. Lo segundo que aun si bastase una simiente que se supone, solo la viril en sentir de Aristóteles y los que le siguen, la cual pudiera servirse de otro alimento y calor que el del seno materno humano, se seguiría poder hallársele otro equivalente por virtud del arte y por lo consiguiente se daría por parte en el error de Paracelso que dijo podría formarse hombre racional sin simiente humana por artificio y mucho más si fuese diabólico, que todo es delirio. Como lo confutan Conimbricenses *in 2 de Cœlo Cap. 3, Quæst. 6, Art. 3 y 4,* y Delrío *Disquis. mag. Lib. 2, Quæst. 14.* Y si se dice que aun en caso de concurrir las dos materias de humano y animal, pudiera suceder [✠ 2] que siendo la masculina humana atrajera a sí como más poderosa a la femínea bruta según Gaspar de los Reyes en su *Campo Elysio d. Quæst. 45, Num. 33,* como se dijo en el Capítulo 4, Num. 38, y la hiciera de su naturaleza, se concede en cuanto a la disposición aparente y externa de los miembros como allí se reconocerá pero se niega en cuanto a la organización interna mayormente de las partes príncipes, la cual es diferente hasta en el tiempo de la formación y necesita de mucha mayor igualdad y fineza en la materia y sus espíritus, que la que solo ha menester la superficie, lo cual se confirma del mismo Reyes Num. 39, donde requiere la organización interior para la infusión del alma, aunque debajo de la posición de esta (que no prueba) afirma poder tener alma racional el monstruo. Lo tercero porque si se concediese alma tal en el monstruo de especies mixtas caso que tuviese la cabeza humana, se dice que o tendría sola un alma racional o dos, una tal correspondiente a los miembros humanos y otra material correspondiente a los de bruto. Si lo primero incurríamos en lo que se ha negado arriba, pues estando el alma toda en el todo y en cualquier parte, no solo había de estar la racional en la cabeza y miembros humanos, sino en los demás brutales que repugna. Si lo segundo se siguiera que ya el alma racional no estuviese toda en el todo y toda en cualquier parte, no estando en los miembros de bruto o si estuviese en ellos a un tiempo con el alma irracional que pedían, se darían estas dos formas substanciales que pedían contrarias disposiciones, que también es dislate, con que se debe decir contra Zachias *Lib. 7, Tit. 1, Q. 4, Num. 10,* donde por solo la cabeza humana en los monstruos conmixtos afirma ánima racional en ellos, no haberla absolutamente y así no deben ser bautizados, no solo los que nacen con figura conmixta, [✠ 3] sino aun los que salen con figura humana simple en el todo como se ha dicho en el Capítulo 4, Num. 38, poder suceder por la fuerza de la simiente masculina según Reyes *loco citato,* Fortun. Fidele *Lib. 3, relat. Cap. ult.* y Zachias *ubi supra Num. 4.*

Comprueban esta conclusión en cuanto a los monstruos de figura mixta como los centauros, hipocentauros, onocentauros, sátiros y otros el mismo Zachias *d. loco. Num. 12, infine.* Y en la Quæst. *3, Num. fin.,* donde dice no tener alma racional, y todos los autores citados ya en el Cap. 4. Y en términos del bautismo el padre Andrés Mendo Epitom. *opin. mor. in Appendic.* en los primeros casos de bautismo Num. 3, donde asienta la misma sentencia. *Ex homine & bestia hominem non posse nasci, sed irrationale monstrum commune esse indicium Theologorum, & Iurisprudentum.* Lo mismo siente Gaspar Schotto *in Appendic. ad libros de mirabil nature & artis Cap. 4, in corollarijs.* Y aunque Posebino *de offic. curat Cap. 6, Num. ult.,* dice poderse bautizar *sub conditione,* por la probabilidad de ser racionales siente Schotto no deberse hacer [✠ 4] sino es habiendo dado suficientes muestras de racionalidad, lo cual debe entenderse fuera de necesidad porque en ella bastará la probabilidad tal cual de los que sienten ser suficiente que tengan la cabeza humana para juzgarse racionales. Sin que lo que afirman Bulengero Theatro *Lib. 1, Cap. 45,* Gil Kenio *in leg. 3, Cod. de posth. hered. inst. Num. 4,* Geddeo, y otros que trae Carranza *De partu Cap. 17, Num. 29,* sea como lo entiende Zachias *ubi supra.* En cuanto a que en los monstruos mixtos regularmente se deba juzgar la racionalidad por la cabeza, porque hablan solo (según se deben entender) de los monstruos ostentosos, mixtos solo en la aparencia de los miembros no por la diversidad de las simientes, esto es de los que nacen de ambos padres humanos con miembros inferiores de animales, en cuyo caso se deben tener por hijos racionales siendo las partes brutas no tales por esencia sino por similitud extrínseca, como no sea este vicio en todo el cuerpo, conforme sucede en las liebres, simias, ranas y otros animales que pertencecen estrictamente al género monstruoso según Carranza *ubi subra a Num. 21, vsque ad Num. 25,* y a la Mola viviente según Zachias *d. loco Num. 16,* y no son numerados entre los hijos según los juristas aunque sean de ambos padres humanos.

Y a este caso de necesidad debe [✠ 5] atribuirse sin duda el bautismo que referimos Cap. 4, Num. 28 haberse hecho del monstruo nacido en la aldea de Guadajoz de una asnilla con la cabeza humana, y lo inferior asinino, que bautizado murió luego. De otra suerte, se debiera esperar a que diesen señales de razón, y aun como dice Mendo *ubi supra* a los siete años en cuya parte de edad las descubre más el alma.

Sea la segunda conclusión, [✠ 6] en los monstruos nacidos de madres brutas, con toda la figura humana, se debe decir lo mismo en cuanto al bautismo condicional en caso de necesidad y que fuera de ella debe esperarse a las señales o al septenio, y esto se funda porque pueden ser verdaderos partos de la bestia (que suele suceder como se ha dicho) y entonces es lo cierto no poder ser humanos o ya ser supuestos por el Demonio siendo verdaderamente humanos hijos de padres racionales, lo cual puede acontecer de los modos que quedan asignados en dicho Capítulo 4, Num. 38, de que se refirieron algunos ejemplos raros en el número 40 a que me remito. Por cuya duda y haberse visto tales partos después racionalísimos y bautizados, no parece puede denegarse el sacro bautismo en caso de urgencia, según lo cual no debió de parecer tan preciso el bautismo al obispo que le denegó a los gemelos humanos nacidos de una vaca como refiere Mendo *dict. loco* Franco y Schenkio, donde se citaron en el capítulo referido.

Sea la tercera conclusión. [✠ 7] Los monstruos nacidos de padres racionales con cabeza humana aunque con algunos miembros de animales deben ser bautizados *sub conditione,* de cuyo parecer es de los juristas Baldo e Immola en los lugares citados por Carranza *De partu d. Cap. 17, Num, 31,* Pedro Cabalo *Resol. crimin. casu 139, Num 10,* Pedro Gregorio *Lib. 1, Partitión. juris Canon Cap. 6, Num.* 2 y 3, y de los médicos Zachias *d. loco.* Se funda en lo que acerca de estos queda dicho. Y en el principio teológico, de que todo humano de la estirpe de Adán es capaz de bautismo; estos monstruos se reputan humanos y racionales según los fundamentos y más son por una y otra simiente de la estirpe de Adán e incluidos en el pacto que llaman los teólogos, tienen por lo consiguiente pecado original. Luego son capaces de bautismo. Esto no necesita de referir autores de que quedará asentado universalmente ser capaces de bautismo todos los partos en quienes se probare humanidad, ya sean de diversas especies o de sola la humana, ya nacidos de madre bruta o humana, dadas señales de razón, fuera de necesidad y en ella, debajo de condición del modo referido. Mas no aquellos que no se probaren en modo alguno de la estirpe adamítica° e incluidos en el pacto de Dios con nuestro proto padre, tanto que no solo en extremo de nacer bruto sino aun el de nacer hombre (no siendo posible fuese incluido en el pacto) no necesitaría de bautismo por razón del pecado original, que no tenía sino por razón de la necesidad del medio: *nisi quis renatus fuerit, & c.* como lo controvierte *Bona Spes*, en climas que admirable suceso que refiere el padre Bertrando Lor. *in casib. Beigij* de cierto hombre llamado Ludovico Roosel, en Vladslo, aldea cercana a Dixmuda en la provincia de Flandes el año de 1330, habiéndose varias veces burlado de las fatigas de la preñez y dolores de parto de su mujer, deseando con escarnio tenerlo si posible fuese para despreciarlos, fue castigado de Dios visiblemente con la experiencia de ellos, lo cual sucedió entumeciéndosele un muslo con las mismas ansias y náuseas que sienten las mujeres preñadas a quienes imitó en todos los demás accidentes por nueve meses, a cuyo fin habiendo crecido competentemente la elevación, se sintió con dolores de parto, a cuya fuerza parió del muslo un infante perfecto y verdadero. De donde cuestiona en la resolución de la capacidad del bautismo de este parto, en que procede por esta distinción. Que, o fue incluido en el pacto del Señor con Adán de que no formaría otro hombre que no fuese de su estirpe, o no; si lo segundo como miraculoso o como nuevamente necesitar de bautismo para quitarle: si lo primero tenía ya dicho pecado y necesitaba de él, no obstante ser nacido sin simiente y concupiscencia de carne bastando tener la materia corrupta y ser individuo humano de la línea del primer padre, por juzgarse todos los hombres un Adán.

No podía controvertirse menos el caso de la niña musipontana que refieren Deusingio en la historia que de ella hizo y el padre Gaspar Schotto *De mirabil. nat. & artis in Appendicibus ad Lib. 5, Cap. 5, § 2.*

La cual salió a luz por sección cesárea de esta manera. El año de 1564 en dicho lugar cierta mujer después de años de viuda se sintió elevar el vientre como si estuviese preñada, con tal peso cual el que pudiera causarle una gran piedra dentro de aquel lugar de suerte que consultando a los médicos y no atinando la causa, desesperada un día se arrojó por una ventana al suelo de que murió al instante. Se le abrió el vientre y fue hallado dentro del abdomen en lugar de los intestinos un zurrón redondo asido por cinco vínculos o ligamentos al mismo abdomen, de donde separado, fue abierto y dentro de él como de secundinas fue hallada una niña perfecta. Aquí fue la insigne duda de los mayores médicos y artífices de aquellas partes como son los que refiere dicho Schotto sobre la posibilidad de haberse engendrado aquel parto. Lo primero fuera del seno materno. Lo segundo sin simiente humana al parecer, así por no haber podido penetrar alguna al vientre, como por no haber (según siempre lo declaró) conocido la madre varón alguno en el tiempo de su viudez. Discurrieron algunos, sería hermana suya, criada allí de la simiente de sus padres; otros, que la de su marido aunque por tanto tiempo la generaría en el seno, de donde por ruptura suya habría salido al vientre, y otros juicios que no ajustándose alguno de ellos a lo verosímil, dejaron siempre la materia solo en estado de maravilla. Este caso como el precedente fue por su línea más monstruoso que cuantos se han referido, en el cual debe decirse en cuanto al bautismo lo mismo que ya queda insinuado, que es resolución para en cualquiera de estos accidentes teniendo la humanidad su intención fundada para en cuanto a que se entienda todo humano de la estirpe de Adán.

De que puede nacer la cuarta conclusión: [✠ 8] todos y cualesquier hombres que se hallasen de naciones monstruosas como serían (si los hay) los esciápodos pigmeos cinocéfalos, o de cabeza de perros, sátiros y otros, que como dice Agustín *d. Lib. 16. De Ciuitate Dei Cap. 8.* Y allí Vives y Coqueo, si son descendientes de Adán y del género humano son racionales, son capaces de bautismo. Y aunque es difícil creer los haya como se ha dicho en otro lugar, no obstante en cuanto a los cinocéfalos expresamente dice don Pedro Cubero Sebastián en su peregrinación capítulo [sic] haber visto cierta nación de hombres, con las cabezas totalmente a modo de perros (que no es novedad si se ven algunos rostros deformes) y con cierto modo de lenguaje o clamor que imitaba noblemente al ladrido de este animal, que tan poco repugna si se oyen algunos idiomas de extraña pronunciación principalmente los de Etiopía, sin que por esto se juzguen irracionales no quitándoles lo bárbaro lo humano como algunos pensaron de los naturales de estas Indias, que confuta Solorzano *Tom. 1. De iur. Indian. Lib. 2, Cap. 9, a N. 1,* donde confirma esta conclusión hablando de los hombres y naciones monstruosas.

Sea la quinta conclusión, [✠ 9] los monstruos bicorpóreos de dos cabezas perfectamente organizadas pueden ser desde luego bautizados. Se funda en lo discurrido en el capítulo precedente y de este parecer son comúnmente los teólogos, por lo menos imponiendo el bautismo debajo de condición. Y aunque piden algunas señales en ambas cabezas, debe entenderse *ad melius,* esto es, para mayor seguridad fuera de toda necesidad y para el bautismo puro y no condicionado, porque con este no se puede dudar (si hay alguna razón en los fundamentos del capítulo pasado) puede ser desde luego bautizada la que pareciere accesoria y dudosa, o entrambas si no se distinguieren, es opinión común de los teólogos, de Schotto *in Lib. 4, sentent. distinct. 6, Quæst. 2, Num. 7,* donde hace mención del monstruo bicípite de Francia del padre Mendo *loco citato Num. 4,* Marsillo *in 4, Quæst. 4, Art. 4, dubio 18,* Gabriel d. *Quæst. 1, Art. 3, dub. 5,* Diana *coordinato Tom. 1, resol. moral Resolut. 40, Num. 6,* Lallemandet *in Curso philosoph. folio 418, § non tamen.,* Pignatelli *Tom. 1, Fol. 217, Num. 33,* Bonacina *disp. 2, Quæst. 2, Puncto 6, Num. 4,* Sylvestre *Verbo baptismus 3, Num. 10,* Tabiena, Henríquez, Soto, Chamerota, Reginaldo y otros que trae dicho Bonacina, los cuales no solo afirman el bautismo condicional sino el puro en entrambas cabezas en caso de deberse presumir en cada una alma racional, como lo es desde luego todas las veces que ambas se hallan con perfecta organización.

Sea la sexta, [✠ 10] los monstruos de dos o más cabezas de imperfecta organización no deben ser bautizados sino solo en la cabeza que estuviere perfecta y se reconociere al nacer o después ser la principal y la animada, como en los monstruos de Cracovia y de Cataluña de siete cabezas imperfectas. Se funda en la carencia regular de alma racional distinta en cada una y en las observaciones referidas en el capítulo próximo, según las autoridades referidas.

Sea la séptima conclusión, [✠ 11] los monstruos bicípites distintos en lo superior y mezclados en lo inferior con solos dos pies comunes, cualquiera de dichos pies que se bautice al expelerle la madre al tiempo del parto (en que se supone caso de necesidad) hace que ambas almas quedan bautizadas. Para cuya prueba es necesario advertir deberse indagar tres cosas. Primera la materia próxima del bautismo, esto es, la ablución de las personas en el sagrado baño. La segunda, la forma del sacramento. Tercera, la intención del ministro.

La resolución del primero punto consiste en indagar, si habiéndose bañado con la sagrada agua solo el pie que salió a luz puedan decir bañados ambos infantes. Puede haber aquí tres opiniones. [✠ 12] Primera que solo quedó bautizado o bañado el dueño de aquel pie, suponiendo que cada infante tendría el suyo correspondiente a su lado. Pero se desvanece, porque repugna a la conmixtión de la materia y partes sigiladas que se hizo de uno y otro como se ha dicho, sin la cual no pudieran haber nacido como se vieron y lo manifestó la anatomía porque estando mezclados todos en toda la cavidad natural y sus partes que eran comunes a ambos, sin que se pudiese decir, esta porción de ventrículo es del uno y esta otra del otro; esta de hígado; esta de intestinos o esta de otras partes pertenece al uno y no al otro se sigue ser también comunes las partes inferiores, pues siendo consecuentes, no podían estar mezcladas las partes principales de la cavidad natural y al contrario divididas las subsecuentes de muslos y piernas, porque, ¿qué virtud se dará, que no pudiendo haber separado los hígados, los estómagos, los intestinos y las otras partes (donde había más calor para la segregación así por ser el asiento de la facultad vegetativa y espíritus naturales como por la cercanía al corazón) pudiese haber vuelto a separar las partes sigiladas de cada uno para los muslos y piernas, donde el calor es mucho menos, respecto de la misma cavidad natural? Se funda también lo dicho porque del modo que en el electro en los metales mientras están mezclados no puede afirmarse esta parte es de oro y esta de plata, o en el mulso esta porción es vino ni esta es miel, por la total confusión y mezcla: bien que el electro y otras conmixtiones de distintos metales por poder separarse ya a la virtud del agua crisulca y otras suertes proporcionadas, no se hacen comunes si acaso son de distintos dueños según la ley *Lacus 12, §. Siex are meoff de acquiritur rerum dom.*, y la ley *Idem Pompo-*

nius 5, §Sed si plumbum in princip. ff. de reivindicat. Y que al contrario todas aquellas materias que de tal suerte están confusas que no puedan separarse, se hacen desde luego comunes, según la ley *adeo 7, § voluntas ff. de acquir. rer. domin.*, la dicha ley *Idem Pomponius 5, in princ & ind.* §. *sed si plumbum vers. sed si deduci* y el §. *Si duorum 25 Lib. 2, inst. de rerum diuis.* Y en dichos textos los doctores juristas. Lo cual es solo en fuerza de la conmixtión por la cual cada átomo sigilado de una materia está unido con cada uno de la otra sin que puedan separarse, en cuyo caso no solo será común el dominio (que es accidental y solo se trae por prueba de la comunión de las materias sino aun el efecto de sus virtudes como se ve en las teriacas[p] y bebidas médicas). Así deberá decirse que de la conmixtión de las simientes y partes de ellas sigiladas es preciso resulte una identidad total inseparable y común a ambos infantes.

Decir que se separaron solo por la rectitud de cada muslo con cada infante es voluntario porque dicha rectitud era precisa alias aunque estuviesen mezclados ambos, como es cierto en los muslos por la fuerza de la simetría, de la misma suerte que si se hubiesen perfectamente mezclado todas las simientes de los mellizos se hubieran *per modum unius* y formarán un cuerpo mayor con la misma proporción y distinción de miembros. Y a la verdad es esto querer confundir lo que es distinción simétrica con lo que es separación de materia y sacar de una antecedente indiferente una consecuencia precisa. Son distintos los miembros cada uno en su lado. Luego pertenecen distintos a cada cabeza. Distingo la antecedente. Son distintos en los lados *Ideo*, porque nace cada uno de cada cabeza y están separadas las materias y partes sigiladas, niego, porque es precisa la distinción para la simetría aunque estén confusas las partes, concedo.

La segunda [✠ 13] opinión puede ser de los que afirmen haber quedado bautizada solo el que parecía más recto y por lo consiguiente dueño de ambos pies pero se refuta con lo mismo que queda discurrido así en el Capítulo 7, donde se trató de la formación de dicho monstruo, como en el número precedente, sin que el parecer el uno algo más recto indique lo contrario. Lo primero porque sería accidente de la colocación, de suerte que si fuese el otro situado en perpendículo también parecería el recto, como lo manifiesta su efigie. Lo segundo porque aunque fuese así, era accidente que pertenecía solo a las partes superiores donde estaban distintos y podía haber salido uno más inclinado hacia la latitud que el otro por la conformación del útero, lo cual no tocaba a las partes inferiores porque allí la mezcla los hacía de igual rectitud por la identificación total de las partes del modo que habiendo mezclado la porción de metal suficiente para una estatura con la de otra en un molde semejante al de este monstruo bicípite, no porque saliese la una cabeza más recostada hacia la latitud, dejaría de haber en las partes rectas inferiores tanta porción de una estatura como de otra.

La tercera [✠ 14] será de los que dicen que de ser comunes o perplejas las partes inferiores no podría que dar alguno bautizado, fundándose en la indeterminación de la persona con el ejemplo del que intenta consagrar una hostia, v.g. siendo las que hay dos o en más proprios términos, del que quiere bautizar uno y baña dos, en cuyos casos ninguna de las formas queda consagrada, ni alguno de los sujetos bautizado. Se confiesa que es la más fuerte dificultad de esta materia. Pero se tratará hacer a un lado con los fundamentos de la opinión siguiente, la cual es.

Que ambos infantes [✠ 15] quedaron bañados con la ablución sagrada y participaron así de la materia remota del bautismo que es el agua, como de la próxima que es el mismo baño.

Se funda lo primero [✠ 16] en la razón de la continuidad (aun dado y no concedido no fuesen comunes del modo que se suponen las partes inferiores), la cual no hay duda tenía con dichas partes aun el que se supusiese no ser dueño de ellas por sí, ni en comunión, porque aunque pudiera decirse que este no se continuaba sino que terminaba en la mitad, que es lo que dice Arriaga *in Cursu philos. Lib. 1, Physicor. Disput. 2, Sect. 6, Subject. 6,* hablando de estos monstruos y de otro semejante que dice haber sido una niña bicípite nacida aunque ya muerta en cierto lugar junto a Praga, es falso, respecto de que una cosa es la mezcla y otra la continuidad; aquella no habiendo más materia pudiera ser terminase en la mitad, pero esta no ha menester la materia de ambos para hallarse en dos cuerpos, porque le basta la unión de las partes por identificación total en cualquier lugar en que sea la misma parte de uno y de otro, donde tanta razón hay para que se continúen las partes inferiores con el principal como el que no lo sea. Pongo ejemplo en la ferruminación o soldadura que se haga de un brazo a una estatua a quien le falte, entonces a caso porque la materia de aquel brazo no se mezcle en lo restante ¿no se continuará? Mas, en los milagros que se suelen haber hecho por algunos santos (o supuesto por posible o imposible) en que una pierna de otro cuerpo se ponga en el cuerpo de otro, o otro cualquier miembro, ¿sería necesario para la continuidad natural (que se debe dar tal supuesto el milagro de la unión) el que la materia del un cuerpo se mezclase o continuase en el otro? De ninguna manera sino que bastaría solo aquella unión según Santo Thomas *3. Part. q 68, Art. 11, ad secundum* ibi: *Quod membrum matris est aliquid eius per continuationem, & unionem naturalem partis ad totum*. Luego no puede negarse la continuidad en este caso porque una vez unida la materia a donde se diría que terminaba, ¿qué allí no se dijese que proseguía? Que es la razón del continuo. Y si se dice que solo es contigüidad, es solo aquella unión que se hace de cuerpos inmediatos, no mezclados, la cual sucede en los vestidos con el cuerpo, no en la que se hace por permixtión aunque limitada en cualquier parte. Y para que se vea cuanto distan las especulaciones remotas que en estas materias pueden solo hacerlos meramente filósofos de las próximas a la misma cosa, atiéndase, cuanto no a otra razón, a la del orden de las venas, pues no pudiendo dejar de continuarse la ramificación de las ascendentes con la de las descendentes, ¿qué ramos se darán en cada cavidad natural y de las partes inferiores? Y para que esto se manifieste, es de saber que de la vena cava, fuente de la humana naturaleza, río del microcosmo amplísimo (como la llama Andrés Laurencio) se riega universalmente todo el cuerpo. El tronco de esta se divide en ascendente y descendente. Este en los ramos ilíacos y del ramo de este nombre, que va fuera de la cavidad del abdomen y bajando a los muslos y piernas, toma el nombre de crural; salen los seis ramos que son la safena isquias menor, muscula, poplicea, sural e isquias mayor. Todas las cuales se continúan no solo entre sí y con las del tronco ascendente por varias anastomoses o aberturas por donde se ingieren unas en otras sino aun lo que es más, con la vena porta en medio de cuyas raíces se ingieren los extremos de la cava y al contrario, de suerte que mutuamente corren entre sí llevando el calor influente, esto es, los espíritus vitales y naturales a todo el cuerpo, tanto que si se soplase cualquiera, se inflarían todas absolutamente como dice Andrés Laurencio haber experimentado en los recién nacidos por la vena umbilical. Esta continuación de venas universal, afirmó Aristóteles Lib. *2, De partib. animal.,* e Hipócrates *libro de locts in homine. Communicant* (dice) *omnes venæ, & confluunt inter se mutuo.* De este conocimiento nace con evidencia la continuación pretendida de uno y otro infante, no pudiendo negarse que las cavidades vitales de ambos cada una con su corazón tuviesen sus ramos y venas pertenecientes (de otra suerte no pudieran haber vivido ni aun crecido en el útero), y que estas naciesen de dos troncos radicales en un mismo hígado, que subiendo cada uno a toda la cavidad vital de cada infante, debía tomar el nombre de vena cava, no siendo esta otra cosa que aquel primer tronco radicado en el hígado para ascender a la cavidad vital o fuese un tronco dividido en dos para cada corazón que viene a ser lo mismo y por lo consiguiente que por sus anastomosis se comunicasen con la vena porta y más con el tronco descendente, y de aquí con las venas crurales, de suerte que si se hubiese hecho la prueba de soplar por tubo acomodado la vena umbilical se hallaría sin duda que se inflarían y extenderían todos los vasos de ambos infantes y los intestinos. ¿Véase ahora si el calor influente o espíritus que precisamente había de generar cada corazón se comunicaría por las venas inferiores a sus partes, si la sangre perteneciente a cada uno (que en común va animada al contrario de los espíritus, no obstante haber fundamentos fortísimos para que lo estén) y por lo consiguiente si el alma de cada uno se comunicaría a las partes referidas y consecuentemente si habría continuación tanto en uno como en otro con los miembros inferiores?

Ni obsta si se dijere se identificarían entre sí los dos infantes, considerándose unidos ambos a partes comunes como son las inferiores según el principio mal traído *quæ sunt eadem uni tertio, sunt idem inter se,* porque este se debe entender en principios dialécticos para la forma silogística en que es preciso que dos extremos se unan a un medio para identificarse entre sí, como para probar que Pedro es animal, es necesario buscar un medio lógico que es el hombre y unir a él los extremos de Pedro y de animal diciendo: todo hombre es animal (ve aquí unido el animal al medio que es el hombre). Pedro es hombre (ve aquí unido Pedro también al hombre). Luego Pedro es animal (ve aquí la identificación de Pedro y animal). Y también en principios matemáticos como para el problema del triángulo equilátero, donde formadas dos líneas iguales a una tercera es preciso que todas sean iguales según el principio: *quæ sunt eadem uni terrio,* no porque todas las líneas sean en sí una misma cosa sino porque por razón de la extensión sean de una misma cuantidad. De aquí se siguiera también que dos brazos que sean iguales a un tercero fuesen todos un mismo brazo, que es desatino, porque la identidad física está en no ser otra cosa.

De que resulta que no pudiendo negarse la continuidad del uno con el otro en las partes inferiores, el baño de cualquiera de ellas pertenecía tanto al uno como al otro. Se prueba en el bautismo porque en cuanto a la ablución no por otra cosa el infante en el seno materno no puede bautizarse bañando a la madre según algunos sino porque el agua no podía decirse tocaba el infante bautizando a la madre respecto de no ser continuo con ella (dejo la otra razón de ser diferente alma porque esta pertenece a la determinación de la persona por la intención y aquí se prescinde solo la ablución, y como dice Caramuel, el *ubi baptismal*) ni ser parte del cuerpo de la madre según la sentencia de los estoicos seguida del jurisconsulto ulpiano en la ley *primera §. ex hoc rescripto ff. de ventre inspiciendo.* Aunque en la ley *si qui 7, § fi ancillam ff. de except. rei judic.,* lo propone como cuestión sumamente difícil sobre la cual disputan acremente Amaya Lib. *3, Obseru.* y Carranza *De partu Cap. 2,* lo cual impugnaron los platónicos y el J. C. Scevola en la ley *Aliena 10. §. Scævola de vsu Cap.* Cuya sentencia es la cierta en principios filosóficos, médicos y teológicos. En cuyos términos dice Santo Thomas 3 *parte Quæst.* 68, Art. 11. Y en el Cayetano y el eximio Suárez de Sacram. no poder ser bautizado el infante dentro del vientre, respecto de no ser continuo con la madre, sino contiguo por vínculo o aligación. Lo cual había determinado el Concilio Neocessariense, probado por la Sínodo Constantinopolitana en Trullo a la duda de algunos plebanos que recelaban bautizando en caso de muerte a la madre preñada se queda bautizado el infante como parte suya y por lo consiguiente incurrir en el escrúpulo de rebautizarle después o en el escándalo de no hacerlo según Cayetano en dicho Artic. *in Appendice.* Esto mismo está decidido por el *cap si quid 35, De consecrat. distinct. 4,* que es de Agustín contra Juliano, que afirmaba poderse bautizar los infantes en el seno materno, y el Cap. *qui la maternis 115,* también *De consect. dist. 5,* sobre que se puede ver Barbosa *ic collectaneis ad dictum textum,* Victoria *De sacramentis ubi de bautismo Num. 28,* Valerio Reginaldo *in praxifori Penit. Lib. 27, Num. 18,* Bonacina *De sacram. disp. 2, Quæst. 2, Puncta. 6, Num. 7,* Raybaudo en los Opusc. morales *Tract. de ortu infant. per sectionem Cæsaream* Dicastillo *Disp. 1, Dub. 3, Num. 55,* Leandro *De sacramentis Tract. 2, Disp. 2, Quæst. 20.*

De que nace que todas las veces que se diere continuación de cualquier miembro a cualquier todo consecuentemente bañado el tal miembro, se dirá bañado cualquier sujeto con quien tenga continuación. Sin que obste, si se dijere, entenderse esta doctrina cuando el miembro continuo sea parte del tal sujeto como se requería lo fuese el infante de la madre, mas no cuando aunque se dé continuación no sea parte, como no lo será en este caso el pie del principal si no hay mezcla en él de la materia del otro (como se supone diciendo ser suficiente sin ella sola la continuación), y lo que es más preciso, si la forma substancial de él no está allí como en parte continua de su todo. Por lo cual no puede ser alguno bautizado en los cabellos, ni en la uñas, porque aunque se continúan, no es como partes integrantes del todo sino como excreciones por lo cual según la común no están animadas. Porque se satisface con que no obstante (aun dada sola esta especie de continuación que se niega ser tal la que hay en el caso presente) hay opinión de muchos que dicen poderse bautizar el infante en las secundinas (vulgarmente pares), las cuales no hay duda que no solo no son parte, mas ni aun dicen continuación con él, siendo solamente su cubierta al modo que los vestidos en el hombre: lo sintieron así, Ángelo, Aureolo, Silvestre, Hurtado, Armilla, Egidio, Vázquez Rosella, Palao, Dicastillo, Lublino, Reginaldo y otros que cita don Fr. Juan Caramuel *in Theolog. fundam. Lib. 3, fundam. 64, en el ubi baptismale,* y según él, la juzgan probable también Valencia y Layman, y fuera de estos la lleva Pignatelli *Tom. 1, Fol. 217, Num. 31,* Trullencho Lib. *2, Cap. 1, Dub. 3, Num. 8, infin.,* Ochagauia Quæst. *4, N. 1.* Aunque la reprueba dicho Caramuel con otros que la tienen por menos probable. Y aun algunos de estos la siguen si acaso la secundina fuese de tal suerte porosa, que pudiese penetrarla el agua y llegar a las carnes del infante. Y en cuanto al bautismo de los cabellos, le defienden Paludano, Henríquez, Valencia, Vega, Soto, *distinctión. 3, Art. 7,* Vazquez *Disp. 145, Num. 31,* Egidio Quæst. *66, Art. 7, Dub. 2, Num. 78,* Suárez *Disp. 20, Sect. 2,* Granar *Tract. 1, Disp. 4,* Filliucio *Tract. 2, N. 32,* Ochagauia *loco cisato* (el cual juzga lo mismo si el agua tocase solamente las uñas), Candido, Posebino, Grafis, Molfense y otros en Bonacina *Disp. 2, Quæst. 2, Punct. 4, Num. 22*, y novísimamente Baunio *Quæst. 3, Assert. 4*, Dicastillo *Dub. 3, Num. 52*, Diana *Part. 10, Tract. 16, Resol. 28*, y con otros Leandro *loco citato Quæst. 24*, los cuales se fundan lo primero en que bañados los cabellos se dice el hombre moralmente lavado en la cabeza. Lo segundo porque cuando San Pedro bautizó en un día tantos millares de hombres con aspersión no es creíble sino que muchos fuesen solo participantes del agua en los cabellos. Lo tercero, y que hace más al propósito, porque estos son verdadera parte del hombre con junta o continua para su adorno. Y el dicho Pignatelli *ubi supra Num. 30*, donde también defiende el bautismo en el vaso umbilical que llaman vid. De que se sigue que no obstante que fuesen menos probables ambas opiniones e incierto el bautismo de los cabellos, hay suficiente probabilidad para poderse hacer en caso de necesidad en que no ha lugar el precepto de la más segura, respecto de ser el sacramento de *necessitate medij*, y cuando no pueden componerse el socorro de la necesidad del próximo con la reverencia del sacramento, debe ceder esta a aquella según Ildefonso Baptista 1, 2, *Tom 3, Disp. 208*, y Lumbier en sus observaciones, *circa propos damnatas. obseru 3, Num. 23*, lo cual es la común. Luego por esta parte puede haber por lo menos aquella moralidad de juicio en el bautismo que se hizo en el pie de dicho monstruo en cuanto a la ablución que puede dejar la probabilidad que hubiera precedente para poderlo hacer allí de ambos.

Paso al segundo [✠ 17] fundamento y se forma de que si es cierta la opinión de la composibilidad de dos formas substanciales en una misma materia no solo hubo mera continuación, sino que por la mezcla y comunión que se ha probado tenían en las partes inferiores, no hay duda podían estar en todas y cualquier parte de ellas las almas de ambos infantes en sentir de los que afirman poderse dar dos formas substanciales a un tiempo en una misma materia que no pidan contrarias disposiciones o sean disparadas como en el hierro encendido, la forma de este metal y la del fuego, en el árbol, la de vegetable y la de leño. (Bien que los que llevan la contraria dan diversas soluciones que no los desembarazan de toda la dificultad según nota Fr. Francisco de Buenaesperanza, alias Bonaspes Carmelita, en su curso filosófico en el lugar que abajo se dirá) y en el hombre la forma substancial del alma racional y la de corporeidad agudamente discurrida por el sutil Joan Duns alias Schotto, sobre el libro 4 del Maestro de las Sentencias *Dist. 11, Quæst. 3, Art. 2*, a quien siguieron de la Compañía de Jesús el padre Dandino y el padre Coninck y las formas parciales discurridas por otros, sobre cuyo punto no es de este lugar immorar, bastándonos solo tener los patronos que escudan esta sentencia, y entre ellos ha dicho Bonaspes en dicho Curso Philosophico *Part 1, Tract 1 in Lib. 1, Physicor. Dub. 3, in resolutione* donde asienta la opinión, y en el Num. 82 la prueba expresamente con el monstruo bicorpóreo en lo superior y en lo inferior sencillo, el cual teniendo dos almas es preciso las tenga igualmente en las partes ínfimas comunes, ¿con cuál (dice) se informaran? Y si ha de ser por lo menos con alguna de ambas, ¿cuál será esta? ¿Por qué más una que otra? Luego es preciso sea con ambas. Y se responde al inconveniente de la ociosidad de la segunda forma en aquella materia que ya está informada con otra o de la superfluidad de dos, cuando basta una para llenar toda la materia, con que deben considerarse dos tiempos uno antes de unirse las formas a la misma materia y otro después de haberse ya defacto unido. En el primero no hay duda que es ociosa otra forma donde basta una, la cual puede hacer completa la materia por más que sea extensa y que aunque la hubiera multiplicada respecto de lo que necesita un cuerpo regular, podía llenarse perfectamente de sola un alma. En el segundo tiempo aparte post, cuando ya están unidas ambas almas a una misma materia, entonces no repugna que ambas la llenen como si fuesen una porque pueden darla cada una sus facultades a un mismo tiempo, esto es, aquellas que se pueden ejercitar por los órganos que hay en ella como son en las partes inferiores la sensación y el movimiento. Es suficiente una pero no son repugnantes dos. Es verosímil que si al infante bicorpóreo de Lima se le cortase una pierna, ¿no sintiera el dolor más que el uno? ¿Que la disolución del continuo no ofendiese al otro? ¿Que la sangre expelida no debilitase a ambos y aun en flujo excesivo no los examinase? ¿Quién lo duda? Luego ninguno podrá negar la simultad de las dos formas.

Se prueba, de más de esto, lo referido, con que ya ha demostrado la experiencia [✠ 18] la composibilidad de dos almas o formas substanciales en las partes inferiores simples de los monstruos bicípites, como consta del caso referido en el capítulo precedente Num. [sic] del monstruo de Northumbria en Escocia según la fe de dos historiadores clásicos de aquel reino como son Hector, Boetho y Jorge Buchanano, y el ascenso de autor de tanta nota como Gaspar de los Reyes en *Campo Elysio Quæst. 45, Num. 45*, donde hablando de dicho monstruo, habiendo ponderado las señales evidentes de tener dos almas, prosigue en la singularidad de tener ambos sensación común en las partes ínfimas, de suerte que herida cualquiera de ellas se sentían ambos igualmente. *Illud etiam mirabile fuit, quod cum inferne crura offenderentur, utrunque corpus dolorem sentiebat.* Otros semejantes se refirieron en dicho capítulo y guerra de ellos, es también notable el que trae Alberto Magno, como se puede ver en dicho Gaspar de los Reyes. De que se convence desvanecida ya *a posteriori* la repugnancia de dos formas en una misma materia, pues siendo la sensación, una facultad que inseparable de la forma substancial en cualquier parte que ella aparece, es prueba evidente de la preferencia del alma según principios filosóficos innegables. No es dudable que teniendo ambas almas en dicho monstruo sensación en unas mismas piernas, estaban en ellas presentes entrambas, lo cual no sucedía en las partes superiores de pechos y cabezas, como dicen dichos autores, por estar allí separados ambos infantes y no estar la parte afecta del dolor v.g. Del brazo del uno en lugar donde podía enviar al sentido común de ambos la impresión del dolor sino donde como miembro del uno separado del otro infante, solo podía llevar la pasión al sentido común de aquel a quien pertenecía solo por el lugar.

El padre Rodrigo de Arriaga, que es de la contraria *in Cursu philos. Lib. 1, Physic. Disp. 2, Sect. 6, Sub Sect. 6*, refiere la opinión de Bonaspes y el ejemplo del monstruo para las dos formas en las partes inferiores. Trae también el del ferro candente, refutando la solución de los que consideran la forma de fuego en los poros del hierro y no en su materia, con que estos son muy pocos respecto de la densidad del metal y de quemar cualquiera cosa igualmente. Y habiendo confesado tener alguna apariencia estos ejemplos, deja el del hierro como común y pasa al del monstruo como nuevo. Propone el caso del hombre bicorpóreo de Praga que dice vio allí el año de 1650 con dos cabezas y cuatro brazos, en que habiendo él mismo por examen que hizo hallado distintas sensaciones por las partes distintas superiores, concluyó había en él dos almas. (Lo mismo dijera si en las inferiores hubiese hallado en ellas la sensación de ambos.) Pero que después habiendo este monstruo pasado al reino de Polonia por adquirir con su novedad algún dinero, ganando aquí la deformidad lo que otras veces la hermosura, parando en casa de cierto caballero polaco y entrando escrúpulo a cierto religioso que allí estaba, de que pudiese ser ficción diabólica, por el rostro del que parecía accesorio que inclinado hacia tierra, no hablaba, ni veía, comunicado en secreto al caballero que actualmente comía con otros a la mesa, se resolvieron exorcizase, lo cual ejecutado desapareció al punto el Demonio que estaba unido a aquel hombre formándolo bicípite, y quedó este sencillo como verdaderamente era por cuyo delito y pacto fue luego preso, y degollado por su propia confesión. Pero no obstante la ficción, para en caso que sucediese verdaderamente (como para prueba de su posibilidad lo manifiesta con el nacimiento de una niña monstruosa melliza de un varón con quien nació, junto a Praga el año de 1659. La cual era también de dos cabezas y cuatro brazos, y de un perro bicípite ya seco que por curiosidad se guarda en el tesoro de los emperadores). Niega en tales monstruos humanos el concurso de las dos formas en una materia, diciendo poder estar el alma del uno solo en las partes distintas que tuviere y la del principal en todo el cuerpo sin que sea inconveniente el que el alma del otro esté tan limitada, como se ve en los que viven con las piernas y otras partes cortadas. Pero es evasión buena solo para el medio cuerpo que sin duda sea accesión del otro producido por copia, con desigualdad de materia como otro brazo u otro miembro superfluo, no cuando hay conmixtión de partes sigiladas y cuando ambos medios cuerpos son iguales y de igual perfección como fue el de Lima, porque entonces ¿cuál diría este autor que tenía limitada su alma? Pasa adelante y reconociendo que en cualquier caso el estómago por lo menos ha de ser común a ambos, dice que no estando su cavidad animada no hay concurso de dos formas en él y que la concocción se hará por dos virtudes nutritivas parciales, lo cual se desvanece. Lo primero porque aunque el hueco o cavidad del estómago en cuanto tal no esté animada, como ni el de la tráquea arteria, no puede dejar de estarlo el cuerpo membranoso del mismo ventrículo compuesto de tres túnicas y lleno de ramos pequeños de venas, arterias y nervios. Y siendo este común, es preciso que estando animado, lo esté de ambas almas sin que importe que no lo esté el hueco. Lo segundo porque demás de esto la concocción y alteración no puede hacerse por virtudes parciales, porque siendo esta la primera obra de la facultad vegetativa y esta total en cada alma, no puede estar parcial en el estómago, de otra suerte pudiera un alma o una forma total ejercer las funciones de vegetativa con sola una facultad parcial. Demás, en el caso presente, era el hígado común y por esto mayor en el duplo de lo necesario para uno solo, ¿con qué alma si animaría? ¿Con una sola? ¿Cuál sería esta? Y si alguna de las dos que es incierta, ¿la facultad vegetativa de esta serviría para las funciones de la otra? ¿Sería una sola facultad instrumento de ambas y por lo consiguiente estaría sin facultad vegetativa propria la una de ellas o la tendría ociosa? Todo esto repugna. Fuera de esto, ¿de qué serviría la duplicación del hígado cuando para la facultad vegetativa de un alma basta solo el ordinario? ¿Los espíritus vitales de cada corazón, la sangre animada que con ellos debía circular bajando al hígado para su alimento, y para darle el calor influente se detendría en la cavidad vital del que se supone accesorio sin bajar de ella a la natural y a su parte príncipe, no pudiendo negarse haber subido de allí y tener en ella su raíz que septo o división tenían? Luego es innegable estar el alma de él también en dicha cavidad natural e hígado donde también estaba la otra y por lo consiguiente con su facultad total vegetativa con ella. La prueba del ferro candente y del carbón encendido, en cuanto a las dos formas, es verdad que no es la que más concluye, porque hasta ahora no han averiguado los filósofos la verdad de lo que es esta unión de estas formas. Unos dicen que no está el fuego en la materia del hierro, ni del carbón sino en sus poros. Otros que no es el fuego el que allí aparece sino una cualidad de calor sumo que hace resplandeciente la materia, como resplandecen algunas piedras preciosas, avecillas y gusanillos en los campos y algunos leños pútridos de noche, como también en los salmones y sus escamas, como lo testifica Arriaga sin que esto sea fuego. Y otros en fin dicen estar este en la misma materia de hierro y carbón, que es la común. Pero a la verdad los químicos (anatómicos ciertos de estas cosas) descubren todo lo contrario. Porque lo primero el hierro tiene de más de la materia fija, que son los átomos férreos, espíritu metálico, que los une y da la forma y este sus átomos volátiles disipables en humo a la fuerza del fuego como en los demás metales (fuera del oro inconsumptible a sus llamas) dichos átomos volátiles que lleva el humo son unos sales ácidos de la naturaleza de los del fuego, por lo cual se unen con él, dentro del hierro y en ellos o en su lugar se penetra, mas no en los átomos fijos cinéreos, o térreos que tiene, los cuales separados no son capaces de encenderse como sucede también en el carbón, en cuyos átomos ígneos volátiles se introduce el fuego, dejando las cenizas, las cuales eran los fijos y térreos en que no estuvo, sirviendo solo de separarlos de suerte que hecho esto, no dura más el fuego en ellos. Con que no estuvo su forma en toda la materia del hierro sino inadecuadamente y en la parte volátil que tenía, lo cual se manifiesta en la experiencia de todos los extractos por combustión. Mayor fuerza hace lo del árbol en quien se da la forma de viviente vegetable y la de leño. Paso adelante.

Ya por lo menos así por los fundamentos de la continuación como por los de la composibilidad de las dos formas, probablemente asignada, queda suficientemente afianzada la conclusión de la participación [✠ 19] de la ablución o baño bautismal a favor de los dos infantes que componían el bicorpóreo de Lima. Advirtiendo que por dicha ablución no se les atribuye más que aquel baño tal cual puede considerarse el que se hace en el pie o pierna de un infante, el cual nunca es materia próxima cierta, por no verificarse totalmente en la razón de bautismo o baño que pide considerable parte del cuerpo, y solo lo es dudosa en caso de necesidad, por lo cual debe bautizarse después *sub conditione* el tal infante.

En cuanto al segundo y tercer punto sobre la forma del bautismo en lo que toca al *Te* y a la intención del ministro o de la que bautizó al infante bicípite para la doctrina que se dirá, es de advertirlo siguiente. Lo primero que por sentencia común es necesaria en el bautismo como en los demás sacramentos la intención del ministro por lo menos de hacer lo que hace la iglesia, según el Concilio Florentino *in decretis super unión. Armenor.* y el Tridentino *sesión 7, De sacram. Canone 11.* Lo segundo que es necesaria la intención actual o virtual por lo menos, no siendo suficiente la habitual ni la interpretativa, para cuya inteligencia en breve es de advertir la diferencia que hay entre estas. [✠ 20] La actual es notoria. La virtual es aquella intención que queda en el progreso de la acción en cuyo principio hubo alguna voluntad actual de proceder a hacer el sacramento. La habitual aquella que no queda en el progreso de la acción como la voluntad que ayer tuve de bautizar hoy, y fue interrumpida de otros negocios y acciones no pertenecientes a aquel fin. La interpretativa la explican de varias maneras. Suárez *De sacram Quæst. 64, Art. 10, Sect 3*, dice ser la intención que se tiene en la causa, esto es pone el ejemplo en el sacerdote que se embriaga y después profiere durante la embriaguez la forma de la consagración en materia apta, en cuyo caso no consagra porque aunque la causa de haber pronunciado las palabras fue la embriaguez y esta fue intentada por dicho sacerdote, no por eso quiso la confección del sacramento ni aun indirectamente. Otros dicen que es lo más común ser la interpretativa aquella intención que aunque no la ha habido antes ni en el acto, la hubiera si se hubiera dado tal posición, como si el ministro hubiese sabido el número de las personas o hubiese estado en el lugar, en cuyo caso tuviera la intención actual.

En esta suposición, es de advertir no estamos en caso de alguna de las tres últimas intenciones—virtual, habitual, ni interpretativa—sino solo en el de la actual y esta, de hacer lo que hace la iglesia o de hacer sacramento verdadero. [✠ 21] Porque la intención que tuvo la comadre bautizante fue seria, verdadera y actual de bautizar como se bautiza en la iglesia, con que solo se puede [✠ 22] dudar si esta fuese exclusiva de toda otra alma o comprehensiva de cualesquiera que pudiesen bautizarse y lo necesitasen con aquella ablución.

Para cuya resolución se debe atender a una distinción singular en esta materia [✠ 23] porque una cosa es querer el ministro exclusivamente bautizar uno porque solo quiere bautizar uno y no más, moviéndose por sí la voluntad, en cuyo caso bautizando dos, a ninguno bautiza, y otra cosa es querer bautizar uno, no porque quiere bautizar uno, y no más, sino porque juzga que solo hay uno habiendo dos, no moviéndose por sí la voluntad sino por el supuesto del juicio que hizo de que había solo uno y en este último caso no hay duda que bañando a dos, los bautiza. Se pone para mayor claridad ejemplo en la eucaristía. Si a uno v.g. se le pusiesen de ordinario diez formas en la píxide para que todos los domingos las consagrase y comulgase con ellas al pueblo (en cuyo caso tenía siempre intención el ministro de consagrar toda la materia contenida en la píxide) y accidentalmente se le pusiesen once, ¿hay duda que quedaban todas once consagradas? La razón es, porque aunque la intención fue de consagrar diez, no fue exclusiva de otras que pudiesen hallarse allí, y la voluntad no se movió por sí a consagrar solo diez y no más sino que se movió a este número por el juicio que hacía según la costumbre ordinaria de ponerle diez. Es expreso el lugar, del eximio Suárez *ubi supra §. Sed quæres quando vlt* ibi: *Atque idem est si intendat consecrare hanc quam putat esse unam hostiam, cum sunt duæ, non tamen excludat sed absolute velit consecrare materiam quam præsentem habet, tunc enim utraque manebit consecrata, quia error est accidentalis & non excludit sufficientem intentionem.* Ve aquí: la intención fue de consagrar una hostia (*si intendat consecrare hanc*) pero por juzgar que era una siendo dos (*quam putat esse unam cum sunt duæ*), esto es, por algún motivo v. g. porque siempre se le ponía sola una al ministro y sin embargo este error de juicio accidental (o como dicen los juristas, defacto) no vicia la intención que se mueve a la materia presente sin exclusiva alguna, de suerte que ambas hostias quedan consagradas. De la misma manera en este caso la bautizante, aunque tuvo intención de bautizar uno, [✠ 24] no fue exclusiva de otro que pudiese allí haber, ni la voluntad se movió por sí a bautizar uno porque solo quisiese bautizar uno y no más. Sino que se movió a ello por el juicio que hizo de que en aquel pie le ponía la naturaleza solo un alma que bautizar por la costumbre ordinaria de hacerlo así siempre. Esto es, de nacer continuo a un pie solo un cuerpo y en él sola un alma siendo dos, el cual fue error accidental y defacto siendo la intención bañar todo lo que tenía presente aunque sin saber que eran dos almas incluidas en aquel pie o dos cuerpos continuados en él, siendo así que en la posición de ver solo una pierna, no puede ser exclusiva la intención sino absoluta a lo que el miembro presente indique, haciéndose el bautismo (en cualquiera manera que se haga) en esta subinteligencia y substancia, cualquiera que seas. Yo te bautizo. De este sentir son comúnmente los teólogos con dicho Suárez, Schotto, Ledesma y otros. Y para que más se manifieste, referiré otras palabras del primero *ubi supra. Intentionem Ministri debere esse talem, ut simpliciter dirigatur ad præsentem materiam vel personam absque limitatione, seu implicita conditione non faciendi Sacramentum, si persona non est illa quam ipse existimat, nisi specialis ratio aut necessitas obliget ad limitandam hoc modo intentionem.* Donde está manifiesto deber ser siempre la intención del ministro ilimitada y absoluta a toda la materia y cualquier persona o personas presentes que necesiten del sacramento y en que pueda hacer sacramento. *Unde quamdiu* (prosigue) *aperte non constat de contraria intentione, hoc modo explicanda est intentio ministri quia omnes intendunt facere Sacramenta modo in Ecclesia consueto.* Donde hace esta intención no interpretativa que es otra cosa sino explicativa, esto es, que aquella intención actual se explique ser del modo que debe, que es de hacer sacramento donde se pueda y se necesite mientras no aparece otra contraria. De que se manifiesta deberse explicar la intención actual en este caso ilimitada y absoluta a todo lo presente *in actu exercito*, del modo que debía, esto es, el acostumbrado por la iglesia, que es de hacer sacramento donde pudiese y se necesitase como era en ambas almas o personas continuas o presentes en la parte que se hizo visible, que fue la pierna expelida, pues ambas le necesitaban y en ambas se podía hacer del modo que en las dos hostias del ejemplo de Suárez *ubi supra,* donde aunque se pensaba haber una sola, y por esto fue la intención consagrar una, se entiende como verdaderamente lo fue ilimitada y absoluta del modo que debía ser, que era hacer sacramento y no exponerse a peligro de no hacerle en ninguna (como sucedería en este caso), haciéndole donde se podía. De que nace otro argumento de menor a mayor, pues si en el caso de la consagración donde no había necesidad sino solo posibilidad de parte de la materia, por la reverencia del sacramento, no se expone este a riesgo, ¿cuánto más en el bautismo donde había de parte de las almas tanta necesidad cuánta no la hay mayor siendo *de necessitate medij?* Luego por todas razones no puede dudarse haber quedado bautizados ambos infantes. Se añaden por corolario de este capítulo en cuanto al bautismo de todo género de monstruos en que puede haber alguna duda (sean generados por conmixtión de especies, humana y ferina, o de la humana sola), los autores que pueden reconocerse sobre las conclusiones que se han asentado, demás de los que quedan citados. En cuanto al bautismo del monstruo nacido de mujer y bruto (aunque Dicastillo *Disp. 1. Dub. 11. Num. 118* insinúa ser probable la sentencia afirmativa por serio también el concurso activo de la simiente femínea) tienen por cierta la negativa los siguientes Henríquez Lib. *2, Cap. 21, Num. 1,* ex D. Thoma 1. 2, *Quæst. 81, Art. 5,* Bonacina *Disp. 2, Quæst. 2, Punct. 6,*

Num. 3, Candido *Disquisit. 16, Art. 5, Dub. 1,* Bartolomeo ab Angelo § 132, Trullencho Lib. *2, Cap. 1, Dub. 6, Num. 2,* Dicastillo loco citato, que responde bien al argumento de la afirmativa con que no obstante el concurso activo de la mujer, como quiera que este solo no basta, no puede producirse verdadero parto humano, el cual para serlo y tener pecado original debe descender de Adán respecto de traducirse aquel por virtud viril según el Tridentino Sesión 5, Can. 3 y 4 y Sesión 6, Cap. 3. Esto mismo dice Leandro *De sacramontis Tract. 2, Disp. 5, Quæst. 2.*

En cuanto al monstruo producido de másculo humano y hembra bruta, aunque Henríquez *loco citato* indica la negativa, tiene por probable y sigue la afirmativa dicho Leandro *ubi supra Quæst. 3,* con Posevino, Dicastillo y Palao *Punct. 6, Num. 4,* para que por lo menos pueda ser bautizado *sub conditione, si es capax baptismi* por la traducción referida de la culpa original de Adán por virtud viril en la prole.

En cuanto al monstruo nacido con cabeza de bruto y resto de hombre, absolutamente niegan el bautismo y le conceden *ad summum sub conditione* Navarro Consilio 3, de bautismo Comitolo Lib. *1, Quæst. 8,* Bonacino *loco citato Num. 5, in noua editione* Naldo *verb. baptismus Num. 10,* Filliuci *Tom. 1, Tract. 2, Cap. 7, Num. 50,* donde trae la conjetura que pone Comitolo para conocer si tal monstruo es humano, que es la del corazón, pero siendo esto imposible porque aunque el corazón se conozca por el pulso y vida, el que sea humano no es distinguible, se debe atender a algún signo externo el cual debe ser la cabeza según dichos autores como principal en el hombre, de que sale que siendo esta ferina, lo será el corazón y el ánima.

Últimamente en cuanto al bautismo regular del monstruo de dos cabezas que deben bautizarse como dos según la distinción que se ha dicho, podrán verse Silvestre verbo bautismo 3, *Quæst.* 10, donde cita a Santo Tomás, Paludano y otros, Tabiena Bapt. 6, Num. 14, Armil. Num. 52, Henríquez Lib. *2, Cap. 21, Num. 6,* Posevino *de officio curati Cap. 6, Num. 25,* Bonacina *loco citato N. 4,* y en Toledo, Chamerota, Grafis, Vivaldo y otros, y elegantemente Arcangelo *Dist. 5, Pag. 57 y 58,* Palao y Dicastillo en los lugares citados, Leandro Quæst. *4,* Filliucio *ubi supra.*

Hasta aquí había llegado la pluma deseando si no vencer la cumbre que ya se ha pretendido montar, declinar por el lado, que nos falta, doblando la altura del tratado y acabando el boxeo a la materia, cuando interrumpida de la priesa ya inevitable que da la expectación superior a la terminación de esta obra, se ve obligada a parar donde ya no hace falta el proseguir. Considere el lector tal, cual es este desvelo, y ponga la ampolleta en proporción cuando la lea midiéndole al espacio en que se ha escrito y del que ha pasado del día 30 de noviembre del año pasado de 1694, en que nació el monstruo de Lima, que dio asunto a este tratado. Al de 31 de enero de este año en que se acabó esta obra reste quince días en que al principio no se puso tinta en papel ni mano en libro, los que serían necesarios para formar el compendio de curaciones quirúrgicas siguiente y últimamente los que consumiría el traslado con dificultad si no ineptitud de amanuenses, que gastan tanto en corregirse como en trasuntar. No digo esto para poner en la balanza de la estimación el peso de estas circunstancias para que caiga a mi favor sino porque no se incline la contraria en mi censura, así por lo que he escrito como por lo que dejo de escribir, no quiero que me alabes sin razón pero no gustaré que me condenes sin justicia. Restaban las causas séptima y octava de las internas de los monstruos que asignamos en el Capítulo 6, Num. 1, como también las externas de su producción, juntamente con algunas cuestiones que pudieran resolverse. Pero, ni las primeras son por su poca importancia dignas de tu cuidado habiéndose tratado las principales, ni estas últimas piden mucho más campo que el de una remisión a los autores que en esta obra se han citado con alguna copia, donde se hallarán más latamente investigadas que lo que pudiera permitirme el tiempo y con más elegancia que lo que pudiera ofrecerte mi ingenio: llévalas sin embargo en suma que dependiendo todas de la madre se reducen a estas. A la imaginación, al espanto, al deseo o antojo, a caída o golpe, a incomodo porte o tratamiento del vientre en el sentarse o ceñirse, al incongruo movimiento en la concepción, al depravado alimento, aire ambiente y agua, que mal cualificados con exceso y largo uso en el tiempo de la preñez pueden causar alguna tal monstruosidad como sucede en los estrumosos, o que tienen cotos, según se dice vulgarmente. De estas la más reñida es la primera, atribuyendo unos poder eficaz para cualquier metamorfosis del parto a la imaginativa, limitándose otros solo a la cualidad del color y denegándole algunos absolutamente. De los primeros son Bauhino *De hermophrod. d. Lib. 1, Cap. 11, in princ. & ad finem,* Thomas Fieno en un libro entero que compuso *de viribus imaginatis nis,* principalmente en la cuestión 21, conclusión 54, y elegantemente Pedro García *ad Fen. 1,* Avicennæ *disput. 37, Cap. 8,* donde se pueden reconocer insignes lugares de Aristóteles, Plinio, Galeno, dicho Avicena, Quintiliano y de los santos padres San Jerónimo, San Agustín, San Isidoro. Martín Weinrich *De ortu monstrorum Cap. 17,* donde trata latamente el punto y trae la celebre prohibición de Hesíodo, de que ninguno se entregase a la Venus que volviese de entierro, cuyas palabras pone traducidas en estos versos.

> *No serito triste rediens de funere mæstus*
> *Progeniem, lauta sed cœna Perse deorum.*

De los segundos se pueden ver algunos en dicho Pedro García *ubi supra.* De los terceros, son los principales en medicina Paulo Zachias Quæst. médico leg. en el lugar que al principio se ha citado Hieronimo Cardano *Lib. 2, Contrad. 6, Cap 6,* y el doctor Juan Huarte *Sect. 10, Probíemate 12,* los cuales tienen por causa inventada más por los adúlteros que discurrida por razón la de la imaginativa en las formas de los partos, y responden a lo del capítulo 30 del Génesis de las varas de Jacob, haber sido misterioso y fuera del orden de la naturaleza, lo cual sintieron antes San Juan Crisóstomo Homilia 57 y Theodoreto *super Genesi Quæst. 78.* Empero los primeros alistan a su favor ejemplos sobre manera raros de efectos singulares de la imaginativa en los partos, que los más se reducen a mutación en el color como de padres blancos hijos negros, y al contrario y de la variedad en la semejanza en que es gracioso el caso que trae con donaire singular en ciertos versos el grande Thomas Moro en el lugar que le cita Bauhino *ubi supra,* de cierta dama inglesa que paría siempre los hijos del galán parecidos al marido y al contrario los que se sabían eran del marido al galán, de que era la causa el temor del uno cuando yacía con el adultero y el amor de éste cuando se unía al marido. Y el que refiere Luis Vives con la seriedad de autor tan grave sobre el 12 *De Ciuitate Dei Cap. 25,* de la mujer que en Boisleduc del Ducado de Brabante, parió un hijo en la forma que se pintan los demonios del modo que se representan acá en

las fiestas del Corpus, que vulgarmente llaman diabólicos, por haberse su marido vestido de tal en la fiesta de la dedicación de la iglesia mayor de aquel lugar y llegado así a su mujer diciendo quería engendrar un demonio. Otros muchos pudiera traer que omito por la brevedad propuesta y podrá hallarlos la curiosidad en los referidos, y demás de ellos en Gaspar de los Reyes en su *Campo Elysio Quæst. 45*, en don Alfonso Carranza *De partu Cap. 17, a Num. 91, § primus imaginationis*, y Stephano Graciano *disceptationum forens. tom, cap*. La conclusión que mejor puede sacarse en este punto es la que trae Thomas Fieno y explica con singularidad en el libro citado Quæst. 14, Conclusión 43, que es la siguiente. *Phantasia mediantibus animi passionibus, & humorum, & spirituum motu potest aliquas circa fœtum facere mutationes*. Con lo cual
no me resta otra cosa sujetar con católica reverencia como
lo hago todo lo hasta aquí escrito y discurrido
entregando este literario parto al seno
sagrado de la corrección de
la S. Madre Iglesia.
(*)

APÉNDICE
QUE SE HACE DE UN COMPENDIO DE SINGU-
lares observaciones sobre casos,
y curaciones prácticas quirúrgicas.

H ABIENDO PUESTO LA ÚLTIMA piedra al asunto propuesto de nuestra obra según las medidas que se permitieron a la inhabilidad de mi idea, me ha sido preciso sobre ponerla este Apéndice incongruo al principal tratado, a quien se unirá del modo que las novedades se saben suceder y las singularidades del arte seguirse a las de la naturaleza. Bien que diversas en ser aquellas aciertos pretendidos, y estas vicios *preterintencionales* de quien los produce. Aunque como quiera que si bien se considera, lo mismo que parece defecto en la naturaleza es un primor insigne de su prudencia eterna y una prueba de su superior fuerza, con que, así como su soberano autor trató la nada, trata ella los embriones para librar los de la sombra del no ser, sacándolos como puede al existir, dándoles en el obscuro golfo de la privación, ya que no puede el bajel de la perfecta forma que lo saque la tabla de cualquiera figura que los redima, sin que la imperfección pueda ser culpa suya cuando lo es de las causas que se le opusieron. Así también las insignes curaciones, bien que por sí suponen mal y riesgo y por eso no pueden dejar de hacerse horrible, no pueden tampoco dejar de ser los más grandes primores del arte, que consisten en que ya que no puede dar una incruenta sanidad, la dé a aquella costa que se pueda. Tiene esto la posición de las cosas, que lo que sin ella fuera detestable, con ella se hace plausible. El combatir con otro es por sí recio pero dada la posición del enemigo se hace acertado y por eso el triunfo glorioso, y entonces se celebra más la herida que aun antes alegraba la perfección: *Militares viri gloriantur vulneribus, læti fluentem meliori casu sanguinem ostentant. Idem licet fecerint qui integri revertuntur ex acie, magis spectatur qui saucius redit.* Séneca *De provid.* Al náufrago, más parece aun que se debe a la tabla, que al bajel.

> *Me tabula sacer*
> *Votiva paries indicat uvida*
> *Suspendisse potenti*
> *Vestimenta maris Deo.*

Fuera de esto se halla otra razón singular de conveniencia entre este papel y el precedente porque si se atiende a los accidentes que se ofrecen vencidos ¿qué otra cosa son que monstruosidades del microcosmo según lo que ya dijimos con Kircherio? Tienen sus monstruos los humores. Los abscesos o tumores en que se preternaturalizan ¿qué otro nombre merecerán con más razón? Y sobre todos, las estrumas o cotos, que insignes y repetidos se ofrecen aquí desvanecidos ¿qué otra cosa son que monstruos? Quien lo juzgare meramente alegórico vea al padre Gaspar Schotto *De mirabilib. naturæ & arcis Lib. 5, Cap.* [sic] donde hace expresa división de los monstruos por razón de alimento, los cuales dice ser los estrumosos de que hay algunos países que los producen y a Martín Weinrich *De ortu monstruor. Cap. 24,* donde distingue las monstruosidades de materia útil de las de la inútil; aquellas son las que hemos referido en dicho tratado y estas los tumores o cuerpos viciosos como los que suelen nacer en la cabeza en forma cornuta, los cotos y otros como las adnatas o corcovas en las espaldas, con esta diferencia, que unas de estas monstruosidades vienen de la generación y otras del alimento y depravación de humores. Pero todos pertenecen al género monstruoso. Demás las molas, aunque no las hemos comprendido en su definición, no obstante algunos las han incluido en el género y el no ser propriamente monstruos no es porque son menos defectuosas sino antes porque lo son tanto que no animando son la última degeneración de la naturaleza, como lo hemos dicho y dijimos abajo en el número [sic]. Luego si este compendio no es otra cosa que una plaza de la salud donde se erige al arte el trofeo de las monstruosidades que en tumores abscesos, tumescencias hidrópicas, adnatas, molas y cotos se acumulan destrozadas (dejando los cálculos o piedras insignes que se han extraído con feliz artificio). ¿Por qué no seguirán a las glorias de la especulación los despojos de la práctica y a los discursos de unos monstruos las curaciones de otros? Las que ofrezco van acompañadas de otras singulares. (Advirtiendo que donde les doy este o otro adjetivo atiendo solo al accidente, no a la operación; aquel me pertenece describir, esta callarla al mismo tiempo de referirla) grandes y poco vistos casos, según el horizonte que alcanza mi capacidad, y aun el que nos dejaron los autores apuntare por ahora a la observación, prometiendo para otra más particular su mayor extensión con las demás que han pasado por mi práctica de 27 años a esta parte. El impulso de poner estas es igual al fin de prometer las otras tan noble como el de la utilidad pública soberana con quien al tiempo que nadie es suficiente a enriquecerla, ninguno es despreciable a tributarla.

El primero que en fuerza de la permisión superior de su Exc. osa no numerar sino tocar la pluma es de cierta elevación o lobanillo que la condesa mi señora trajo de la corte en la comisura coronal de la cabeza que no contenta con defenderse a favor de la misma soberanía que ofendía, se resistía por el puesto que había ocupado, de que da alguna prueba la indeterminación de los grandes sujetos en la facultad, que viéndole en la corte no quisieron llegarle aunque por algún inconveniente de causa accidental perteneciente al todo. Cobró después augmento habiendo pasado al gobierno feliz de la Nueva España su Exc. de allí al de estos reinos donde ya descubriéndose más, se atrevía a lo que nunca podía cansar y molestaba en el canello las operaciones del orden a que precisa la decencia no solo con el impedimento sino con el dolor y el encono. Se receló siempre de su curación dificultándola sin obra de manos, y con ella. Por lo cual favoreciéndome sus Excelencias en su consulta, ofrecí totalmente sin hierro la victoria. Y conteniendo en el estrecho círculo de un cáustico todo el rigor quirúrgico, sin otra precaución que deponiendo lo humoral pudiese pretender parte en esta dicha. Al fin de seis días quedó fuera con raíz y película la referida elevación, dejando por vestigio una oquedad algo profunda al modo de una formal fuente la cual a la eficacia de un parche mineral disecante quedó cerrada.

Logro el arte al corazón del conde mi señor esta complacencia y al cuidado de mi señora este sosiego, cuyos soberanos favores no obstante que premian cuando emplean, saben enriquecer cuando premian. Verificándoseme en ellos y en los que merecí al gozo del señor don Antonio Portocarrero lo que Horacio cantó que hacía con otros la fortuna.

Certat tergeminis tollere honoribus.

Entre las curaciones populares tiene el primer lugar la de don Ignacio Barreto Relator, que fue de esta Real Audiencia, cuyo hecho es el siguiente. Enfermó el referido de unas calenturas, se desregló en el agua volviéndose hidrópico. Y ordenándole los médicos algunos remedios para deponer la causa por estar el vientre muy elevado, fue uno de ellos un clister o ayuda purgante; le lastimaron de suerte con su ejecución, que se fue agravando el daño y llegó la parte a mortificarse, esto es, no solo los músculos que dilatan y comprimen sino parte del intestino recto. Aquí fue el mayor desconsuelo; la asistencia repetida de los mayores médicos y cirujanos de esta ciudad y, habiéndole visto y apurado conforme a sus ingenios de ambas facultades, dejaron a la muerte el lugar, con la sentencia del desahucio y sagradas diligencias de entrambos sacramentos. Fui llamado en esta desesperación a tiempo que se estaban ejecutando otras cosas como para morir. Y reconociendo el sujeto le hallé de edad provecta, el semblante como decimos hipocrático, el vientre demasiadamente elevado y lo demás con el daño que he dicho. Y no debiendo atender la caridad cristiana al consejo de Galeno que dice: *Deploratos non oportet atingere,* le consolé y me dispuse a emplear todo el caudal del arte y de mi ejecución. Procedí a usar del hierro en las partes que circulan el intestino recto, que llamamos esfínter, con los dos internos, ponía la curación en estado de prodigiosa por la dificultad casi insuperable de poder mantenerse las facultades *expultris & retentris.* Se le aplicaron para preservar la corrupción que minaba adentro del intestino recto, un cocimiento en forma clistérica de medicamentos detergentes y preservantes, como cebada, chochos amargos, ajenjos con ungüento egipciaco y polvos de joanes en la competente cantidad que pedía la tal sideración y con el mismo orden el digestivo compuesto para hacer su lechinación y su emplasto de harinas por apósito para el efecto correspondiente a su cualidad. De cuyos auxilios fue tan singular el efecto en el sujeto de la tarde a la mañana, que moviendo la materia que causaba la hidropesía en la cavidad natural y desobstruyendo las vías, *causa morbi fugerit venis, & aquosus albo corpore languor.* Horat. *Lib. 2. Carm. od.* La hicieron copiosamente precipitar por evacuación dejando bajo el vientre aquella primera noche a cuya mañana amaneció el enfermo sin hidropesía, bien que con excesiva debilidad, la cual se reparó con alimento congruo y prontos roborantes. Se continuó en el método elegido con tal diligencia en las visitas, cuidado en el progreso, prontitud en los remedios, ligereza en la ejecución a costa aun de tolerancias indecibles que antes del día séptimo con la ayuda del artífice expelió una porción de cuerpo putrefacto semejante a intestino, demás de media vara a cuyo beneficio, quedando la parte más mundificada y sin considerable especie de sordicie, comenzó a dar lugar por medio de clisteraciones a los medicamentos, que disecando y encarnando reducen a perfecta sanidad las partes. Aplicación que procedió tan próspera que, reduciéndose a estado natural el intestino recto y cerrándose la llaga del esfínter, quedó en el periodo cúbico de 27 días del todo sano el que solo esperaba antes el sepulcro, sin que le hiciesen tanta falta los músculos complicatorios para la retención y expulsión que no la supliese suficientemente por medio de un pequeño bitoque, con cuya leve pensión compró toda la dicha de la vida.

El segundo caso que se ofrece es el de las curaciones que se hicieron en doña Josefa Manzilla, que por haber sido consecuentes y en un mismo sujeto se reducirán todas a este número. Lo primero que da que admirar en esta observación es la causa próxima y el modo con que la enfermedad se abrió la puerta en este cuerpo y fue que habiendo movido una purga para propinarse la a su hermana, hallándose hasta entonces dueño al parecer de una salud perfecta, fue tal la eficacia que por el tenue halito atrajo de aquella confección la potencia del olfato que introduciendo al celebro alteración sensible y de aquí náusea vehemente al estómago, con la misma actividad que si la hubiera recibido, se sintió al punto con agravación y espontáneo quebranto indicante según el axioma médico: *Spontaneæ lasittudines morbos prænunciant,* de inmediato accidente, tanto que confundiéndose con el mismo indicante, le invadió calentura segunda el siguiente día con dolor vehemente en el lado siniestro cerca de la cía, en la parte más prepostera. Me llamó y reconocida, hallé solo un rubor o rosa breve de color no encendido, y haciendo pie sobre lo repentino del accidente, lo insólito de la conmoción por olfato y lo grave de los síntomas, siéndolo la fiebre respecto de la parte afecta y la vehemencia pungitiva del dolor, discurrí alguna grave fluxión de humor sumamente maligno, que por disolución y desunión de las partes elementales de la composición, destruyendo el mixto, introdujese sideración o gangrena, según nuestros principios (en que por no dilatarme no immoro siendo solo el intento proponer los hechos de las curaciones, dejando para otra obra las causas y razones de curar). Por lo cual me determiné a abrir con el hierro el camino a la curación y para manifestar el mal sajar la parte, lo cual ejecutado no pudo dejar de producirme asombro (aun a pesar de la prevención): así el hallarla asombro (aun a pesar de la prevención) así el hallarla destituida totalmente de sensación, como la fuerza del accidente, que en tan breve periodo como el del olfato había causado el efecto del cáncer, a que suele llegar el mal después de todos los combates de la naturaleza. Proseguí a separar todo lo que pareció estar sujeto a la mortificación, que fue la mayor parte de aquel lado, en cuya curación continué y después de varios accidentes que omito, quedó restituida a entera sanidad.

Pero apenas pasado tres meses gozaba de su convalecencia, volví a ser llamado y reconociéndola, la hallé con toda la cavidad natural gravemente elevada, febricitante y dolorida, e inquirida la causa (de las que podía haber externas) conocí que de algún desorden y del sumo calor introducido con algunas unturas en el estómago y bazo durante la convalecencia se había causado insigne intemperie al hígado y de aquí depravada sanguificación por mala fermentación de los humores, de que se coacervó materia preternaturalizada en dicha cavidad, y concluí había allí apostema para cuya aperción pedí consulta, en que se denegó, así por la variedad en el conocimiento como por el recelo de la facultad vital en las fuerzas que se hallaban débiles sacramentada y oleada. Quedé curándola, y vista la mayor necesidad de abrirla, hice instancia, que movió a otra consulta, de la cual con el parecer de otros artífices, resultó ejecutarlo yo por cauterización, a que correspondiendo gran cantidad de agua, que estaba por delante, fuimos de parecer se suspendiese por el peligro, que saliendo de una vez, podía en tan débil sujeto amenazar, según la doctrina de semejantes casos; se le pusieron los apósitos debidos, pareciendo a los demás no se repitiese la curación hasta tercero o cuarto día. A que no asintiendo por la inminencia de la corrupción, decúbito e introducción de nueva materia, que empeorase el caso, o le repusiesen por lo menos en el primer estado, sin apartarme en la mente de la doctrina, hice que por obturación, o en varias veces fuese saliendo el humor aqueo en corta cantidad cada ocasión. Y después de haber desvanecido la opinión de que se moría, con restituirla de un paroxismo que sin haberle indagado las fuerzas dio motivo a pensarlo, continué a la educción del agua, hasta que al cuarto día salió del centro (según lo prognosticado) sin embarazo la materia que hacía la apostema, que resudando antes por el útero, me había sido el más fuerte motivo para acelerar la obra; se curó como tal con clisteraciones detergentes y confortantes y apósito en la parte del emplastro de centaura bajo con aceite rosado, para evitar la demora de las materias en la cavidad y la corrosión inminente del seno materno, siendo tanto el mal aparato que no contento con la expulsión referida hizo decúbito a más inferior parte, formando una nueva apostema, que por no continuarse con la precedente, pidió abrirse por contra abertura; y en fin evacuado el sujeto y abiertas al humor diversas sendas por cuatro fontanelas que se le dispusieron en los lugares ordinarios quedó del todo sana por entonces, habiendo estado sacramentada, oleada y cantado el Credo en el discurso de diez meses y más de curación con gravísimos accidentes.

Sed finis alterius mali
Gradus est futuri

A pocos días de convaleciente volví por tercero a ser llamado por el accidente repentino de una expulsión de sangre por la boca; la hallé privada de sentidos pero con poca desigualdad o calentura en el pulso, de que hice al punto juicio ser regurgitación de la sangre menstrua, cuya fluxión impedida por la parte inferior había regurgitado o rebozado extravasada hacia lo superior, lo cual se confirmaba por hallarse con recobro suficiente de fuerzas y de sangre, y por lo consiguiente con la superflua que pedía su exoneración, y sobre todo conocí como causa accidental inmediata la contracción de las cicatrices del vientre que oprimiendo los músculos del abdomen cerraban la distilación a las venas que la hacen al útero y al modo que impedido por estorbo bastante el curso de un arroyo, inunda el prado, o rebosa la fuente; así se me ofreció luego al instante habría sucedido a aquel sujeto, pronunciando, no se afligiesen, que todo el accidente se reducía a haberle venido el menstruo por la boca; la mandé sangrar luego de los tobillos; se la aplicaron unturas molificantes a la parte y bebidas diuréticas o aperitivas para que suavizadas, relajasen y diesen paso las partes obstruyentes y se abriesen las vías obstruidas con que quedó aliviada. Y aunque al siguiente mes le aconteció lo mismo, reiterándosele los mismos auxilios, tomó el punto de la sanidad que hasta después feliz a conservado con admiración de tan grave caso.

De esta misma especie por lo que pertenece a la línea de curaciones de insignes y no conocidas apostemas en la cavidad natural, se hizo otra poco ha en el contador Francisco de Barrionuevo al cual habiendo padecido de la orina, resultó otra elevación de vientre continua fiebre, tal dolor y agravación, que no pudiendo moverse de un lado a otro, se hallaba en deplorable estado y mucho más cuando reconocido el accidente por los artífices que se llamaron, no consiguió alivio alguno por haber hecho diferente juicio diciendo ser ventosidad. Y al fin de cuarenta días, en opinión de notable peligro de la vida, fui llamado; conocí ser apostema, le abrí el vientre inferior, que por su profundidad y grande corrupción dio muestras de sideración, pues fue preciso valerme de medicamentos preservativos con el cuidado que pedía la parte y asistencia de horas extraordinarias por remediar los síntomas de enfermedad tan graves; se vio el fiel pronóstico y curado con toda diligencia, correspondió agradecida al arte la naturaleza, redimiendo al enfermo del sepulcro y del rigor del accidente.

Como en el mismo barrio de Nuestra Señora de Monserrate fue también curado el Lic. Maldonado después de sacramentado y oleado, de otra tan peligrosa apostema, que habiendo llegado a sideración por la insigne corrupción de las materias y aun del hueso de una de las costillas falsas en el hipocondrio derecho, fue necesario manifestarle cuanto permitió la parte con término al mismo hígado, sacándole lo contenido por compresión de toda la cavidad natural y aplicarle los mundificativos de salmuera de agua ardiente y sal, con que lavada bien toda la parte, se preservase de la sideración y el cáncer, de que resultó quedar sano en breve tiempo con los demás auxilios del digestivo compuesto que digiere y mundifica, poderosamente, y su mineral con hilas secas se consiguió una de las mayores curaciones que se pueden ofrecerse.

No menos debe entrar en esta clase el caso de curación de doña María Cameros, quien después de agotado el poder de la medicina, padeciendo del vientre de un sobre parto, se había reducido al pensamiento de estar beneficiada, por lo cual había ido a buscar algún efugio a surco. Pero llamado por dirección del doctor don Pedro Requena, protomédico general entonces de estos Reinos, apenas vista, resolví ser insigne apostema o absceso improprio que por paulatina congestión se había formado de materias frías o ateromáticas; con notable debilidad sin esperanza de remedio, me determiné a abrirla, y respondió el efecto con admiración de tan singular y plausible varón en la facultad medica, y por último la hice dijese el vale al accidente.

Puede suceder a este el caso de la curación de doña Lucía de Vega, mujer del capitán Nicolás Navarro, que primero lo fue de don Gabriel de Vega, la cual en edad madura estando gravemente hidrópica fue con asistencia del doctor don Francisco Ramírez que a todas las aperciones se halló presente abierta cinco veces con la bombilla con singular felicidad de suceso; operaciones que las pondera la arduidad y las acredita la diligencia, no solo en la ejecución sino en las defensas opuestas al riesgo y apósitos requeridos al achaque de harina, de habas, de altramuces con aguardiente, con polvos de manzanilla y estiércol de vacas o de cabras con azufre, y sal y los aceites de azucenas y manzanilla aplicado este emplasto para resolver de secar y confortar el vientre y la bebida poca o ninguna se ha conseguido en este y a otros felices sucesos, y se podrán valer los que tuvieron necesidad atendiendo a la confortación del hígado para la buena sanguificación con la pucha ordinaria añadiendo aceite de ajenjos unas gotas, ungüento rosado, y sandalino y unas gotas de aceite despica.

Lleva a todas la especialidad el caso de la enfermedad de doña Antonia Mogollón; no vio la hidropesía mayor efecto, ni con el accidente tuvo más repetidos choques la naturaleza pero jamás se colgó al templo del arte más noble despojo. Le fue abierto el vientre 33 veces a la fuerza de la bombilla: el sujeto débil y la fiebre continua sacramentada y oleada habían dificultado hasta entonces a los pareceres de los médicos la aperción. Me hizo resolverla lo mismo que la había hecho de tener, porque siendo efectos de la hidropesía, debía ocurrirse a troncar esta, lo cual no haciéndose posible a inferior medio le clamaba como la única puerta por donde debía salir el accidente. Se sacó al principio en cinco veces toda el agua, se reparó el sujeto, se solicitó reducir a temperie natural por apósitos eficaces al hígado, a fin de que teniendo favorable este arbitro de la sangre y los humores pusiese las venas en razón. Quedó al cuerpo *una cutis aspera instar quamæ*. Se le impuso la prohibición de la bebida en ocho días antes de cuyo término habiéndola quebrantado con desregle, volvió a llenarse con igual elevación. Siguieron las graves síntomas así dos a una erisipela universal, cuyo incendio fue rebatido sin llegar al socorro ordinario de la emisión de sangre con proporcionados temperantes. Convaleció y se reiteró la educción del agua, aplicando a lugar más inferior la bombilla. Pero volviendo a ministrar nueva materia el desorden como hidra de accidentes, (no solo en cuanto a la propriedad fabulosa de la reproducción, sino en cuanto a la mitológica razón de su nombre, el cual como signifique en griego el agua hizo que se aplicase a cierta fuente, cuyos torrentes por una parte cortados, renacían por otros, en gargantas de cristal) fue necesario una tolerancia indecible para echar mano a la bombilla 28 veces en adelante hasta que postrado, triunfó el arte en el carro de la salud de que hasta hoy es viva lámina la perfección de quien la goza. Con el de desahucio de cuantos le habían asistido.

Se llegan otros casos de singulares curaciones remediadas con feliz suceso, por obra de manos. La primera sea de cierto hombre a quien habiéndole sucedido el estar quebrado con las tripas en el escroto tenía ya el lecho con asomos de sepulcro; sacramentado y oleado, empedernecida la parte, elevado el vientre arrojando los excrementos por la boca y todo el por la resistencia del accidente moribundo, fue necesario abrirle en longitud con el tiento que pide la proximidad y delicadeza de los intestinos. Por la parte baja del vientre correspondiente a la relajación o rotura del peritoneo por donde salieron las tripas hasta llegar con tiento a la cavidad sin que los intestinos padezcan en la obra, e introduciendo a su lugar aquellas partes hasta entonces rebeldes a todo otro remedio, quedaron para siempre encerradas uniendo con diligentes puntos la incisión desde la tela del peritoneo atraída hasta la cutis para unirla con la membrana carnosa y quedar soldada la rotura por la primera intención, ya la segunda curación con su trementina de veto y parche de amarillo. Curación las más perpetua de este accidente en que es el romper el camino más fijo de soldar.

Lo mismo se ha ejecutado en otros sujetos cuyos casos con su multiplicidad impiden ahora su noticia si no la tienen compensada con su notoriedad. Pero en su lugar pudieran entrar otros que no menos deplorados, haciéndose sin hierro, publican que no puede de ser demasiada resolución en unos lo que es contenida circunspección en otros, pues siendo una misma la mente que los dirige, el mismo tiento es el que detiene que el que nueve la mano, pues tanta temeridad es dejar sin hierro el caso que lo pide, como aplicarle al que no le vocea. El fin es el que califica los actos, no los medios. Cruel es el que mata suavemente, suave el que sana ásperamente. ¿Hay rigor más duro que la muerte? ¿Ni piedad más benigna que la vida? La cirugía no es arte delicioso sino férreo pero útil, y en la misma severidad paterno: *Non vides quanto alitur partres alitur matres indulgeant? Illi sudorem illis & lacrymas excutiunt. At matres fovere in sinu continere umbra volunt, nunquam flere, nunquam contristari labore. Paternum Deus habet adversus bonos viros animum & illos fortius amat & operibus, doloribus ac damnis exagitat vt verum colligant robur* (Séneca *De provid.*). Similitud la más proporcionada a este saludable arte. Es la vida como la virtud, la cual mira solo donde va, no lo que ha de padecer. *Virtus quo tendit non quod passura sit cogitat.* Por eso aplaudió esta facultad (Casiodoro Var. Lib. 6, 19) en comparación aun de ciencias de mayor coturno: *quanto gloriosius est expellere quod mortem videbatur inferre? Et salutem periclitanti reddere, de qua coactus fuerat desperare?* Y hablando de ella con la de la medicina en que la incluye, dice de su anatomía: *ars quæ in homine plus invenit, quam in seipso cognoscit. Periclitantia confirmat, quassata corrobat, amplius intelligens quod videtur, plus credens actioni quam oculis.* No acometer al accidente cuando provoca o es porque no le entiende o si se entiende, mas es miedo del suceso que tiento de la curación: a tales artífices aconsejara yo buscasen otro oficio, porque a la verdad para ser tan prudentes erraron el camino.

Pero probando con los hechos lo referido, pueden testificarlo el padre M. Fr. Pedro de Vergara del Orden de San Agustín, quien hallándose en semejante desgracia con peligro evidente de la vida me pidió instantemente le abriese, redimiéndole de las manos de la muerte a que reconociendo la posibilidad a curación más suave, no asentí luego y ordenándole los emolientes eficaces y resolutivos aplicados a la parte quebrada con medicamento, vomitivo que atrayendo a la superior introdujesen las partes expelidas, esto es, los intestinos a su lugar, se consiguió el efecto hasta entonces por los demás desesperado, sin que hubiese dado parte al hierro. Como son las malvas cosidas, el malvavisco alholvas, linaza con los cogollos de alfalfa, y su unto sin sal y consacarias y dialtea, y hecho emplasto, es el mejor emoliente y resolutivo que se puede aplicar en estos casos, y este emplasto se aplicará a la parte del escroto y vientre bajo, teniendo las piernas altas y la cabeza baja.

Prometimos referir la curación controvertida de una criada de doña María Aspeitia, que se hizo siendo abadesa actual del Monasterio de Santa Catalina de esta ciudad. Padecía aquella de un tumor o elevación grande desde la clavícula derecha al omóplato que se ostentaba con pulsación vehemente y continua. Causa de que los artífices que la habían, reconocido en diferentes veces de consultas que habían hecho afirmasen era aneurisma (tumor que se hace de sangre arterial extravasada, con pulsación, ruido y fluxibilidad al tacto aunque algunas se halla sin ella por la aglomeración de gramos que suelen coagularse), en cuya suposición había sido por tal curada con los apósitos, atemperantes y extringentes de nieve y emplasto de ciprés y otros, llegando a tan deplorable estado que después de repetidas consultas en que dio siempre mayor fuerza al accidente el supuesto de conocerle cuando no se atinaba, estaba para poner la última mano a la fatalidad desahuciada y preparada con los santos sacramentos, no pudiendo haberse hecho obra de manos alguna sobre dicho tumor por no permitirlo aquella parte a diferencia de otras tomo de brazos y piernas donde es factible, pudiéndose enlazar la arteria o por lechinación curarse. Fui en esta destitución llamado, y reconocida la parte afecta, indicó el tacto y resolvió el juicio contra la común opinión precedente ser, no aneurisma, sino verdadera apostema que debía haberse abierto como tal, muchos días antes, sin que obstase el motivo que los había alucinado de la pulsación, que como conveniente solo a lo arterial parecía no poder proceder de otra causa que de su sangre extravasada. Porque puesto no estar en los principios verdaderos de la pulsación, la cual depende de lo siguiente según singular doctrina del señor De la Chambre médico de cámara de Luis Decimotercio de Francia en el arte de conocer el hombre, Tom. 1. Cap. 4. Los espíritus vitales necesitan conservarse por lo que les es proprio, que es el movimiento, por ser de naturaleza ígnea y proporcionada al elemento de los astros la cual consiguen con la agitación y movimiento del corazón y las arterias, y como quiera que dichos espíritus están dentro de la sangre humor grueso y pesado respecto de ellos no hay duda se ahogarían a su peso si no los desembarazase y excitase la continua agitación, por lo cual las venas grandes se acompañan de arterias que con su movimiento impidan el desmayo de los espíritus. Ve aquí la causa por donde se halló la pulsación que se ha dicho en la apostema referida, pues teniendo debajo arteria grande cual es la carótida y venas inmediatas cuales son las yugulares y otras, y sintiendo la naturaleza notablemente agravados los espíritus contenidos dentro del vaso a peligro de sufocarse, así con el peso de la materia del tumor como por los apósitos sumamente fríos y extraños a él, era preciso solicitase desahogarlos con tanto mayor el movimiento cuanto era mayor peso respecto del ordinario de la propria sangre, por lo cual causaba pulsación tan sensible que se manifestaba, no obstante la materia agravante, y esto se experimenta patentemente en el corazón el cual oprimido de la sangre cuando ocurre a él, o de peso exterior, late más fuerte y más frecuente cuanto es mayor la opresión de que pretende desahogarse, en este conocimiento puede decir se halló todo el remedio y a la verdad que este es toda la curación de los achaques. En cuya consecuencia sin otra consulta determiné abrir el tumor y con esto los ojos a la suposición contraria, saliendo con la verificación de la apostema del error los circunstantes y del desahucio de la paciente, subrogándose la admiración de las religiosas en el lugar que dejó la desesperación de su salud, a que se llega la especialidad de haber pronosticado había cuerpo extraño dentro de la apostema y haberle hallado tal cual fue una porción competente de carne redonda a modo de glándula coagulada de lo craso de la materia, por la frialdad de los apósitos, la cual saqué manifestándola parte de donde quedó desde la clavícula al omóplato una oquedad tan horrible a la vista cuanto invencible en la apariencia a los efectos del arte con que aquella caverna se lechinó digiriendo las materias, y se encarnó y se cicatrizó perfectamente sin lesión alguna con admiración de toda la religión y de los que supieron el caso tan especial y grave en el breve espacio de treinta días quedando totalmente restituida a la posesión de la salud.

Se omiten por la brevedad otros muchos sucesos de esta clase gravísimos que han sucedido en esta ciudad, como es notorio.

El siguiente que alza la frente es la curación de una giba o adnata poderosa que a la espalda de un negro llamado Domingo, mandadero del Monasterio de Santa Catalina (siendo abadesa doña María Caravantes), había cargado el tiempo y la causa material que la produjo. Y fue el caso, que se refiere en la curación antecedente, postrado a mis pies (por referir la verdad del suceso) me pidió ardientemente, que supuesto que había dado sana contra el conocimiento de los artífices y esperanza de todos a aquella criada, que había visto, ya sin remedio, alcanzase él lo mismo, quitándole de los hombros aquel horrible peso debajo del cual había tanto tiempo que gemía doblado y gemiría cada día más, llevando al suelo tanto el rostro cuanto más se elevaba la agravación contraída. Se me repitió la misma instancia por la madre abadesa y determinado el día, descubierto aun de su orden en la Iglesia el Señor, en consideración a la importancia del servicio del esclavo, se hizo la operación; y abierta toda la espalda, de la parte superior a la inferior en recto, se le fueron deshaciendo por uno y otro lado aquellas porciones, y por decirlo propiamente, extuberaciones que sobre la superficie de aquel cuerpo eran montes de carne que brumaban afeando su compuesto. Se le descarnaron *more pecorum ut ita dicam:* todas con la diligencia y prontitud que ponderará a cualquiera la inminencia del flujo de la venas que pasan por aquellas partes, esto es, las del ramo o tronco axilar que salen de la torácica posterior y se juntan con los del ramo llamado ácigos, el tercero de los ascendentes de la vena cava. Se le aplicaron con felicidad los restrictivos necesarios que se redujeron solo a unas claras de huevos y polvos tales por la parte de llaga que quedó entre uno y otro tegumento o cubierta de la misma piel de entrambos lados, con que quedó sano, derecho y descargado aquel giboso, sin accidente de cuidado en toda la curación.

Se encadena a la arduidad de este la del caso del padre M. Fr. Fernando de Valdés, prior que fue la Recoleta de mi padre Santo Domingo, hombre de cerca setenta años de edad. Padecía terriblemente de una inflamación en la garganta que llamamos angina o garrotillo con peligro manifiesto de la vida por el decúbito a ella de humores gruesos y sanguíneos, de suerte que se hallaba con falta de respiración ahogado sin poder pasar alimento ni bebida sobre muchas evacuaciones de sangrías y ayudas, ventosas y friegas repetidas hechas a efecto de revelar por la insigne fluxión para deponer la causa antecedente y quitar la conjunta que tanto amenazaba así con apósitos atemperantes y resolutivos como gárgaras de diferentes cocimientos, sin que nada bastase para aliviarle de lo que padecía por el excesivo cúmulo de humores que habían fluido a la parte, tanto que se temía por instantes la sofocación de ella y extensión de las fauces y raíz de la lengua, debajo de la cual a donde nacen las leónicas salía un cuerpo fuera de la boca que parecía otra lengua de tal magnitud que daba horror. En extremidad tan deplorada me llamaron y visto el caso, la urgencia de su riesgo y necesidad de su auxilio, que era el desahogar la parte, sin aguardar a consulta sajé aquel cuerpo por ambos lados profundamente para que pudiera desembarazarse algo la parte con la emisión de sangre, porque aun estaba en aumento la enfermedad y no podía haber cocimiento de materias, se consiguió con esta obra el intento y pudo respirar y tener alguna liento aquella plenitud particular. Las heridas, que para esto se hicieron, tuvieron poca subsistencia (aunque las lechiné con cuidado porque no se cerrasen y fuera descargándose por ellas la parte), respecto de que a breves horas se volvieron unir. Y hallándose con notable fatiga, me volvieron a llamar, y procuré alentarlo, repitiéndole la misma obra para volver a abrir lo ya cerrado, aunque del cuerpo de la lengua referida se había resuelto ya lo más. Y así con esta obra, y algunas gárgaras de aguardiente, y no de otra cosa por entonces por su penetración pudo amanecer, hasta que se llamó a consulta de médicos y cirujanos, y en ella propuse, habiendo visto el sujeto, el peligro que tenía de degollarlo por la cabeza o principio de la trachiarteria, que en castellano llamamos nuez, sin llegar a lo ternilloso, para que mediante esta obra pudiera respirar en el ínterin que se cocieran y se digirieran aquellos humores por las heridas, aunque se habían vuelto a cerrar y que de no hacer esta obra exteriormente por no conturbar a los asistentes, que no tenían práctica ni noticia de ella [aunque es corriente y de graves autores el poderse hacer en tales casos cuando no hay recurso a otro auxilio para evitar la muerte], debajo de la lengua se le entraría el apostemero profundamente y se desahogaría la parte con la evacuación de sangre, teniendo puesto un lechino con su digestivo para digerir y conservar la llaga en él entre tanto que se aplicaban otros auxilios exteriores para conseguir lo referido. Asintieron a esta obra, dándome las gracias de las que había hecho la tarde antes, porque por beneficio de ellas pudo llegar a estado de hacerse esta mayor, con la cual, ejecutándola, fue teniendo alivio el todo y la parte. Al cuarto día reventó una apostema muy grande por la boca en el lado derecho de la raíz de la lengua, con que a los ocho o quince días quedó convaleciente y libre de la gravedad de un achaque, poco menos que incurable, siendo los remedios tan horribles de aspecto cuanto que era preciso se dirigieran a la salud por el camino de la muerte.

Entre los casos, que han dado al arte que hacer dignos de registrarse en el archivo de la medicina, cuya parte es la cirugía, podrá escribirse en las primeras planas el siguiente.

Padecía el capitán Juan de Murga Moreno de una fístula en el intestino recto tan desesperada y tenaz cuanto puede inferirse de la duración de más de diez años con que había el humor prescrito aquella parte con la posesión de varios accidentes. Le dio origen una apostema que continuándose en la fluxión de la materia se comunicaba por una boca que se había hecho en la parte y circunferencia exterior con tres dedos de distancia al centro del intestino recto tan grave y peligrosa que aun servía de otro nuevo conducto a las heces que resudaban por aquella parte. No era vida la que gozaba el paciente con torcedor tan prolijo, alentando más para el achaque que para sí mismo, y manteniendo irremediablemente la raíz de muchas modestias la fuente de muchos accidentes y el pronóstico terrible de una muerte. ¿A qué consultas no apelaría? Porque instancias de curaciones no seguiría la causa de su salud perdida, puede discurrirlo quien sabe cuanto litiga el amor de la vida y cuanto se gime el despojo de la sanidad. En estado tan deplorado, agotada la paciencia y la medicina casi sin norte que seguir ni puerto que esperar, desamparado de remedio de cuantos artífices grandes se hallaron en aquellos tiempos, se me entregó el cuidado de la curación, a la cual procedí habiendo reconocido la parte afecta y no obstante hallarla en términos de incurable, suposición en que pocos empeñarían sus operaciones como inútiles. Después de la vana experiencia y frustrados conatos, resolví acometer al accidente con esperanza de la victoria fundada en los medios que discurrí para conseguirla. Fue el primero y el más poderoso una tienta o aguja de plomo que previne para que con su flexibilidad pudiese incurvarse sin lastimar la parte, introducida de uno a otro orificio, esto es de la boca de la fístula a la del intestino recto, pasándola de una a otra parte en forma de media luna con un sedal o cordoncillo, puesto en el ojo del dicho instrumento, lo cual ejecuté atravesando con su ayuda el sedal, para cuyo fin y que se consiguiese el sacar la aguja por el intestino recto (lo cual no pudiera hacerse en el estado natural en que se halla de ordinario), ordené hiciese fuerza el paciente hacía abajo, semejante al conato de quien pretende exonerar el vientre, con cuya diligencia salió la aguja incurvada pero con la punta recta por el intestino tan desembarazada que no pudo lastimar parte alguna de él y pasar el sedal. Punto en que uniendo los dos cabos de este y prendiéndolos con fuerza, como quien tiene enlazada alguna cosa que pretende atraer, le mantuve asido con la siniestra fuertemente y metí por la fístula el gamaut, o navajuela curva, y corté el espacio que había desde la fístula o boca externa herida o llaga compuesta sin dejar recelo de fístula por quedar en mis manos ambos cabos del sedal entero. Hecha esta obra se curó por las cuatro intenciones quedando perfectamente cicatrizada con minerales y cabezales de vino estítico, que se aplicaron para confortar la parte y que el músculo del esfínter quedará, con su fuerza y vigor para detener y expeler las heces.

Sucede en esta clase otra curación de caso que no carecerá de singularidad a quien lo examinare, y que por haberse ofrecido en este tiempo se ha venido a la pluma, y es que habiendo padecido don Bartolomé Márquez de Manzilla largo espacio de días de unos dolores en la clavícula y hombro derecho tan vehementes que se hallaba baldado o por lo menos sin libertad para su movimiento, y el del brazo después de haberle pretendido socorrer con varias evacuaciones y algunas que pertenecen al morbo gálico, y no hallándose aliviado en manera alguna, fui llamado, y reconocida la parte afecta del dolor, no hallé sobre ella otro indicante que un rubor no dilatado sin reparable elevación, pero habiendo consultado al tacto conocí sobre la parte de dicha clavícula cercana al hueso adjutorio una apostema con profundidad tal, cual había sido suficiente para ocultarse hasta entonces. La abrí y correspondiendo al conocimiento el suceso pasé a comprimir la articulación del hombro donde también punzaba el dolor, aunque libre de todo signo externo que lo indicase, y saliendo copia de materias gruesas a modo de núcleo o sesos, me vi obligado a manifestar toda la articulación desde la herida, y entrando el dedo para apurar más la indagación del daño, hallé dentro de dicha articulación del hueso parte de ella corroída. Y aplicándole los medicamentos detergentes, y entre ellos la mixta (que se compone de miel rosada polvos de Joannes y alumbre, y se aplica así para que tenga más actividad en quitar todo lo extraño de la corrupción) al tercer día salió una porción de hueso a manera de él de un dátil con otras esquirlas o fragmentos pequeños a modo de astillas: causó notable admiración en los circunstantes, la cual se confirmó después con la incredulidad de los mismos artífices que oyeron el caso, siendo así que nada hay que más acredite de maravilla un suceso que una incredulidad verificada. Dijeron al principio no haber sido posible, ni la educción de las materias ni la del hueso, suponiendo sería algún grumo de sangre (cosa ya acostumbrada a decir a algún espíritu de maledicencia que en otra ocasión sugirió semejante interpretación a otro hueso sacado manifiestamente de cierto dedo que fue la aljaba a los dardos de la emulación: *quid aliud quam telis me oposui, & invidentiæ quod morderet ostendi?* Séneca). O que de ser así, sería imposible cerrar la herida por la parte donde se hallaba, la cual siendo en el juego y articulación del hombro y brazo había de seguir la calidad de las que suceden en comisuras y junturas de miembros, aumentándose el imposible a proporción de la magnitud de la presente. No obstante lo cual continuada la curación, se puso al lado de la verdad y de la razón el mismo suceso, que respondiendo fiel a las operaciones, manifestó que fue hueso el que se sacó y que fue posible haberse cerrado en la articulación la herida, pues quedó luego sano sin lesión alguna en el brazo, y de estos en el conocimiento han sucedido muchos con acierto en él.

 Una de las curaciones graves que se han visto en esta ciudad ejecutada por obra de manos es la que se hizo al Lic. don Joseph Dávalos, médico, y que lo es hoy de Santiago de Chile. Se hallaba brumada la garganta de un fardo horrible de tumor ateromático: el nombre es propiamente bronchocele en griego, *hernia gutturis, struma* y vulgarmente coto. La deformidad que causaba era grande: un vientre en la garganta o una cabeza informe sobre el pecho, ¡monstruosa extuberación! La continua pesadumbre de esta carga y el recelo no poco fundado de mayor accidente que resultado de aquel origen podía poner la vida en compromiso, obligaron al cuidado de su paciente a consultarme de su exoneración y de su riesgo. No hay duda tendría un hombre médico y de vivaz ingenio trasteado el caso en los autores. Cornelio Celso lo dificulta gravemente. Daza trae el caso de otro que en una criada de la emperatriz se hizo imposible a grandes artífices que nunca resolvieron emprenderle y a no haber hecho el cáncer el beneficio que a ninguno hace, siendo el autor aunque accidental de la curación que con este motivo se hizo de él, se hubiera perpetuado en aquel cuello. Sin embargo por mis observaciones respondí, le libraría de aquel mal sin perecer, cosa que ninguno había osado. Llegó el día: le abrí y se desataron de la cárcel de aquel tumor tantas materias de especie ateromática semejantes a las heces del aceite, que dejando vacío todo aquel espacio con muy grande porción de cutis, o membrana carnosa, fue preciso cortarla, como también descarnar la película que tenía tan gruesa como si fuese de piel de anta: operación de que sintiéndose las venas orgánicas y yugulares, descargaron su tempestad de sangre a nuestro horror tan pertinaces que (aunque proseguí en la operación de la película), contentándome con la expulsión de la mayor parte y reservando para ocasión mejor el breve resto tenazmente asido por entonces a la parte derecha, suspendí la obra aplicando los restrictivos necesarios por lechinación que se hizo, dejando abierta la herida para lograr después con los digestivos la putrefacción de la película restante y de aquí, su total separación, necesaria para evitar la recidivación, que podía causar como raíz y madre del tumor. Me despedí y, volviendo poco después llamado de mi cuidad por la gravedad de curación tan nunca vista y peligro del flujo, hallé que este había despreciado los apósitos, no pudiendo haberse usado de ligadura compresiva por imposibilidad de parte tal, cual es el cuello, y que tenía ocupado su ámbito con inflamación considerable, que comprimiendo con su peso las arterias y fauces podía amenazar como dogal de su respiración. Proseguí con toda brevedad a quitar los apósitos y lechinación para desembarazar la sangre contenida y expeler la que estaba en grumos al suceder la de las venas que precisamente se debía seguir en aquel caso, la ocurrí diestramente, sujetando con la piel que fácilmente comprimí con la mano, la indocilidad de la fluxión. Donde es de advertir cuanto importe lo impávido del artífice en semejantes obras, siendo igualmente malo confiar en las leves, como asombrarse en las terribles, distinción que no hace muchas veces el vulgo, que como en unos juzga por prudencia la irresolución, en otros confunde la destreza con la temeridad pero a muchos ha enseñado la lógica de estas distinciones, la experiencia, que les hace agradecer lo mismo que temieron. Hice cumpliese el paciente con las diligencias de cristiano según la obligación del ministerio en cualquier inminencia de la mortalidad, lo cual ejecutó antes que todo al mismo instante. Afianzado el flujo a favor de la mano, no quise continuar la curación en cosa alguna posponiendo aquella prevención, la cual cumplida, curé la herida por costura y primera intención, con lo cual se consiguió la detención del flujo del modo que cualquiera otra simple. Hecho esto, pasados cinco días volví a quitar los puntos para reconocer la llaga y porción de película con la seguridad de tener ya apartado el enemigo, cerrado el paso bastantemente al flujo, tiempo que esperaba para aplicar la mano a aquella, tratando superarla con digestivos y polvos mixtos de Joannes y de alumbre. Los resistió indócil algún tiempo, y viendo que por la circunferencia cóncava no se había inducido escara o corrosión alguna en la dureza de aquel cuerpo extraño, muro con que se defendía todo el accidente, dispuse (por explicarlo así) minarla para hacerla saltar, cavándola o separándola poco a poco por debajo, esto es en lo convexo de ella, por donde se unía a la garganta o su membrana carnosa por la parte anterior, e ingiriendo entre lo separado los digestivos y polvos referidos: operación a que correspondió felizmente el éxito, aunque interpuestos algunos accidentes de inflamación que reparados, no pudieron turbarla. En cuyo progreso al ir levantando la película, encontré un cuerpo cartilaginoso (materia media entre hueso y membrana, compuesta de partes similares frías y secas por falta de húmedo y cálido, y por esto dura aunque no en tanto grado como el hueso, formada en la generación de lo craso de la simiente), le saqué como extraño y bien que en la apariencia le juzgara hueso no obstante por no ser el cuello parte donde pueden, ni por los principios de la formación, ni por la augmentación de la facultad nutritiva formarse tales, sino meramente los cuerpos, que como va dicho llamamos cartilaginosos, debí conocerle por tal, siendo la causa de hallarse allí extrañado, haberse extraviado las partes sigiladas que de la masa universal nutriva debían ir con sigilación destinada y particular a augmentar las cartilágines de la laringe o principio de la caña del pulmón (como en otro caso hallé haber sucedido con una muela que saqué de la mejilla derecha de una muchacha esclava en el monasterio de las Descalzas de S. Joseph de esta ciudad, donde se había producido desordenadamente cubierta de un cartílago esférico que formaba una elevación a modo de un coco sobre la mandíbula, divertida así mismo la materia, sigilada para la formación de dicha muela por un golpe que recibió en la parte con una chinela), y aquel desorden se causó de la relajación y vicio originado del excesivo tumor que por 20 años trajo allí pendiente, de que también fue efecto el desvío de su natural situación que padecía la cartílago que los griegos llaman tiroides, esto es escutiforme o vulgarmente nuez, la cual tenía torcida al lado siniestro más de tres dedos. Prosiguiendo en la curación que se hacía, adelantando cada día la separación de la película, sobrevino al enfermo por alguna irritación y mal aparato, inflamación considerable, que supurándose algo profundamente debajo de la película, la penetré con la tienta por la parte abierta, de suerte que saliendo porción primero de humor aqueo, resolví abrir con más seguridad la parte inflamada rompiendo la película por medio, cuya grosedad aseguraba el riesgo de penetrar el instrumento en algún vaso, y expeliendo cantidad de agua y verdadero *pus,* conocí en él y en la precedente agua el modo con que el humor se extravasaba por aquella parte por depravada sanguificación, causando hasta allí el referido bronchocele. Después de lo cual se llegó a conseguir perfectamente el intento pretendido según arte de la expulsión y erradicación de aquel cuerpo extraño que de otra suerte hubiera sido el receptáculo de nuevo humor y la hidra de otro igual estruma. Se sacó a sí mismo otro cuerpo cartilagíneo mayor que el referido, aunque más delgado a manera de malla de la parte interna, dejando singular caverna, a que se siguió la separación de la película, como se ha dicho, y consecuentemente la curación perfecta de la herida por las cuatro intenciones. Cual fue el esfuerzo del arte y la diligencia del artífice, en este caso lo consideré cualquiera a quien el horror le dictare el imposible: solo deseará no ser efecto de mi insuficiencia para poder decir era digno de guardarse a la posteridad mejor que los que en sus tablas conservaba el templo de Éfeso, no menos celebre por archivo de ellas que por milagro de la arquitectura. Y para que más se conozca su singularidad se sabe que habiendo partes del mundo donde suelen ser frecuentes estos tumores o estrumas como en Valesia y otros lugares de Alemania, según refiere el padre Gaspar Schotto *De mirabil. nat.* y en algunas partes de las Indias por causa de las aguas y lugares de minerales por donde pasan o de los mantenimientos de la tierra (motivo porque coloca dicho padre tales gentes entre los monstruos por razón del alimento), no ha habido quien haya osado tentar este camino contra esta deformidad. Y porque se manifieste contra la maledicencia no haber sido efecto [sic] empírico, sino racional y metódico, le acompañan otros varios que se han ejecutado, entre quienes, por evitar prolijidad, solo merecen insinuarse por su mayor desmesura: el de la curación que se hizo del coto de doña Juana de Mendoza y Costilla, viuda de D. Pedro Barrionuevo. Y la de él de doña Isabel de la Torre, religiosa profesa de velo negro de la Encarnación, a quien ofendía sumamente así por los accidentes que la causaba y delicadeza de la constitución como por el notable impedimento que la oponía al ejercicio Sagrado del Coro, en cuya música ha sido y es insigne, debiendo a la curación que en ella se hizo quedar no solamente libre sino restituida a la perfección del cuerpo y de la voz, habiendo padecido en el discurso de la curación muchos sobresaltos del peligro que le amenazaban los artífices de ponerse en obra de manos tan grave y prolija.

Sucede a este otro caso notable y es el que aconteció a doña Josepha de Orosco, mujer legítima de don Florián de Luzuriaga, Caballero del Orden de Santiago, la cual hallándose buena almorzando con su familia, al tercer bocado se halló totalmente impedidas las fauces de suerte que no pudo pasarle ni expelerle fuera, y consecuentemente se sentía ahogar con asombro de los que hallándose sorprendidos de la extrañeza, repentina del suceso, ni podían atinar la causa ni discurrir remedio; se moría, y saliendo a buscarme fui hallado casualmente en la cuadra, con que pude ocurrir más breve. La reconocí, y no hallando inflamación alguna en la garganta, calentura, ni causa precedente que se me ofreciese, salí verdaderamente confuso no menos y admirado que los circunstantes, confesando ingenuamente se ocultaba por entonces a mi noticia la causa del accidente, pero volviendo a ser llamado por la instancia del peligro poco después, presumiendo sería algún flato, hice que tomara un poco de aguardiente, para que haciendo gárgara se desvaneciese y apenas fue a ejecutar la acción de elevar la cabeza para hacerla cuando regurgitando lo que bebía, se vio casi del todo ahogada; se reparó con toda brevedad y conociendo al punto la causa, la consolé, significándole consistir todo el daño en estar relajada y fuera de su lugar la epiglotis, la cual es un cuerpo redondo y cartilaginoso con alguna gordura y humedad semejante a la lengüecilla de las flautas, y sirve para guardar el principio de la tráquea o áspera arteria, al cual llamamos laringe o caña del pulmón, por donde respiramos y defenderla al tiempo que contemos o bebemos de que no entre por ella otra cosa que la respiración, porque de lo contrario se seguiría la sofocación, lo cual se obra por ciertos músculos que cierran y abren, deprimiendo el esófago y elevando la laringe al tiempo de la deglutición. Esta, pues, dislocándose relajada cerró el paso al esófago y dejando abierta la laringe dio lugar a que la llegase el bocado y cerrase la respiración. Situé en disposición cómoda a la paciente y entrando el dedo hasta las fauces, coloqué la epiglotis, reduciéndola al punto a su lugar, con que cesando aquel impedimento quedó con maravilla de los asistentes tan repentinamente sana cuanto súbitamente estaba muerta.

Entra haciéndose superior lugar entre todos otro caso, a cuyo parangón resistieran venir los demás, a no tener cada uno su asiento pagado en el teatro de la novedad. Deja solo de ser monstruo verdadero porque es su exceso tal que pasa de su línea siendo la última degeneración de la naturaleza. Enfermaba gravísimamente cierta mujer de un terrible tumor en la cavidad o seno del útero con afección de continua fiebre y consecuencias de aquellas fluxiones que haciéndose de humor intemperado se llaman expurgaciones, y son nuevos peligros. El peso y la elevación eran una preñez fatal que amenazaba parirle la muerte por aquel seno donde al hombre se produce la vida. Ocurrió a curarse al insigne Hospital de Mujeres de la Caridad de esta ciudad, que corriendo a mi cargo por lo que toca a la Facultad Quirúrgica fue preciso la viese y habiéndola reconocido, la hice colocar en aptitud de investigar la causa y encaminar la curación. Se representaba en la parte que llamamos *os uteri*, la apariencia de una llaga funesta y maliciosa pero penetrando la indagación a lo interior, vi retirado a lo más íntimo el cuerpo extraño que causaba la elevación o preñez ficta, la cual era una mola muerta e informe, en que había degenerado la naturaleza por concepción viciosa, y es la última monstruosidad que se engendra, siendo el intento de la naturaleza proceder por grados en la generación, los cuales son primero la similitud individual, después no pudiendo conseguirla, la de la especie; en su defecto, la del género y por último la del género más remoto; esto es, primero intenta hacer hombre semejante al padre, después hombre cualquiera, luego animal, como liebres, ranas, simias y otros o molas vivientes que todo es uno; y finalmente cualquiera mola o cuerpo inanimado en que ejercite la vegetación como el presente. Le sentí vago y con movimiento, de suerte que me persuadió estaría sin ligamento o raíz en el mismo útero, por lo cual intenté sacarle, prendiéndole con un garabatillo, empero burló al arte la estrechez de la boca causada de alguna callosidad que con su peso había ocasionado el tumor en la curación de espacio considerable de tiempo. No había otro recurso que el de la tijera que dilatase la entrada interior del útero, lo cual ejecutado, reiteré la diligencia de asir la mola, de suerte que la hice obedecer al impulso hasta tenerla extraída del materno puerto, donde haciendo nuevo naufragio la operación, resistió segunda vez la final extracción, dándome a conocer con evidencia no haber sido solo el primer impedimento de la estrechez de la boca el que remoraba el suceso, sino también el vínculo o raíz que declaraba tener, no obstante el movimiento que indicaba lo contrario, de suerte que venía a estar la mola pendiente al modo que la fruta en el árbol, cosa verdaderamente singular en estas masas aunque ya ha habido ejemplos de que la suma duración o diuturnidad de estas concepciones dentro del vientre prendan raíz o ligamento en él, como sucedió en el feto musipontano, de que hablamos en el capítulo décimo del tratado precedente. Por lo cual comprimiendo con la mano siniestra hacia un lado la mola (que en estado de cirro merece propiamente el nombre de cuerpo lapidoso) introduje la tijera hacia donde hice juicio estaría la raíz, que sería en la parte cóncava superior o íntima del útero, la cual por la atracción de dicho cuerpo había salido hasta el lugar de su misma boca interna del modo que pudiera suceder en un bolsico, que se le intenta traer de adentro afuera; esto debe entenderse en términos hábiles, pues tirando la raíz por razón del continuo, debía atraerse también la parte donde estaba presa. Con lo cual se cortó aquella felizmente en el suceso, aunque con dificultad notable en la obra por ser tan grueso el vínculo o ligamento, que igualaba a la corporatura de la muñeca de un brazo, cosa no poco admirable a los circunstantes, cuales fueron el mayordomo, diputado, capellán y enfermeras, y no menos extraña e incompatible con el movimiento, que antes se había sentido al tacto en dicha mola. Se acabó la obra, quedó libre la paciente de aquel tumor monstruoso y para curar lo que se había sujetado al hierro, como va referido, se dispuso cocimiento astringente que por clisteraciones hechas a lo interior del útero, detuviesen cualquier fluxión de sangre y constringiesen la primera cisura que se hizo en la boca interna para la dilatación de su estrechez, sirviendo también a la herida plana que fue preciso hacer para cortar la raíz en la parte más íntima. Demás de lo cual se aplicaron a dicha boca, por estar menos interior, los restrictivos ordinarios para mayor facilidad de la conglutinación de su herida. Y no obstante haber parecido al médico de la casa doctor don Francisco del Barco, que lo era también del señor duque de la Palata, virrey que fue de estos Reinos, y a otros de la profesión quirúrgica, que se lo persuadieron imposible el buen suceso de la perfecta curación de dichas heridas, se consiguió esta totalmente favorable dentro del breve término de quince días, que dando sin lesión externa o interna alguna, reducida a perfecta sanidad. Caso en que puede observarse duplicada singularidad, la una en haber logrado diestramente la extracción de la mola y la otra la de haber obtenido dentro de tan breve término la curación de lo herido por primera intención: de que hoy es instrumento que autentica con su agradecimiento y su salud la operación la misma mujer que continuamente viene a servir a dicho hospital y a darle gracias al Señor, que quiso por mi mano concederle la salud, que se hallaba no solo perdida para restituirse a aquel cuerpo por el camino de la medicina sino aun tomados los pasos por accidentes que se complicaban.

Cerrará este compendio una de las irregularidades del microcosmo que o por accidente o por naturaleza pudiera pedir primer lugar en la clase de los monstruos, cuyo suceso ofrecido a mis manos al tiempo que los precedentes a los moldes, parece ha venido a acabar esta obra con motivo igual al que le dio principio. Monstruosidad es nacer con el corazón duplicado, como le tuvo el infante bicípite de 30 de noviembre del año pasado pero no es inferior desregle hallarle dislocado y en esto, no menos raro reconocer por causa al accidente que a la generación; antes si a la medicina tanto más admirable, cuanto en su observación más difícil. Conocer en otro lugar este principio del vivir sería fácil a cualquiera que con el tacto quisiese entenderle el idioma de su latido pero advertirle aun fuera de la opinión de su dueño y contra la de los médicos, a quienes había parecido su pulsación efecto de otra causa, se vale tanto de dificultad, cuanto pesaba de extrañeza. El caso fue que había adolecido el Lic. don Juan Guarinos, presbítero, de fluxiones catarrales, dolores al pecho y brazos, con tremor en ellos y obstrucciones inveteradas de mucho tiempo y sobre todo una pulsación o palpitación en la parte derecha del mismo pecho, a que le seguían insigne dificultad en la respiración, angustias y desmayos, de cuyos accidentes oprimido se rendía ya a aprehensiones de último peligro. Lo pedía el achaque, que teniendo sitiada la fortaleza del corazón, amenazaba la toma de la vida. Llamó por esto a cierto médico de profesión química, que recientemente venido a esta ciudad debía ya a la novedad lo que pudiera esperar de la experiencia, el cual habiéndole visto, tomando indicación de su achaque, le significó la gravedad de él con ponderación que le hizo proferir era un gigante, pasando el desahucio de incurable, respecto de ser, según decía, un aneurisma interno, de que peligraba por instantes sin que tuviese hora segura, con que ordenándole los Santos Sacramentos y sus últimas disposiciones, se despidió, dejándole solo una receta de agua arterial para que por las mañanas la tomase, y un encargo de singular quietud que debiese guardar siempre. Fiera sentencia a quien esperaba un singular remedio casi asegurado de una fama prometedora de milagros. Con este desconsuelo llamó el día siguiente a consulta médicos y cirujanos de acreditada nota y, habiéndome nombrado para concurrir en ella, le vieron y reconocieron, comprimiendo la parte del pecho que representaba elevación en la tetilla derecha con pulsación tan grande que daba horror. Salieron fuera a la consulta, en que dijeron los cirujanos y parte de los médicos que asentían desde luego a lo que al referido profesor químico había parecido, porque tenía la parte lesa todas las señales de aneurisma interno, así por la vehemente pulsación como por la falta de respiración y el dolor que nacía de la extensión de la arteria o de los grumos (aunque el aneurisma interno ni externo no traen dolor alguno, por ser un derramamiento de sangre espirituosa, que impetuosamente se hace por la túnica y cuero; esto es, de sangre arterial y espíritus vitales, que es la esencia de todo aneurisma.) Me seguí a proponer mi parecer y poniéndome en la raya de la modestia con que se debe decir y de la libertad con que debe juzgarse, bien que es forzada una y otra cuanto necesitaba la novedad del juicio, dije: que habiendo reconocido la parte, había hallado la pulsación que representaba por sus movimientos dilatativo y compresivo, o detracto y retracto el aneurisma. Pero que en mi sentir no lo era, porque esta pulsación se hallaba en la parte derecha del pecho afecta y en medio de él, inclinándose algo a la siniestra, comprimiéndole yo con todo cuidado, no había hallado la precisa del corazón, que residiendo en aquel puesto debía dar indicios de su presencia, ni la de la arteria magna que allí se radica. De que me vi obligado a inferir estaba el corazón en distinta situación de la ordinaria, lo cual habiéndose verificado *a posteriori,* bastaba para el conocimiento, aunque por entonces se ocultase el modo que puede ser de dos maneras, como allí lo advertí; o por la fábrica del sujeto, que desde el principio de la generación le tuviese dislocado, esto es, constituido fuera del orden regular o por lesión, causada por accidente tal que fuese suficiente a ello. Novedad fue esta al parecer de la mayor parte de la consulta que desde luego hizo naufragio en sus oídos y a no haberla salvado el suceso, aun hasta hoy saliera en piezas a la arena de la censura pública. Destino es este de las raridades, ser más fácil suceder en la naturaleza que creerse. Las monstruosidades son originales que contagian sus copias: lo que en la realidad es asombro, en la relación o en el discurso parece devaneo. Por esto, a permitirlo la ocasión hubiera seguido el juicio de aquel primer moderno que halló las máculas solares, y temeroso de la extrañeza sacó a luz esas sombras del corazón del cielo con título de *Apelles post tabulam,* como lo hacía este grande pintor con algunas obras que desplegaba a la censura. Pero siendo preciso librar a aquel paciente ya a cara descubierta, resistí por entonces la repulsa, fundando que el pericardio, o cubierta del corazón que *a principijs generationis,* contiene en sí cierto humor aqueo que sirve al refrigerio del calor de aquel, se hallaba con más agua de la precisa y demás con flato suficiente embebido entre él y el corazón por las obstrucciones de primera región, trachiarteria y pecho, que *per consensum* puede padecer, lo cual es notorio, a los que reconocieren los autores, suele suceder en algunos, cuyos signos son tener silbos en el pecho y en los oídos, falta de respiración, enflaquecerse sin causa manifiesta y sobre todo hallarse con vehementes pulsaciones, palpitaciones o faltos en el corazón, ocasionadas de aquella causa. Confirmaba esto con el dolor grave que sentía el paciente[1], el cual era, de los tres que hay, pungitivo, gravativo y tensivo, este último a quien dan siempre origen semejantes flatos; y este era imposible naciese de aneurisma porque como se ha dicho, carece de cualquiera. Al contrario estar la lesión en el pericardio, lo persuadía: Lo primero, el ser nervioso, y por esto sujeto al dolor que de la extensión flatulenta y aquea y destemplanza consecuente le nacía, correspondiéndole a la parte posterior de la homoplata *succesione naturali*. Lo segundo que *a partium enumeratione,* excluido el aneurisma, no podía estar el daño en otra parte, supuesta la fuerte palpitación referida. Lo tercero, que siendo dable tal flato y extensión, debía aquí juzgarse tal. Lo cuarto *a posteriori* y convincentemente que no pudiendo aprovechar, antes si debiendo sumamente dañar cualquier medicamento calefactivo *per iuxta positionem o per intus sumptionem* al presunto aneurisma, a quien solo alivian y se recetan auxilios de bebidas temperantes e incrasantes, y apósitos por la parte exterior de su tumor confortantes y restringentes, como es el emplasto de ciprés y otros, se sigue que habiéndose aplicado medicamentos aperitivos y resolventes, y no solo no ofendiéndole sino aun sanándole eficazmente, era tan imposible ser aneurisma como ser hielo el que al calor del sol no se desata. Se había despreciado mi parecer y

---

1 ☞ Es expreso Galeno lib. de tremore. palpitatione, convulsione & rig. Cap. 5. Y en cuanto a lesión del pericardio en el Lib. 5. de locis affect. Cap. [sic]. [A printing defect makes it difficult to determine the chapter number.]

confirmado ser aneurisma conviniendo en él desahucio antecedente y ordenando algunos temperantes e incrasantes, y en lo exterior de la elevación los confortantes con astricción de la clase que hemos referido; y no obstante volví el día siguiente sin ser llamado, más que del oficio de caridad y deseo del acierto con quienes sobraba el del amor de mi opinión. Vi otra vez al paciente, reconocí con reiterada aplicación la parte para cimentar más hondo mi dictamen y hallado siempre fiel, me pidió aquel enfermo encarecidamente le curase, esperando que acabase con la obra lo que con el consuelo había comenzado, pareciéndole le había hecho hallazgo de la vida que entre los juicios de los otros se le había perdido y, condescendiendo luego, di principio a la curación con unos lamedores inscindentes y concocuentes de chicoria miel rosada y de raíces, para la bebida ordinaria agua de doradilla con una raja de canela o zarza, teniendo respecto a las obstrucciones insignes y morbo gálico, de que padecía; le purgué y le ordené unturas desopilativas en el estomago y parte del vientre, y en la del dolor otra resolutiva y anodina con alguna porción de seda floja carmesí, de aguardiente y vino generoso y después de purgado, dispuse se le diesen unos jarrillos o pócimas magistrales con medicamentos diuréticos, zarza, raíz de China, granos de cebada, raíces comunes, como dije diuréticas, hojas de sen competente, escarola y borraja. Tuvo tan buen efecto esta curación que al punto quedó aliviado de la mayor parte de los accidentes y de la pulsación, y después de pasados algunos días se le ministraron unos sueros, cada porción con una dracma de sen y otra de epítimo con un terrón de azúcar, a que correspondió admirable y competentemente la evacuación intentada, que fue la que comenzó a desterrar la enfermedad del territorio de la salud, aliviándose a aquel punto que hasta ahora han podido conseguir los auxilios respecto del sujeto.

Esta prueba no padece repulsas: el puerto acredita el rumbo y el blanco el tiro:[2] *bene nauigauit qui quem destinauit portum tenuit: teli iactus certæ manus peregit officium, si petita percussit.* De aquí se ve cuan poco desdeñosa es la verdad, pues quiso dejarse hallar de mi insuficiencia en confirmación de lo que, aun valiéndonos de otra facultad, dijo Justiano en la ley *Deo auctore 1. Cod de veteri jure enucleando. Sed neque*

---

2 ˙ Sene C. 2. de Benefic. C. 31.

ex multitudine Authorum id quod equuis est iudicatote: cum possit vnius forsan, & deterioris sententia, & multos, & maiores aliqua inparte superare. Se ha visto como no pudo ser el referido aneurisma aquel tumor y aquella pulsación: se ha visto y fundado cuanto la brevedad de este compendio lo permite como la lesión estaba en el pericardio (a quien otros suelen llamar *capsulam cordis*), voz compuesta de la preposición griega *peri,* id est, *circa,* y de *cardia.as.* id est, *cor.dis.* Y solo resta el confirmar lo que asenté en cuanto a la dislocación del corazón, la cual dije al principio indiferentemente poder haberla, o por la constitución del sujeto o por accidente. Lo primero es tan posible, como las demás monstruosidades que se han referido pertenecientes a la colocación, en los Capítulos 3 y 5 del tratado precedente, la cual es lo mismo que por el modo entendió Lucano Lib. 1. *Belli ciu.*

Monstrosique hominum partus numeroque modoque.

Pues no es menos extraño nacer con la cabeza en el pecho o con los ojos en los hombros que con el corazón en distinto lugar del pecho. Y haberle habido tal, se comprueba de la anatomía que de cierto cadáver hizo en el Hospital Real de San Andrés de esta ciudad don Pedro de Castro, cirujano de él, a quien halló con esta parte príncipe al lado derecho casi debajo de lo axilar de él. Ser dable por accidente, se prueba de que, no estando el corazón tan de firme como las partes óseas o cartilaginosas sino como las de carne parénquima, cuales son los pulmones y el hígado, pende de ligamentos de suerte que puede padecer alguna atracción por causa suficiente a violentarlo, la cual puede serlo un poderoso flato dentro de lugar tal cual lo es el pericardio, que siendo membranoso y de aquella capacidad y espacio necesario para la sístole y diástole del corazón puede padecer extensión (así por superfluidad de humor aqueo, como por dicho flato) tal que inclinándose esta a la parte derecha de dicho pericardio, tire o atraiga hacia ella el corazón, no dejándole espacio a la parte siniestra, comprimiéndole por allí tanto cuanto por la contraria se extendiese. Y de aquí era preciso resultase que el corazón así violentamente inclinado pulsase con mayor vehemencia por antiperístasis como para librarse de la violencia que se les hace sucede en cualquiera de las cosas sublunares. El agua, que más lenta corre, se hace con la opresión impetuosa, salta y sube donde no presumiera su natural peso y sin buscar otros ejemplos las mismas arterias, hijas del corazón, índices de su vida herederas de su latido, apenas se sientan violentadas u opresas, pulsan tanto más fuertes cuanto la violencia es mayor; la razón es porque teniendo este movimiento para mantener los espíritus y defender las venas menores, como se ha dicho en otra parte, no pueden permitir la sofocación, que cesando él, se les seguiría; y así se vio en el tumor, que en otro caso dijimos arriba, haber padecido una negra del Convento de Santa Catalina, en quien también quedó falseado el juicio que se hizo de aneurisma, por presumir que lo que era pulsación oprimida era sangre arterial extravasada: en el mismo corazón se manifiesta esto cuando oprimido por flato exterior, esto es, no dentro del pericardio, litiga asaltos su libertad. Con que parece, si la razón no engaña, ser posible que por accidente se halle violentamente inclinado el corazón a alguno de los lados del pecho más o menos, conforme la obstrucción y flato, hasta donde lo permitieren sus ligamentos, y esto es lo que llamamos y entendemos por dislocación, bastando para verificarse el estar en otro lugar por inclinación y atracción, o aunque esté en el proprio no hallarse en su ordinaria positura.

De que se sigue que no pudiendo en nuestro caso estar el corazón dislocado por constitución propria, respecto de haberse siempre reconocido el sujeto con la pulsación regular que todos los hombres tienen hacia el lado siniestro, por haberlo así examinado; parece preciso o estuviese por dicho accidente, principalmente habiéndose este comenzado a engendrar nueve meses antes, desde cuyo tiempo le principió dolor en la parte y opresión en el corazón hasta que después, cuatro meses antes, sintió la elevación y pulsación. Otros sentirán mejor y yo quedaré corregido, aunque no avergonzado del dictamen, pues no siempre anda la verdad tras la razón: mientras no vemos, guiámonos por esta sin obligación de dar en la otra:[3] *sequimur qua ratio, non qua veritas ducit. Fallaces enim sunt rerum species quibus credimus, quis negat? Sed nihil aliud invenio per quod cogitationem regam: his veritas mihi vestigijs sequenda est.* Bien que el suceso hizo evidencia lo probable.

---

3   [*] Séneca De benef.

Aquí paran los casos de este compendio, aunque espero en el Señor solicitaré no pausen aquí los de mi práctica. Esta es la vez que se hace la ambición bien vista, cuando lo que parece deseo de propria gloria se equivoca con la esperanza de la salud ajena. Lo que pudiere haber en estos casos de acierto, juzgo que me empeña más que me acredita, con que puedo quedar más cuidadoso que confiado, bien que en lo próspero lo repetido de los efectos ha sido siempre nobleza de sus causas. [4] *Certantes in stadio numerosior corona glorificat: olympicos currus frequens palma nobilitat.* Siempre parece que se elige con acierto el que está muchas veces aprobado: *quoniam bene prius electus creditur, qui sæpius approbatur.*

La frecuencia de los honores hace noblezas, la de las acciones virtudes, la de las decisiones derechos. Finalmente en materias prácticas, como lo son las de la jurisprudencia y medicina, la repetición de los casos fue la madre de las leyes y de los aforismos. Y aunque parece que aquellas y estos agotaron los principios, no fue sin dejar a los venideros la puerta abierta a los fundamentos. *Plura sunt negotia, quam vocabula:* dígalo Séneca *(de Otio sapient. Cap. 30.) Utinam quidem iam tenerentur omnia & in operta ac confessa veritas esset! Nihil ex decretis mutaremus : nunc veritatem cum ipsis qui docent quærimus.* Cuantas cosas ha hallado y ordenado nuevas la medicina, cuantas la anatomía, y en fin cuantas la misma cirugía, ¿y todo por beneficio de la práctica? Por eso la llamó bien Casiodoro el más eficaz arte.[5] *Ita quod efficacissimum discendi genus est, agendo potius instructus es, quam legendo.* De aquí es que lo que pareciere extraño en estos casos, como las obras de los cotos y otras, se deberán atribuir no a arrojos de la temeridad sino a resoluciones del juicio y prácticas de la experiencia. Si tres casos decididos conformes pueden hacer derecho, si tres sentencias hacen cosa juzgada, ¿por quién la medicina y cirugía, donde se juzga prácticamente de las vidas, otros tantos, y aun más no pudieran formar alguna regla? El hierro y la sangre son cosas por sí que aun desaprueba el mismo que las necesita, pero juzgar que sin ellas puede haber curaciones por más que la química alambique sus sales, esto es sus polvos o sus aguas,

---

4 *Casiod. Variar. Lib. 8. Ep. 22. Idem Ibidem.
5 *Casiod Lib. 5. Var. 40.

es dislate solo proprio de aquellos que andan a vender sus drogas por Europa. Lo que más primoroso se pudiera haber hallado son los que llaman polvos de simpatía pero de estos oigan allá a los teólogos, que o los ríen o los notan de pacto por lo menos implícito. Solo acabaré con este argumento. El año de 87 se puso en cura el rey de Francia en su Versalles del accidente de la fístula que padecía en peligroso estado: en Paris, en Francia, en toda Europa, a donde se buscaron artífices no hay duda se hallaría si le hubiese quien curase sin estuche y con seguridad, y no obstante la obra se hizo con hierro por los más insignes quirúrgicos y tan sangrienta que habiendo pedido el rey paciente se hiciese de una vez, fue preciso hacerla de dos. Véase ahora si el hierro podrá excluirse. Y en fin a ti, o lector, suplico juzgues de mis operaciones no ya por mis manos sino por las cicatrices de los otros. Volviendo a fenecer con la debida sumisión de todo a la Santa Iglesia.

LAUS DEO

Endnotes

FRONT MATTER

A Note that Pacheco plays with this citation from *Disticha Catonis (Liber III)*, substituting "scribas" for "vivas" and "quod" in place of "quid," emphasizing the power of good writing (*scribas*) versus good living (*vivas*).

B The 1695 copy held by the National Library of Medicine reads, "En ma e...".

C Note that "Chirurgico" has been modernized to "quirúrgico" in most cases, except in titles.

D The editor suspends the general practice of modernizing the 1695 text in this "Aviso de Erratas al Lector" section of the text. While the intent in modernizing the text is to provide a measure of readability for a modern reader, these edits could introduce an unnecessary degree of confusion for these *erratas*. Also, note that there are errors in the *erratas* section, particularly with folio and line numbers, which the editor has corrected.

E The 1695 original reads "eformante."

CHAPTER 2

F These pages are erroneously repeated in the 1695 text. The sequential order in the text goes from 10v to 9r, 9v, 10r, 10v, then it picks up the correct order back at 11r. The text has been corrected here to read without the repeated pages.

Chapter 4

G   Note that brackets—[ ]—appear in the original text, rather than parentheses.

H   Georges T. Dodds (2006) shows that this episode is not documented in Fernão Lopes de Castanheda's 1551 *Historia do descrobrimento e conquista*, but rather posits that the attribution emerges from misquoted sources embedded in later translations of Castanheda (81-83), which is likely Peralta's reference.

Chapter 5

I   Note that the section numbers are not indicated in the 1695 text for sections 4 and 5.

Chapter 6

J   Note that index numbers 7 through 11 are misnumbered in the original. Index number 6 is repeated, and that error continues through index number 11. The 1695 text is corrected starting with index number 12.

K   In the 1695 text the beginning of this sentence reads, "*Portio igitur se minus alter…*". In the "Erratas" section of the front matter, the author includes this correction: "*se minus feminis*," which would alter the text to read, "*Portio igitur se minus feminis alter.*" I have opted to use "*Portio igitur seminis altera.*"

Chapter 9

L   The 1695 text reads, "El corazón es el principio de la vida según Aristóteles." The "Erratas" page corrects this to read, "El corazón es el asiento del alma según Aristóteles." "Principio de la vida" changes to "asiento del alma" in sections 4 and 5 as well.

M   In this section title, "de la vida" changes to "del alma" per the "Erratas."

N   In the 1695 text, this sentence ends with "num," which has been deleted here due to a lack of clarity of how it would contribute to the sentence and without any direct citation, such as a specific *número.* This occurs throughout the text. In other places, the editor indicates "Num. [sic]" because of the confusion it would cause to simply delete the text.

Chapter 10

O A modernization of this word would be "adánica"; however, we retain the author's language from the 1695 text in part due to his adaptation of the Latin and Italian use of the word.

P The 1739 edition of the *Diccionario de la Real Academia* defines *thriaca* as, "composición de varios simples medicamentos calientes, en que entran por principal los trociscos de la víbora. Su uso es contra las mordeduras de animales, e insectos venenosos, y para restaurar la debilitación por falta del calor natural."

Works Cited

Bates, Alan W. "Birth Defects Described in Elizabethan Ballads." *Journal of the Royal Society of Medicine* 93 (April 2000): 202-207.

———. "Conjoined Twins in the 16th Century." *Twin Research* 5.6 (December 2002): 521-528.

———. "Good, Common, Regular, and Orderly: Early Modern Classifications of Monstrous Births." *Social History of Medicine* 18.2 (2005): 141-158.

Bearden, Elizabeth B. *Monstrous Kinds: Body, Space, and Narrative in Renaissance Representations of Disability.* U of Michigan P, 2019.

Bottoni, Federico. *Evidencia de la circulación de la sangre.* Lima, 1723.

Bouza, Fernando and José Luis Betrán. *Enanos, bufones, monstruos, brujos y hechiceros, marginales.* Barcelona: Debolsillo, 2005.

Bouza, Fernando. "Tinieblas vivientes: Enanos, bufones, monstruos y otras criaturas del Siglo de Oro." In Bouza y Betrán. 33-125.

Davies, Surekha. *Renaissance Ethnography and the Invention of the Human: New Worlds, Maps and Monsters.* Cambridge UP, 2017.

Del Río, Guillermo. *Monumentos literarios del Perú.* Lima: Imprenta de los huérfanos, 1812.

Del Río Parra, Elena. *Materia médica: Rareza, singularidad y accidente en la España temprano-moderna.* U of North Carolina P, 2017.

———. *Una era de monstruos: Representaciones de lo deforme en el Siglo de Oro español.* Universidad de Navarra, 2003.

Dodds, Georges T. "Monkey-Spouse Sees Children Murdered, Escapes to Freedom!: A Worldwide Gathering and Comparative Analysis of Camarena-Chevalier Type 714, II-IV Tales." *Estudos de Literatura Oral* 11-12 (2005-06): 73-96.

Fallert, Sarah. "'Monsters' in the Poetics of 18th-Century Spain Between Aesthetic Standardization and the Attraction of the Deviant." *Dieciocho: Hispanic Enlighenment.* 40.2 (Fall 2017): 247-267.

Feijoo, Benito Jerónimo. "Españoles americanos." Tomo cuarto, Discuros sexto. *Teatro crítico universal.* 1730. https://www.filosofia.org/bjf/bjft406.htm.

———. "Respuesta a la consulta sobre el Infante monstruoso de dos cabezas, dos cuellos, cuatro manos...". Carta Sexta. *Cartas eruditas, y curiosas.* Tomo Primero. 1742. http://www.filosofia.org/bjf/bjfc106.htm

Fernández Morejón, Antonio. *Historia bibliográfica de la medicina española.* Vol. 6. Madrid, 1850.

Feuillée, Louis. *Journal des observations physiques, mathematiques et botaniques.* Vol. 1. Paris, 1714.

Few, Martha. "World Monsters: Monstrous Births and the Politics of Pregnancy in Colonial Guatemala." In *Women, Religion & the Atlantic World, 1600-1800*, eds. Daniella Kostroun and Lisa Vollendorf. U. of Toronto P, 2009.

Flint, Valerie I. J. "Monsters and the Antipodes in the Early Middle Ages and Enlightenment." *Viator* 15 (1984): 65-80.

Flores de la Flor, María Alejandra. "La problemática del bautismo del ser deforme (monstruo) durante la edad moderna." *Hispania Sacra* LXVI Extra II (julio-diciembre 2014): 169-194.

———. *La visión de los monstruos en el mundo hispánico (Siglos XVI-XVIII).* Cádiz: Kaizen Editores, 2021.

———. "La visión médica del monstruo en la España moderna." In *Comercio y cultura en la edad moderna: Comunicaciones de la XIII Reunión Científica de la Fundación Española de Historia Moderna*, Iglesias Rodríguez, Pérez García and Fernández Chaves, Eds. Universidad de Sevilla, 2015. 2697-2709.

———. "Los monstruos como instrumento del poder político y religioso durante los siglos XVI y XVII." III Encuentro de Jóvenes Investigadores en Historia Moderna Universidad de Valladolid - Fundación Española de Historia Moderna (2015): 493-502.

Fortanet, Joaquín. "Anatomía de la monstruosidad: La figura del monstruo como objeto de la mirada médico-anatómica moderna." *Asclepio: Revista de Historia de la Medicina y de la Ciencia.* 67.1 (enero-junio 2015): 1-11.

García Arranz, José Julio. "Las relaciones de monstruos en el contexto de la teratología ilustrada de la edad moderna." In *La fiesta: Actas del II Seminario de Relaciones de Sucesos (A Coruña, 13-15 de julio de 1998)*, Sagrario López Poza and Nieves Pena Sueiro, Eds. Sociedad de Cultura Valle Inclán, 1999. 133-144.

———. "Monstruos y mitos clásicos en las primeras crónicas e imágenes europeas de América: los acéfalos." In *Humanismo y pervivencia del mundo clásico: Homenaje al Profesor Luis Gil*. José María Maestre Maestre et al. Eds. 1996. 337-347.

García Cáceres, Uriel. *Juan del Valle y Caviedes: Cronista de la medicina. Historia de la medicina en el Perú en la segunda mitad del siglo XVII*. Lima: Banco Central de Reserva del Perú, 1999.

García Vázquez, Andrés. *Instituciones chirúrgicas y cirugía completa universal*. Vol. 4, Part III. Madrid: En la Imprenta de la viuda de Manuel Fernández, 1762.

Garland-Thomson, Rosemarie. *Extraordinary Bodies: Figuring Physical Disability in American Culture and Literature*. 20th Anniversary Edition. New York: Columbia UP, 2017.

———. *Freakery: Cultural Spectacles of the Extraordinary Body*. New York: New York UP, 1996.

———. *Staring: How We Look*. Oxford: Oxford UP, 2009.

Gorbach, Frida. *El monstruo objeto imposible: Un estudio sobre teratología mexicana, siglo XIX*. Mexico City: Universidad Autónoma Metropolitana, Unidad Xochimilco, 2008.

Gordillo, Adriana and Nicholas Spadaccini. "Reading Monsters in Iberian and Spanish American Contexts." *Hispanic Issues On Line* 15 (2014): 1-11.

Guibovich Pérez, Pedro. *La Inquisición y la censura de libros en el Perú virreinal (1570-1813)*. Lima: Fondo Editorial del Congreso del Peru, 2000.

Gutiérrez, Juan María. "Doctor don Pedro de Peralta, peruano." *Revista del Río de la Plata* (Buenos Aires) 8:194-211, 331-67; 9:61-101, 441-478, 553-626; 10:329-381. 1874-1875.

———. "Peralta y Unanue." In Unanue et al. Vol. 2. 429-431.

Higgins, Antony. *Constructing the* Criollo *Archive: Subjects of Knowledge in the* Bibliotheca Mexicana *and the* Rusticatio Mexicana. West Lafayette, Indiana: Purdue UP, 2000.

Hill, Ruth. "Indios hijos de la luna, negros albinos y otros problemas blancos de la Ilustración temprana." *Magallanica: Revista de Historia Moderna*. 4.8 (2018): 80-111.

———. *Sceptres and Sciences in the Spains: Four Humanists and the New Philosophy, c 1680-1740*. Liverpool: Liverpool UP, 2000.

Hooper, Robert. *Lexicon Medicum, or Medical Dictionary*. Klein Grant, Ed. 8th edition. London, 1848.

Iglesias Castellano, Abel. "Partos extraordinarios: La representación de lo monstruoso de la España Moderna a través de las relaciones de sucesos." *eHumanista* 24 (2013): 433-465.

Insúa, Mariela and Lygia Rodrigues Vianna Peres. *Monstruos y prodigios en la literatura hispánica*. Iberoamericana, 2009.

Insúa, Mariela. "De asombros, horrores y fatalidades: Algunos apuntes acerca de las relaciones de monstruos (siglos XVII y XVIII). In Insúa and Rodrigues Vianna Peres: 149-165.

Jaffary, Nora E. "Monstrous Births and Creole Patriotism in Late Colonial Mexico." *The Americas* 68.2 (October 2011): 179-207.

J. S. *Teratologia: or a discovery of God's wonders, manifested in former and modern times by bloody rain, and waters*. London: Nath. Brooks, 1650.

Lafuente, Antonio, and Javier Moscoso. *Monstruos y seres imaginarios en la Biblioteca Nacional*: Antonio Lafuente, Javier Moscoso. Madrid: Biblioteca Nacional, 2000.

Lastres, Juan B. *Historia de la medicina peruana: La medicina en el virreinato*. Vol. 2. Lima, 1951.

Medina, José Toribio. *La imprenta en Lima (1584-1824)*. Tomo II. Santiago de Chile, 1904.

Meléndez, Mariselle. *Deviant and Useful Citizens: The Cultural Production of the Female Body in Eighteenth-Century Peru*. Nashville: Vanderbilt UP, 2011.

Park, Katharine and Lorraine J. Daston. "The Study of Monsters in Sixteenth- and Seventeenth-Century France and England." *Past & Present* 92 (August 1981): 20-54.

———. *Wonders and the Order of Nature: 1150-1750*. New York: Zone Books, 1998.

Peralta Barnuevo, Pedro de. *Bajo el Cielo Peruano: The Devout World of Peralta Barnuevo: La* Galería de la omnipotencia *and* Pasión y triunfo de Christo. Edited by David F. Slade and Jerry M. Williams. U of North Carolina P, 2008.

———. Peralta Barnuevo, Pedro de. *Lima Fundada*. Edited by David F. Slade and Jerry M. Williams, U of North Carolina P, 2016.

Peralta Barnuevo, Pedro de and Jerry M. Williams. *Historia de España vindicada*. Juan de la Cuesta Hispanic Monographs, 2003.

———. *Peralta Barnuevo and the Art of Propaganda: Politics, Poetry, and Religion in Eighteenth-Century Lima: Five Texts*. Juan de la Cuesta Hispanic Monographs, 2001.

———. *Peralta Barnuevo and the Discourse of Loyalty: A Critical Edition of Four Selected Texts*. Tempe: ASU Center for Latin American Studies Press, Arizona State University, 1996.

Pesce, Hugo. "Peralta y la medicina." *San Marcos: Revista de artes, ciencias y humanidades* 7 (1968): 29-75.

Petit, Pablo. *Breve tratado de la enfermedad venerea, o morbo galico, en que se explican sus verdaderas causas y su perfecta curacion, segun los verdaderos principios de la Medicina y Cirugia moderna, calificados con la demonstracion de los experimentos*. Lima, 1730.

Phillips, Edward. *The New World of Words, or A General English Dictionary*. 4th edition. London: W. R. for Obadiah Blagrave, at the Bear in St. Paul's Church-yard, 1678.

Pinet, Simone. "The Animal Within: Chivalry, Monstrosity, and Gender in Renaissance Spain." In *Gender and Scientific Discourse in Early Modern Culture*. Kathleen P. Long, ed. Ashgate, 2010. 115-138.

Pisconte Quispe, Alan Martín. *Monstruosidad e identidad en el Virreinato del Perú: El Cosmógrafo Pedro Peralta Barnuevo*. Saarbrücken: Publicia, 2017.

Pueyo, Víctor. *Cuerpos plegables: Anatomías de la excepción en España y América Latina*. Woodbridge: Támesis, 2016.

Rabí Chara, Miguel. *El Hospital San Bartolomé de Lima (1646-2000): la protección y asistencia de la gente de color*. Lima: Grahuer; 2001.

Reagan, Leslie J. "Monstrous Births, Birth Defects, Unusual Anatomy, and Disability in Europe and North America." In Rembis et al. 385-406.

Reedy, Daniel R. "On Monsters and Monstrosities: Science, Superstition and Myth in the Viceroyalty of Peru." In *Studies in Latin American literature and culture in honour of James Higgins*. James Higgins et al. Eds. Liverpool: Liverpool UP, 2005. 186-193.

Rembis, Michael, Catherine Kudlick, and Kim E. Nielsen. *The Oxford Handbook of Disability History*. Oxford UP, 2018.

Reyes Gil, Sebastián. "Animalidad y sexualidad en tres casos monstruosos de la crónica peruana (siglos XVI y XVII)." *Hispanic Review*. 83.4 (Autumn 2015): 423-443.

Riva Agüero, José de la. "Algos datos sobre la biografía de D. Pedro Peralta y las influencias francesas en sus obras." *Revista de la Universidad Católica del Perú* 6.7-8-9 (Oct-Nov-Dic 1938): 241-285.

———. *Obras completas de José de la Riva-Agüero*. Vol II: Estudios de la literatura peruana: Del Inca Garcilaso a Eguren. César Pacheco Vélez and

Alberto Varillas, compilation and notes. Lima: Pontífica Universidad Católica del Perú, 1962.

Roberts, Linda G. and Elise M. Lewis. "The first 60 years: Honoring Teratology's past, a new perspective on the future." *Birth Defects Research* 112 (2020): 903-913.

Sánchez, Luis Alberto. *El doctor Océano: Estudios sobre don Pedro de Peralta Barnuevo*. Lima: Universidad Nacional Mayor de San Marcos, 1967.

Sánchez Villa, Mario César. "Monsters of an Awakened Reason. The influence of the Biblical account in the development of the scientific theories on the origin of man and its variations." *Culture & History Digital Journal* 6.1 (June 2017): 1-12.

Santiesteban Oliva, Héctor. *Tratado de monstruos: Ontología teratológica*. Mexico: Plaza y Valdés, 2003.

Scialli, Anthony R. "Teratogen? (Editorial)." *Birth Defects Research* 112 (2020): 1103-1104.

Sociedad Médica Unión Fernandina. *La Crónica Médica*. "Desvíos de la naturaleza." Vol. 4. Lima, 1887.

———. *La Crónica Médica*. "Desvíos de la naturaleza." Vol. 5. Lima: 1888.

Soyer, François. *Ambiguous Gender in Early Modern Spain and Portugal: Inquisitors, Doctors and the Transgression of Gender Norms*. Leiden: Brill, 2012.

Spinks, Jennifer. "Wondrous Monsters: Representing Conjoined Twins in Early Sixteenth-Century German Broadsheets." *Parergon* 22.2 (2005): 77-112.

Teuton, Sean. "'Put Out of Her Course': Images of the Monstrous in de Bry's Illustrations of *Atalanta figurens* and *America*." In *Gender and Scientific Discourse in Early Modern Culture*. Kathleen P. Long, ed. Ashgate, 2010. 87-114.

Todd, Dennis. *Imagining Monsters: Miscreations of the Self in Eighteenth-Century England*. Chicago: U of Chicago P, 1995.

Torres Pérez, José María. "Pliego suelta fechado en 1781." *Revista General de Información y Documentación* (2008) 18: 147-159.

Unanue, Hipólito, et al. *Obras científicas y literarias del doctor D. J. Hipólito Unanue*. Vol. 2. Barcelona, 1914.

Valdizán, Hermilio. *Apuntes para la bibliografía médica peruana*. Lima: Imprenta Americana, 1928.

———. *Diccionario de la medicina peruana*. 7 Vols. Lima: Universidad Nacional Mayor de San Marcos, 1923.

Valle y Caviedes, Juan del. *Obra completa*. Daniel R. Reedy, ed. Caracas: Biblioteca Ayacucho, 1984.

Valle y Caviedes, Juan del. *Obra completa*. María Leticia Cáceres, Luis Jaime Cisneros y Guillermo Lohmann Villena, eds. Banco de Crédito del Perú, 1990.

Vázquez, Francisco and Richard Cleminson. "El destierro de lo maravilloso: Hermafroditas y mutantes sexuales en la España de la Ilustración." *Asclepio. Revista de Historia de la Medicina y de la Ciencia* 63.1 (2011, enero-junio: 7-38.

———. "Subjectivities in Transition: Gender and Sexual Identities in Cases of 'Sex-Change' and 'Hermaphroditism' in Spain, c. 1500-1800." *History of Science* 48.1 (March 2010): 1–38.

———. *Sexo, identidad y hermafroditas en el mundo ibérico, 1500-1800*. Madrid: Ediciones Cátedra, 2018.

Von Sneidern, Maja-Lisa. "Joined at the Hip: A Monster, Colonialism, and the Scriblerian Project." *Eighteenth-Century Studies* 30.3 (1997): 213-231.

Williams, David. *Deformed Discourse: The Function of the Monster in Mediaeval Thought and Literature*. McGill-Queen's University Press, 1996.

Williams, Jerry M., Pedro José Bermúdez de la Torre y Solier and Pedro de Peralta Barnuevo. *Eighteenth-Century Oratory and Poetic Contests in Peru: Bermúdez de la Torre and Peralta Barnuevo: A Critical Edition of Seven Texts*. Juan de la Cuesta Hispanic Monographs, 2009.

Williams, Jerry M. and Pedro de Peralta Barnuevo. *Censorship and Art in Pre-Enlightenment Lima: Pedro de Peralta Barnuevo's* Diálogo de los Muertos: La Causa Académica. Scripta Humanistica, 1994.

Williams, Jerry M. "Creole Identity in Eighteenth-Century Peru: Race and Ethnicity." *How Far Is America from Here?* edited by Theo D'haen et al., Brill Academic Publishers, 2005. 369-381.

Wilson, Dudley. *Signs and Portents: Monstrous Births from the Middle Ages to the Enlightenment*. Routledge, 1993.

Zerolo, Elías. *Diccionario enciclopédico de la lengua castellana*. 2 vols. Paris: Garnier hermanos, 1895. *Nuevo tesoro lexicográfico de la lengua española*, Real Academia Española.

www.ingramcontent.com/pod-product-compliance
Lightning Source LLC
Chambersburg PA
CBHW030435300426
44112CB00009B/1012